Rod Dreher

LEBT NICHT MIT DER LÜGE!

media maria

Originaltitel der englischen Ausgabe:
LIVE NOT BY LIES
A MANUAL FOR CHRISTIAN DISSIDENTS
Rod Dreher

LEBT NICHT MIT DER LÜGE!
Rod Dreher
Übersetzung: Sr. Cornelia M. Knollmeyer

ISBN 978-3-9479314-8-4
www.media-maria.de

Zur Erinnerung an

Pater Tomislav Kolaković

(1906–1990)

INHALT

II. Teil:
Wie man in der Wahrheit lebt

EINLEITUNG

Immer wieder kommt der Irrtum auf:
»Hier bei uns könnte dasselbe nicht geschehen;
hier bei uns ist so etwas unmöglich.«
Doch leider sind alle Gräueltaten des 20. Jahrhunderts
überall auf der Erde möglich.

Alexander Solschenizyn[1]

1989 fiel die Berliner Mauer und mit ihr der sowjetische Totalitarismus. Vorbei war es mit dem kommunistischen Polizeistaat, der Russland und halb Europa versklavt hatte. Der Kalte Krieg, der die zweite Hälfte des 20. Jahrhunderts dominiert hatte, neigte sich seinem Ende zu. In den zuvor unterjochten Ländern begannen Demokratie und Kapitalismus aufzublühen. Das Zeitalter des Totalitarismus geriet in Vergessenheit, um nie wieder eine Gefahr für die Menschheit zu werden.

So etwa ist der Lauf der Geschichte. Wie die meisten Amerikaner glaubte ich, die Bedrohung durch den Totalitarismus sei nun vorbei. Dann aber, es war im Frühjahr 2015, rief mich ein besorgter Mann an, den ich nicht kannte.

Der Anrufer war ein bedeutender amerikanischer Arzt. Er erzählte mir, dass seine betagte Mutter, die aus der

Tschechoslowakei in die Vereinigten Staaten eingewandert war, in ihrer Jugendzeit sechs Jahre lang als politische Gefangene in ihrer Heimat inhaftiert gewesen sei. Sie hatte dem katholischen antikommunistischen Widerstand angehört. Nun ist sie bereits in den Neunzigern und lebt bei ihrem Sohn und seiner Familie. Kürzlich unterhielt die alte Frau sich mit ihrem amerikanischen Sohn und bemerkte dabei, dass die jetzigen Ereignisse in den Vereinigten Staaten sie daran erinnerten, wie sich der Kommunismus in der Tschechoslowakei auszubreiten begann.

Was war der Grund für ihre Besorgnis? In den Nachrichten wurde über die massenhafte Hetze in den sozialen Medien gegen eine kleinstädtische Pizzeria in Indiana berichtet, deren christlich-evangelikale Besitzer einem Reporter gegenüber erklärt hatten, dass sie keine Bewirtung für eine gleichgeschlechtliche Hochzeit übernehmen würden. Die Drohungen gegen ihr Leben und Eigentum waren so massiv – bis hin zum Aufruf eines Nutzers der Medienplattform Twitter, die Pizzeria niederzubrennen –, dass die Eigentümer ihr Lokal eine Zeit lang schlossen. Obwohl die liberalen Eliten, besonders in den Medien, üblicherweise sehr wachsam gegenüber der Gefahr sind, die vom Mob ausgeht und das Leben und die Existenz von Minderheiten bedroht, zeigten sie sich unbeeindruckt von der Attacke auf die Pizzeria, die im Zusammenhang mit der breiter angelegten Debatte über den Konflikt zwischen Schwulenrechten und Religionsfreiheit geschehen war.

Der in den USA geborene Arzt erzählte, dass seine aus der Tschechoslowakei emigrierten Eltern ihn sein ganzes Leben lang vor den Gefahren des Totalitarismus gewarnt hatten. Er hatte sich keinerlei Sorgen gemacht – schließlich sei das hier Amerika, das Land der Freiheit, der Rechte des Einzelnen, eine Nation unter dem Schutz Gottes und der

Rechtsstaatlichkeit. Amerika wurde aus dem Streben nach Religionsfreiheit heraus geboren und war auf das entsprechende verfassungsmäßig verbriefte Recht immer stolz gewesen. Doch jetzt machte ihn etwas an dem, was da in Indiana geschehen war, nachdenklich: *Und was ist, wenn sie recht hätte?*

Es ist einfach, solch einen Vorfall lachend abzutun. Viele von uns, die betagte Eltern haben, sind daran gewöhnt, sie beruhigen zu müssen, wenn eine Nachrichtensendung ihre Angst und Besorgnis angesichts der Welt vor ihrer Haustür geschürt hat. Ich nahm an, dass dies wahrscheinlich auch auf die ältere tschechische Frau zutraf.

Doch in der Stimme des Arztes lag eine gewisse Anspannung und die Tatsache, dass er sich gedrängt fühlte, sich an mich, einen Journalisten, zu wenden, den er nicht einmal kannte, und mich darauf hinzuweisen, dass es für mich zu gefährlich wäre, seinen Namen zu nennen, falls ich darüber berichten sollte. All das verunsicherte mich. So wurde seine Frage zu meiner Frage: *Und was ist, wenn die alte tschechische Frau etwas erkennt, was wir Übrigen nicht erkennen?* Was ist, wenn wir in den westlichen liberalen Demokratien tatsächlich eine Wende zum Totalitarismus erleben und dies nicht erkennen, weil er in einer anderen Form daherkommt als der frühere?

In den folgenden Jahren habe ich mit vielen Männern und Frauen gesprochen, die einst unter dem Kommunismus gelebt hatten. Ich fragte sie, was sie von dem Ausspruch der alten Frau hielten. Glaubten auch sie, dass das Leben hier in Amerika auf eine Art Totalitarismus zusteuert?

Sie sagten alle *Ja* – oft mit großem Nachdruck. Für gewöhnlich überraschte sie meine Frage, weil sie die Amerikaner, was dieses Thema betrifft, für hoffnungslos naiv halten. Als ich mich mit einigen Emigranten, die in Amerika Zuflucht gefunden hatten, ausführlicher unterhielt, stellte ich fest, dass sie sich wirklich aufregten, weil ihre amerikanischen Mitbürger nicht erkennen, was da geschieht.

Was macht die gegenwärtige Situation im Westen vergleichbar mit dem, wovor sie damals geflohen waren? Schließlich hat doch jede Gesellschaft Regeln und Tabuthemen und auch Mechanismen, um sie durchzusetzen. Was jene beunruhigt, die unter dem sowjetischen Kommunismus gelebt haben, sind die Ähnlichkeiten:

Die Eliten und die Institutionen der Eliten geben den altmodischen Liberalismus auf, der auf der Verteidigung der Rechte des Einzelnen beruht, und ersetzen ihn durch eine progressive Weltanschauung, die Gerechtigkeit nur in Bezug auf Gruppen in Betracht zieht. Sie ermutigen die Menschen, sich mit Gruppen zu identifizieren – ethnischen, sexuellen und sonstigen – und die Bestimmung von Gut und Böse als eine Frage der Machtdynamik zwischen den Gruppen zu denken. Eine utopische Vision treibt diese Progressiven an, eine Vision, die sie dazu zwingt, die Geschichte umzuschreiben und die Sprache neu zu erfinden, um ihre Ideale sozialer Gerechtigkeit zum Ausdruck zu bringen.

Außerdem verändern diese utopischen Progressiven fortwährend ihre Normen in Bezug auf Denkweise, Sprache und Verhalten. Man kann sich nie sicher sein, dass diejenigen, die an der Macht sind, jemanden verfolgen und ihn als Verbrecher behandeln, weil er etwas gesagt oder getan hat, was am Tag zuvor noch völlig in Ordnung war. Und die Konsequenzen, die sich aus der Verletzung der neuen Tabus ergeben, sind extrem: Verlust der Existenz und die dauerhafte Zerstörung des guten Rufes.

Menschen werden sofort zu Ausgestoßenen, weil sie eine politisch inkorrekte Meinung geäußert oder auf andere Weise eine progressive Gruppierung provoziert haben, was durch die Abstempelung einer Person zum Sündenbock mithilfe der sozialen und konventionellen Medien noch verstärkt wird. Unter dem Deckmantel von »Diversität«, »Inklusion«, »Gleichstellung« und anderen egalitären Begriffen erzeugt die Linke mächtige Kontrollmechanismen über die Art des Denkens und des Diskurses und grenzt Andersdenkende als böse aus.

Für Amerikaner, die diese Art von ideologischem Nebel noch nie erlebt haben, ist es schwierig zu erkennen, was da geschieht. Ganz sicher ist es, was immer es auch sein mag, keine identische Kopie des Lebens in den sowjetischen Ostblockstaaten mit ihrer Geheimpolizei, ihren Gulags, ihrer strikten Zensur und der materiellen Not. Genau das ist das Problem, vor dem jene Emigranten warnen. Die Tatsache, dass im Vergleich zu den Bedingungen des Ostblocks das Leben im Westen weiterhin so frei und wirtschaftlich erfolgreich ist, macht die Amerikaner blind gegenüber der wachsenden Bedrohung unserer Freiheit. Zudem formulieren jene, die die Freiheit zunehmend einschränken, dies in einer Sprache, die vorgibt, die Opfer von Unterdrückung zu befreien.

»Ich bin in der Sowjetunion geboren und aufgewachsen und bin offen gestanden erstaunt, wie sehr einige dieser Entwicklungen jenen ähneln, nach denen die sowjetische Propaganda vorging«, sagt ein Professor, der jetzt im Mittleren Westen lebt.

Ein anderer emigrierter Professor aus der Tschechoslowakei äußerte sich gleichfalls unverblümt. Er erzählte mir, dass er vor etwa zehn Jahren eine allmähliche Veränderung bemerkt hatte, als Freunde leiser sprachen und sich umschauten, wenn sie konservative Standpunkte äußerten. Wenn er seine konservativen Überzeugungen in normaler Lautstärke äußerte, begannen die Amerikaner unruhig zu werden und im Raum umherzublicken, um zu sehen, wer ihnen zuhören könnte.

»Ich bin so aufgewachsen«, sagte er zu mir, »aber ich wäre nie davon ausgegangen, dass dies auch hier geschehen könnte.«

Was *geschieht* hier? Ein zutiefst antichristlicher Kampfgeist greift in der Gesellschaft stetig um sich, der von Papst Benedikt XVI. als »weltweite Diktatur scheinbar humanistischer Ideologien« beschrieben wurde, die Andersdenkende an den Rand der Gesellschaft drängt. Dies bezeichnete Benedikt als Manifestation der »geistigen Macht des Antichrist«.[2] Diese spirituelle Macht nimmt eine konkrete Form in staatlichen und privaten Institutionen an, in Unternehmen, in der akademischen Welt, in den Medien und auch in den sich verändernden Praktiken des amerikanischen Alltagslebens. Sie wird durch nie da gewesene technologische Möglichkeiten zur Überwachung des Privatlebens verstärkt. Man kann sich praktisch nirgends mehr verstecken.

Der alte, strenge Totalitarismus hatte eine Vision für die Welt, die die Auslöschung des Christentums erforderte. Der neue, sanfte Totalitarismus verhält sich genauso, und wir sind nicht gerüstet, diesem heimtückischeren Angriff zu widerstehen.

Wie wir wissen, war der Kommunismus militant atheistisch und erklärte die Religion zu seinem Todfeind. Die Sowjets und ihre europäischen Verbündeten ermordeten den Klerus und warfen zahllose Gläubige, Kleriker und Laien, ins Gefängnis oder in Arbeitslager, in denen viele gefoltert wurden.

Und heute? Die westliche Welt ist nachchristlich geworden. Die nach dem Jahr 1980 Geborenen lehnen in großer Zahl religiöse Überzeugungen ab. Das bedeutet: Sie werden nicht nur gegen die Christen Stellung beziehen, wenn wir für unsere Prinzipien eintreten – speziell für die Verteidigung der traditionellen Familie, der Geschlechterrolle von Mann und Frau und für die Unantastbarkeit des menschlichen Lebens –, sondern sie werden nicht einmal begreifen, warum sie eine religiös begründete abweichende Meinung überhaupt tolerieren sollten.

Wir können nicht hoffen, dem heraufziehenden sanften Totalitarismus zu widerstehen, wenn wir kein geordnetes geistliches Leben führen. Dies ist die Botschaft von Alexander Solschenizyn, dem bedeutenden antikommunistischen Dissidenten, Nobelpreisträger und orthodoxen Christen. Er war überzeugt, dass die Hauptursache für die Krise, die den Kommunismus hervorbrachte und aufrechterhielt, nicht politisch, sondern spirituell war.

Nach der Veröffentlichung seines *Archipel Gulag*, der die Fäulnis des sowjetischen Totalitarismus aufdeckte und Solschenizyn weltweit zum Helden werden ließ, wurde er von Moskau schließlich ausgewiesen. Am Vorabend seines erzwungenen Exils im Westen veröffentlichte Solschenizyn eine letzte Botschaft an das russische Volk unter dem Titel *Lebt nicht mit der Lüge!* In diesem Essay sprach Solschenizyn sich gegen die Behauptung aus, dass das totalitäre System so mächtig sei, dass der einfache Mann und die einfache Frau es nicht ändern könnten.

Unsinn, sagte er. Die Basis des Totalitarismus ist eine Ideologie, die aus Lügen besteht. Die Existenz des Systems hängt von der Angst der Menschen ab, diese Lügen infrage zu stellen. Der Schriftsteller sagte: »Unser Weg muss sein: *niemals wissentlich Lügen zu unterstützen!*«[3] Sie haben vielleicht nicht die Kraft, öffentlich dafür einzustehen und zu erklären, woran Sie wirklich glauben, aber Sie können sich zumindest weigern, das zu unterstützen, woran Sie *nicht* glauben. Sie werden nicht in der Lage sein, den Totalitarismus zu Fall zu bringen, aber Sie können in sich selbst und innerhalb Ihrer Gemeinschaft die Möglichkeit finden, in der Würde der Wahrheit zu leben. Wenn wir unter der Diktatur der Lügen leben müssen, sagte der Autor, dann muss unsere Reaktion lauten: »Ihre Regel soll *nicht durch mich* unterstützt werden!«

Was bedeutet es für uns heute, nicht mit Lügen zu leben? Das ist die Frage, der in diesem Buch anhand von Interviews und Zeugnissen nachgegangen wird, die Christen (und andere) aus dem gesamten Ostblock hinterlassen haben, die den Totalitarismus erlebt haben. Sie lassen uns an einer Weisheit teilhaben, die sie durch schwere Erfahrungen erworben haben.

Im ersten Teil des Buches wird der Standpunkt vertreten, dass die liberale Demokratie trotz ihrer oberflächlichen Freizügigkeit zu etwas degeneriert ist, das dem Totalitarismus ähnelt, den sie im Kalten Krieg besiegt hat. Untersucht werden die Quellen des Totalitarismus, wobei beunruhigende Parallelen zwischen unserer zeitgenössischen Gesellschaft und den Gesellschaften, die den Totalitarismus des 20. Jahrhunderts hervorbrachten, aufgezeigt werden. Außerdem werden zwei spezielle Faktoren untersucht, die den aufkommenden sanften Totalitarismus kennzeichnen: die Ideologie der »sozialen Gerechtigkeit«, die die akademische Welt und andere wichtige Institutionen dominiert, und die Überwachungstechnologie, die allgegenwärtig geworden ist, und zwar nicht aufgrund von Regierungserlassen, sondern indem die kapitalistische Konsumgesellschaft davon überzeugt wurde. Diesen Teil beschließt ein Blick auf die Schlüsselrolle der Intelligenzija, die diese bei der Oktoberrevolution einnahm, und zeigt auf, warum wir es uns nicht leisten können, die ideologischen Exzesse unserer eigenen politisch korrekten Intellektuellen einfach mit einem Lachen abzutun.

Der zweite Teil untersucht eingehender die Formen, Methoden und Quellen des Widerstands gegen die Lügen des sanften Totalitarismus. Weshalb sind die Religion und die Hoffnung, die sie schenkt, der Kern des effektiven Widerstands? Was hat die Bereitschaft zum Leiden mit einem Leben in der Wahrheit zu tun? Weshalb ist die Familie der wichtigste Bereich der Opposition? Wie kann eine treue Gemeinschaft zur Widerstandsfähigkeit bei Verfolgung führen? Wie können wir lernen, die falschen Botschaften des Totalitarismus zu erkennen und seine Täuschungsmanöver zu bekämpfen?

Wie haben die Menschen im Osten damals diese Bedrängnis überstanden? Wie haben sie sich und ihre Familien geschützt? Wie konnten sie ihren Glauben, ihre Integrität, ja selbst ihre Vernunft bewahren? Warum sind sie derart besorgt um die Zukunft des Westens? Sind wir fähig, auf sie zu hören, oder werden wir uns weiter der Illusion überlassen, dass das bei uns ja nicht geschehen kann?

Eine in der Sowjetunion geborene Emigrantin, die an einer Universität tief im Herzen der USA lehrt, weist mit Nachdruck auf die Dringlichkeit hin, dass die Amerikaner Menschen wie sie ernst nehmen sollten:

»Sie können nicht voraussagen, was Ihnen morgen vorgeworfen wird«, warnt sie. »Sie ahnen nicht, welche völlig normalen Dinge, die Sie heute tun oder sagen, in Zukunft gegen Sie verwendet werden, um Sie zu zerstören. Die Menschen in der Sowjetunion haben das erlebt. Wir wissen, wie das funktioniert.«

Andererseits riet mir mein Freund, dessen Eltern aus der Tschechoslowakei emigriert waren, keine Zeit zu verlieren, um dieses Buch zu verfassen.

»Die Leute werden das alles zuerst erleben müssen, um es zu verstehen«, sagt er zynisch. »Jedes Mal, wenn ich versuche, meinen Freunden oder Bekannten aktuelle Ereignisse und deren Bedeutung zu erklären, stoße ich auf verständnislose Blicke oder wird das, was ich sage, gleich für Unsinn erklärt.«

Vielleicht hat er recht. Aber um seiner und meiner Kinder willen habe ich dieses Buch geschrieben, um ihm zu beweisen, dass er mit seiner Meinung nicht recht hat.

I. TEIL:

Was versteht man unter sanftem Totalitarismus?

ERSTES KAPITEL

Kolaković, der Prophet

Bisweilen geschieht es, dass ein Fremder auftaucht, einer, der tiefer und weiter sieht als die Masse der Menschen, um vor kommenden Problemen zu warnen. Solche Geschichten enden häufig damit, dass die Leute dem Propheten keinen Glauben schenken und dann für ihre Blindheit leiden müssen. Hier jedoch folgt der Bericht über ein Volk, das auf die Warnungen des Propheten hörte, seinen Rat befolgte und vorbereitet war, als die Krise hereinbrach.

Im Jahr 1943 entkam der Aktivist und Antifaschist, der kroatische Priester und Jesuit Tomislav Poglajen, auf der Flucht von seinem Heimatland Kroatien knapp der Gestapo, um in der Tschechoslowakei unterzutauchen. Um sich vor den Nazis zu verbergen, nahm er den Namen seiner slowakischen Mutter an, Kolaković, und arbeitete als Lehrer in Bratislava, der Hauptstadt der Slowakei. Der Priester, 37 Jahre alt, dessen Haarschopf vorzeitig weiß geworden war, hatte einen Teil seiner Priesterausbildung dem Studium der Sowjetunion gewidmet. Er ging davon aus, dass die Niederlage des nationalsozialistischen Totalitarismus einen schweren Konflikt zwischen dem sowjetischen Totalitarismus und den liberalen Demokratien des Westens verursachen würde.

Obwohl Pater Tomislav Kolaković besorgt war wegen der Bedrohungen, denen die christliche Lebensführung und christliche Zeugnisse im reichen Westen ausgesetzt waren, beunruhigten ihn die Gefahren des Kommunismus weitaus mehr, den er zu Recht als eine imperialistische Ideologie betrachtete.

Als Pater Kolaković Bratislava erreichte, war schon klar, dass die Rote Armee die Deutschen im Osten besiegen und die Tschechoslowakei befreien würde. Tatsächlich schloss die tschechische Exilregierung im Jahr 1944 ein formelles Abkommen mit Stalin, das garantierte, dass die Sowjets nach der Vertreibung der Nazis der wiedervereinigten Nation die Freiheit geben würden.

Da Pater Kolaković wusste, wie die Sowjets wirklich dachten, wusste er auch, dass dies eine Lüge war. Er warnte die slowakischen Katholiken und wies darauf hin, dass die Tschechoslowakei nach Ende des Krieges unter die Herrschaft einer sowjetischen Marionettenregierung fallen würde. So widmete er sich der Aufgabe, sie auf die Verfolgung vorzubereiten.

Die nicht vorbereiteten Christen in der Slowakei

Pater Kolaković wusste, dass der Klerikalismus und die Passivität des traditionellen slowakischen Katholizismus dem Kommunismus nicht gewachsen sein würden. Zunächst einmal sah er richtig voraus, dass die Kommunisten versuchen würden, die Kirche unter ihre Kontrolle zu bringen, indem sie den Klerus unterwarfen. Zum anderen erkannte er, dass die Prüfungen, die die Gläubigen im Kommunismus erwarteten, sie geistlich auf eine extreme Probe stellen würden. Der charismatische Priester sagte in seinen

Predigten, dass nur ein Leben in rückhaltloser Hingabe an Christus sie befähigen würde, den kommenden Prüfungen standzuhalten.

»Übergib dich vollkommen Christus, wirf all deine Sorgen und Wünsche auf ihn, denn er hat einen breiten Rücken, und du wirst Wunder erleben«, sagte der Pater nach der Erinnerung eines Schülers.[4]

Die vollkommene Hingabe an Christus war kein abstrakter oder frommer Gedanke. Sie musste konkret werden und gemeinschaftlich gestützt sein. Die totale Zerstörung durch den Ersten Weltkrieg öffnete die Augen der jüngeren Katholiken für die Notwendigkeit einer Neuevangelisierung. Ein belgischer Priester namens Joseph Cardijn, dessen Vater bei einem Grubenunglück ums Leben gekommen war, gründete eine Laienbewegung, um genau dies in der Arbeiterklasse zu verwirklichen. Das war die »Christliche Arbeiterjugend« [CAJ], die »Jocistes« genannt wurden nach den Anfangsbuchstaben ihrer französischen Bezeichnung. Von ihrem Beispiel inspiriert, passte Pater Kolaković diese Bewegung den Bedürfnissen der katholischen Kirche in der von den Deutschen besetzten Slowakei an. Er gründete Zellen von gläubigen jungen Katholiken, die sich zum Gebet, zum Studium und zu gemeinschaftlichen Unternehmungen trafen.

Der geflohene Priester lehrte die jungen slowakischen Gläubigen, dass jeder Mensch für seine Taten vor Gott Rechenschaft ablegen muss. Freiheit bedeutet Verantwortung, betonte er. Sie ermöglicht, nach der Wahrheit zu leben. Das Motto der »Christlichen Arbeiterjugend« wurde auch zum Motto für die Gemeinschaft, die Pater Kolaković seine »Familie« nannte: »Erkennen, urteilen, handeln«. *Erkennen* bedeutet, wach die Wirklichkeit zu registrieren, die uns umgibt. *Urteilen* beinhaltet den Auftrag, nüchtern zu erkennen, was diese Wirklichkeit im Licht dessen bedeutet, was wahr ist, vor allem aus der Sicht des christlichen Glaubens. Wenn man daraus den Schluss gezogen hat, gilt es zu *handeln,* um dem Bösen zu widerstehen.

Václac Vaško, ein Anhänger von Kolaković, meinte später im Rückblick, dass das Wirken von Pater Kolaković so viele junge Katholiken begeisterte, weil er die Laien anspornte und ihnen ein Gefühl für Führungsverantwortung vermittelte.

»Es ist bemerkenswert, dass es Kolaković fast sofort gelang, eine Gemeinschaft des Vertrauens und gegenseitiger Freundschaft zu stiften, und das unter ganz verschiedenen Menschen (Priestern, Ordensleuten und Laien unterschiedlichen Alters mit unterschiedlichem Bildungs- oder geistlichem Reifegrad)«, schrieb Vaško.

Die Familiengruppen trafen sich zunächst zu Bibelstudien und Gebet, doch bald hörten sie auch Vorträge von Pater Kolaković über Philosophie, Soziologie und intellektuelle Themen. Pater Kolaković unterwies seine jungen Anhänger auch, wie man im Untergrund arbeiten und Verhöre überstehen kann, die, wie er sagte, sicher auf sie zukämen.

Die »Familie« breitete ihre kleinen Gruppen rasch über das ganze Land aus. »Am Ende des Schuljahrs 1944«, so Vaško, »wäre es schwierig gewesen, in Bratislava oder größeren Städten eine Fakultät oder eine weiterführende Schule zu finden, in denen unsere Kreise nicht tätig waren.«

1946 deportierten die tschechischen Behörden den rührigen Priester. Zwei Jahre später übernahmen die Kommunisten die Macht, genau wie Pater Kolaković es vorausgesagt hatte. Innerhalb weniger Jahre waren fast alle Mitglieder der »Familie« im Gefängnis, und die tschechoslowakische Kirche als Institution war auf brutale Weise unterworfen worden. Doch als die Mitglieder der »Familie« in den 1960er-Jahren aus den Gefängnissen entlassen wurden, begannen sie zu verwirklichen, was ihr geistlicher Vater sie gelehrt hatte. Die beiden wichtigsten Stellvertreter von Pater Kolaković – der Arzt Silvester Krčméry und der Priester Vladimír Jukl – gründeten in aller Stille christliche Gruppen und begannen, im ganzen Land die Untergrundkirche aufzubauen.

Unter der Leitung der geistigen Kinder und Enkel des visionären Geistlichen wurde die Untergrundkirche in den nächsten 40 Jahren zum wichtigsten Träger der antikommunistischen Opposition. Sie waren es auch, die 1988 eine öffentliche Massendemonstration in Bratislava, der slowakischen Hauptstadt, organisierten und Religionsfreiheit forderten. Die »Kerzendemonstration« war der erste große Protest gegen den Staat. Sie bildete den Auftakt zur »Samtenen Revolution«, die ein Jahr später das kommunistische Regime stürzte. Obwohl die slowakischen Christen im sowjetischen Ostblock zu den am stärksten verfolgten gehörten, leistete die katholische Kirche dort erfolgreich Widerstand, weil ein Mann vorausgesehen hatte, was auf sie zukommen würde, und seine Leute entsprechend vorbereitet hatte.

Der neue Totalitarismus

Warum wusste Pater Kolaković, was auf dieses Volk in Mitteleuropa zukommen würde? Er besaß keine übernatürlichen Gaben, zumindest ist nichts darüber bekannt. Vielmehr hatte er den sowjetischen Kommunismus genau studiert, um sich auf die Missionsarbeit in Russland vorzubereiten, und er wusste, wie die Sowjets dachten und wie sie sich verhielten. Er war in der Lage, die geopolitischen Zeichen der Zeit zu erkennen. Und als Priester gehörte er zu den Überlebenden des sowjetischen Kommunismus.

Diejenigen, die die Verfolgung im Kommunismus überlebt haben, sind auf ihre Weise für uns Menschen wie Kolaković. Sie warnen uns vor einem kommenden Totalitarismus – einer Form der Regierung, die politischen Autoritarismus mit einer Ideologie verbindet, die darauf abzielt, alle Aspekte des Lebens zu kontrollieren. Dieser Totalitarismus wird nicht dem der UdSSR gleichen. Er etabliert sich nicht mit »harten« Mitteln wie einer bewaffneten Revolution oder unter Zwang mithilfe von Gulags. Vielmehr übt er, zumindest in den Anfängen, seine Kontrolle mit sanften Mitteln aus. Dieser Totalitarismus ist therapeutisch. Er verbirgt seinen Hass auf jene, die seine utopische Ideologie ablehnen, unter dem Deckmantel von Hilfe und Heilung.

Um die Bedrohung durch den Totalitarismus zu verstehen, ist es wichtig, den Unterschied zwischen ihm und dem einfachen Autoritarismus zu kennen. Ein Autoritarismus liegt vor, wenn der Staat die politische Kontrolle seiner Herrschaft unterwirft. Das ist eine bloße Diktatur – zweifellos übel, doch der Totalitarismus ist viel schlimmer. Nach Hannah Arendt, der führenden Erforscherin der »Formen der totalen Herrschaft«, kennzeichnet eine totalitäre Gesellschaft, dass eine Ideologie versucht, alle vorherigen Traditionen und Institutionen zu verdrängen mit dem Ziel, alle Aspekte der Gesellschaft unter die Kontrolle dieser Ideologie zu bringen. Ein totalitärer Staat strebt nichts weniger an, als die Wirklichkeit zu definieren und zu kontrollieren. Diejenigen, die an der Macht sind, entscheiden, was wahr ist. Arendt schrieb: Wo immer der Totalitarismus herrschte, »hat er begonnen, das Wesen des Menschen zu zerstören«.[5]

Als Teil seines Bestrebens, die Realität zu definieren, versucht ein totalitärer Staat nicht nur unsere Handlungen, sondern auch unsere Gedanken und Gefühle zu kontrollieren. Der ideale Untertan eines totalitären Staates ist jemand, der gelernt hat, Big Brother[6] zu lieben.

In der Sowjet-Ära forderte der Totalitarismus die Liebe zur Partei, und der Staat erzwang die Konformität mit den Forderungen der Partei. Der Totalitarismus unserer Tage verlangt Übereinstimmung mit einer Reihe von fortschrittlichen Ideen, von denen viele mit der Logik inkompatibel sind – und ganz gewiss auch mit dem Christentum. Die Konformität wird weniger vom Staat erzwungen als von Eliten, die die öffentliche Meinung bestimmen, und von Privatunternehmen, die mithilfe der Technologie unser Leben weitaus mehr kontrollieren, als wir einzuräumen bereit sind.

Viele Konservative unserer Tage machen sich den Ernst dieser Bedrohung nicht klar und tun sie ab als »Political Correctness« – ein abwertender Begriff der vorherigen Generation für »Wokeness«[7]. Es ist ja einfach, Menschen wie die aus der Sowjetunion stammende Professorin als hysterisch abzuqualifizieren, wenn man meint, dass das, was heute geschieht, nur die Rückkehr der Verrücktheiten der Linken an den Universitäten in den 1990er-Jahren sei. Damals war die Standardreaktion der Konservativen, das Problem einfach abzutun: *Wartet nur, bis diese Kinder in der realen Welt ankommen und einen Job finden müssen.*

Nun, das geschah – und sie verbreiteten den linken »Campusgeist« in den amerikanischen Unternehmen, in den juristischen und medizinischen Berufen, in den Medien, in den Grund- und Sekundarschulen und in anderen Institutionen des amerikanischen Lebens. Mit dieser Kulturrevolution, die sich im Frühjahr und Sommer 2020 intensivierte, wird versucht, das ganze Land in einen »Woke«-College-Campus zu verwandeln.

Heute müssen Abweichler von dieser »Woke-Fraktion« in unserer Gesellschaft erleben, dass ihre Unternehmen, ihre Karrieren und ihr Ruf zerstört werden. Sie werden aus dem öffentlichen Leben vertrieben, stigmatisiert und als rassistisch, sexistisch, homophob und dergleichen verteufelt. Und sie haben Angst, sich zu wehren, weil sie sich sicher sind, dass ihnen niemand zur Seite stehen oder sie verteidigen wird.

Die Behutsamkeit des sanften Totalitarismus

Es ist durchaus möglich, den Ansturm des Totalitarismus zu übersehen, weil wir nicht richtig verstehen, wie seine Macht funktioniert. 1951 schrieb der Dichter und Literaturkritiker Czesław Miłosz, der als antikommunistischer Dissident aus seinem Heimatland Polen in den Westen verbannt wurde, dass die Menschen im Westen das Wesen des Kommunismus nicht verstehen, weil sie dabei nur an die Begriffe von »Macht und Zwang« denken.

»Das ist falsch«, schrieb er. »Es gibt eine innere Sehnsucht nach Harmonie und Glück, die tiefer liegt als die gewöhnliche Angst oder der Wunsch, dem Elend oder der physischen Zerstörung zu entkommen.«[8]

In seinem Buch *Verführtes Denken* schrieb Miłosz, dass die kommunistische Ideologie eine Lücke gefüllt hat, die im Leben der Intellektuellen des frühen 20. Jahrhunderts entstanden war, weil die meisten von ihnen aufgehört hatten, an eine Religion zu glauben.

Der heutige linke Totalitarismus appelliert erneut an ein inneres Verlangen, besonders an das starke Verlangen nach einer gerechten Gesellschaft, die die historischen Opfer der Unterdrückung der Vergangenheit rehabilitiert und befreit. Er präsentiert sich in Form von Freundlichkeit und dämonisiert Andersdenkende und missliebige demografische

Gruppen, um die Gefühle der »Opfer« zu schützen und so soziale Gerechtigkeit zu schaffen.

Der zeitgenössische Kult der sozialen Gerechtigkeit identifiziert Angehörige bestimmter gesellschaftlicher Gruppen als Täter, als Sündenböcke, und fordert im Namen der Gerechtigkeit ihre Bekämpfung oder Unterdrückung. So gaben die sogenannten »Kämpfer für soziale Gerechtigkeit«, die als von einem starken Mitgefühl beseelte Liberale begannen, am Ende den echten Liberalismus auf und verfolgten eine aggressive und restriktive Politik, die dem Bolschewismus ähnelt, wie der sowjetische Kommunismus zuerst genannt wurde.

An der Wende zum 21. Jahrhundert warnte der Kulturkritiker René Girard vorausschauend: »Der gegenwärtige Prozess der geistigen Demagogie und des rhetorischen Overkills hat die Sorge um die Opfer in eine totalitäre Herrschaft und eine permanente Inquisition umgeformt.«[9]

Dies bringen auch die Überlebenden des Kommunismus zum Ausdruck: Die bewundernswerte Sorge des Liberalismus für die Schwachen und Ausgegrenzten schlägt schnell in eine monströse Ideologie um, die, wenn sie nicht aufgehalten wird, die liberale Demokratie in eine sanfte, therapeutische Form des Totalitarismus verwandeln wird.

Das Therapeutische als postmoderne Existenzform

Der sanfte Totalitarismus nutzt die Präferenz des dekadenten modernen Menschen für persönliches Vergnügen und Wohlbefinden gegenüber Prinzipien einschließlich der politischen Freiheiten. Die Leute werden den kommenden sanften Totalitarismus unterstützen oder zumindest nicht ablehnen, aber nicht weil sie die Verhängung grausamer Strafen fürchten, sondern weil sie durch hedonistische Annehmlichkeiten mehr oder weniger befriedigt werden. Nicht George Orwells Roman *1984* sieht voraus, was kommen wird, sondern Aldous Huxleys *Schöne neue Welt*. Der zeitgenössische Sozialkritiker James Poulos bezeichnet dies als »rosa Überwachungsstaat«: eine informelle Regelung, bei der die Menschen ihre politischen Rechte aufgeben, um dafür im Gegenzug Garantien für ihr persönliches Vergnügen zu erhalten.

Der sanfte Totalitarismus nutzt, wie wir in einem späteren Kapitel sehen werden, die moderne Überwachungstechnologie, die (noch) nicht staatlich angeordnet ist, sondern von den Verbrauchern eher als Hilfsmittel für einen bequemen Lebensstil begrüßt wird – und die auch in der Welt nach der Pandemie wahrscheinlich für das öffentliche Gesundheitswesen benötigt werden wird. Es fällt schwer, sich über Big Brother aufzuregen, wenn man sich schon an Big Data gewöhnt hat, die unser Privatleben genauestens überwachen mithilfe von Apps, Kreditkarten und intelligenten Geräten, die doch das Leben so viel einfacher und angenehmer machen. In Orwells fiktionaler Dystopie installiert der Staat in den privaten Wohnräumen Bildschirme, um das Leben der einzelnen Menschen zu überwachen. Heute installieren wir in unseren Häusern »Smart Speakers«[10], um unser Wohlbefinden zu steigern.

Und wie entwickelte sich die Maximierung des Wohlbefindens zum ultimativen Ziel der modernen Menschen und Gesellschaften? Der amerikanische Soziologe und Kulturkritiker Philip Rieff war kein religiöser Mensch, aber wenige Propheten haben in ihren Schriften scharfsinniger als er das Wesen der Kulturrevolution durchschaut, die den Westen im 20. Jahrhundert in Beschlag nahm und die den Kern des sanften Totalitarismus bestimmt.

In seinem bahnbrechenden Buch *The Triumph of the Therapeutic* legte Rieff dar, dass der Tod Gottes im Westen eine neue Zivilisation hervorgebracht hat, die sich auf die Befreiung des Individuums konzentriert hat, das seine eigenen Vergnügungen sucht und aufkommende Ängste damit bewältigt. An die Stelle des religiösen Menschen, der sein Leben nach seinem Glauben und den transzendenten Prinzipien ausgerichtet hat, die das menschliche Leben innerhalb des Gemeinwohls regelten, ist der psychologische Mensch getreten, der glaubt, dass es keine transzendente Ordnung gebe und dass der Sinn des Lebens darin bestehen würde, seinen eigenen Weg auf experimentelle Art und Weise zu finden. Der Mensch versteht sich nicht mehr als Pilger, der sich zusammen mit anderen auf einer bedeutungsvollen Reise befindet, sondern als Tourist, der nach seinem eigenen, selbst entworfenen Reiseplan mit dem ultimativen Ziel seines persönlichen Glücks unterwegs ist.

Diese Revolution war sogar noch radikaler als die bolschewistische von 1917, schrieb Rieff. Zum ersten Mal wollte die Menschheit eine Zivilisation schaffen, die auf der Verneinung jeglicher bindenden transzendenten Ordnung fußte. Die Bolschewiken mögen gottlos gewesen sein, aber selbst sie glaubten, dass es eine metaphysische Ordnung gibt, die erfordert, dass der Einzelne seine persönlichen Wünsche einem höheren Zweck unterordnet. Fast ein Vierteljahrhundert vor dem Fall der Berliner Mauer sagte Rieff voraus, dass der Kommunismus nicht in der Lage sein würde, der vom Westen kommenden Kulturrevolution standzuhalten, die den Anspruch erhebt, das Individuum zu befreien, damit es den Hedonismus und Individualismus verwirklichen kann. Wenn es keine göttliche Ordnung mehr gibt, dann ist das ursprüngliche Versprechen der Schlange im Garten Eden – »Ihr werdet sein wie Gott« – das Grundprinzip der neuen Kultur.

Rieff erkannte allerdings, dass es keine Kultur ohne Kult gibt – das heißt, ohne den gemeinsamen Glauben und die Akzeptanz einer sakralen Ordnung entsteht eine »Antikultur«. Eine Antikultur, so Rieff, ist grundsätzlich instabil. Er bezweifelte jedoch, dass Menschen, die in einer solchen Gesellschaftsordnung aufgewachsen sind, jemals bereit wären, zu der früheren Ausrichtung zurückzukehren.

Selbst Kirchenführer, schrieb er, belügen sich selbst in Bezug auf die Fähigkeit der von ihnen geleiteten Institutionen, dem Therapeutischen zu widerstehen. Rieff sah die Zukunft der Religion als Übergang zu einer verwässerten Spiritualität voraus, in der alles enthalten sein kann. Er lebte lange genug, um mitzuerleben, wie seine Voraussagen von 1966 eintrafen. 2015 prägten die Religionssoziologen Christian Smith und Melinda Lundquist Denton die Formulierung »moralistisch therapeutischer Deismus«, um die dekadente Form des Christentums (und tatsächlich aller Religionen) zu beschreiben, die heute in Amerika festzustellen ist. Sie beinhaltet den allgemeinen Glauben, dass Gott existiert und von uns nichts anderes will, als freundlich und glücklich zu sein.

In der therapeutischen Kultur, die sich überall durchgesetzt hat, besteht die große Sünde darin, die Freiheit der anderen zu behindern, die ihr Glück nach eigenem Gutdünken suchen. Dies geht Hand in Hand mit der sexuellen Revolution, die in Kombination mit der ethnischen Identitäts- und der Genderidentitätspolitik den gescheiterten wirtschaftlichen Klassenkampf als utopischen Schwerpunkt der radikalen Linken nach 1960 abgelöst hat. Diese Kulturrevolutionäre fanden einen Verbündeten im fortgeschrittenen Kapitalismus, nach dessen Lehre es nichts außerhalb des Marktmechanismus geben soll und seinen angebotenen Werten, die auf die menschlichen Wünsche abgestimmt sind.

Der Kalte Krieg und der Kulturkampf brachten viele weiße konservative Christen dazu, sich mit der Republikanischen Partei zu identifizieren und die freie Marktwirtschaft als übereinstimmend mit der christlichen Ethik zu betrachten. Der Relativismus im Gewand des Dogmas von der freien Marktwirtschaft trug dazu bei, dass das therapeutische Ethos von der gläubigen Rechten übernommen wurde. Wenn wahre Freiheit schließlich als Wahlfreiheit definiert wird im Gegensatz zum klassischen Konzept der Tugendethik, dann ist die Tür weit geöffnet für eine Reform der Religion nach therapeutischen Gesichtspunkten, die sich an der Erfahrung des Verbrauchers orientiert. Das ist der Grund, weshalb so viele konservative Christen die anhaltenden Siege des Transgenderismus im Kulturkampf nicht erkannt haben und noch immer nicht erklären können. Das Phänomen des Transgenderismus, der den Vorrang des Psychologischen vor der biologischen Realität einfordert, ist der logische Höhepunkt eines Prozesses, der schon vor Jahrhunderten begann.

Der entschlossene Widerstand der Christen im großen Stil gegen die Antikultur war bisher erfolglos und wird es wohl auch in absehbarer Zukunft bleiben. Warum? Weil der therapeutische Zeitgeist auch die Kirchen erobert hat, sogar jene, zu denen die Christen gehören, die sich als konservativ bezeichnen. Relativ wenige zeitgenössische Christen sind darauf vorbereitet, für den Glauben zu leiden, weil die therapeutische Gesellschaft, die diese Christen geprägt hat, den Sinn des Leidens von vornherein leugnet, und die Vorstellung, Schmerz um der Wahrheit willen zu ertragen, lächerlich erscheint.

Ketman und die Murti-Bing-Pille[11]

Für Menschen, die in der freien Welt aufgewachsen sind, ist es schwierig, das Ausmaß und die Abgründe der Lüge zu begreifen, die nur zur Wahrung der bloßen Existenz unter dem Kommunismus erforderlich war. All die Lügen und die Lügen über die Lügen, die die Basis für das kommunistische System waren, gründeten auf der folgenden fundamentalen Lüge: Der kommunistische Staat ist die einzige Quelle der Wahrheit. Orwell schrieb in seinem Buch *1984*: »Die Partei befahl einem, die Beweise der eigenen Augen und Ohren zu leugnen. Das war ihr höchstes und wichtigstes Gebot.«[12]

Unter der Diktatur von Big Brother begreift die Partei, dass sie durch die Veränderung der Sprache – *Neusprech* ist ihr Wort für den Jargon, den sie der Gesellschaft aufzwingt – die Kategorien kontrolliert, in denen die Menschen denken. »Freiheit« ist Sklaverei, »Wahrheit« ist Falschheit etc. *Zweidenk* – »zwei gegensätzliche Überzeugungen gleichzeitig zu akzeptieren« –, das ist die Weise, wie die Menschen lernen, ihren Verstand der Parteiideologie zu unterwerfen. Wenn die Partei sagt: Zwei und zwei gibt fünf, dann gibt zwei und zwei fünf. Das Ziel ist es, die Person davon zu überzeugen, dass jede Wahrheit im Verstand existiert und der richtig geordnete Verstand alles glaubt, was die Partei als wahr bezeichnet.

Orwell schreibt:

> »Es war, als drücke eine gewaltige Kraft einen nieder – etwas, das in den Schädel eindrang, das Gehirn zertrümmerte, einem Angst vor der eigenen Überzeugung machte und einen fast dazu brachte, den eigenen Sinnen nicht länger zu trauen. Schlussendlich würde die Partei noch verkünden, dass zwei und zwei fünf ergibt, und man

> würde es glauben müssen. Es war unvermeidlich, dass sie diese Behauptung früher oder später aufstellten. Die Logik ihrer Position verlangte es. Ihre Philosophie leugnete nicht nur stillschweigend die Gültigkeit von Erfahrungen, sondern auch die bloße Existenz einer äußeren Realität. Die schlimmste aller Ketzereien war gesunder Menschenverstand.«[13]

Heutzutage haben wir keinen allmächtigen Staat, der uns so etwas aufzwingt. Unter dem sanften Totalitarismus praktizieren die Medien, die Universitäten, die amerikanischen Unternehmen und andere Institutionen den *Neusprech* und zwingen alle Übrigen, sich täglich im *Zweidenk* zu üben. *Männer haben Perioden. Die Frau, die vor einem steht, muss »er« genannt werden. Diversität und Inklusion bedeutet, denjenigen auszuschließen, der sich ideologischer Gleichförmigkeit widersetzt. Gleichheit bedeutet, Menschen ungleich zu behandeln, ungeachtet ihrer Fähigkeiten und Leistungen, um ein ideologisch korrektes Ergebnis zu erzielen.*

Um einen Satz von Orwell auf unsere eigene Situation zu übertragen: »Das Büro für Diversität, Gleichstellung und Inklusion hat befohlen, die Beweise der eigenen Augen und Ohren zu leugnen. Das war ihr höchstes und wichtigstes Gebot.«

Viele Christen werden diese Lügen heute durchschauen, aber sie werden sich dafür entscheiden, ihre Stimme nicht zu erheben. Ihr Schweigen wird sie nicht retten, sondern, so Miłosz, innerlich zerfressen.

In seinem Schreiben über die Hinterhältigkeit des Kommunismus zitierte Miłosz aus einem Roman aus dem Jahr 1932 mit dem Titel *Unersättlichkeit*. Darin schrieb der polnische Autor Stanisław Witkiewicz über eine zeitnahe Dystopie, in der die kulturell erschöpften Menschen der Dekadenz verfallen waren. Eine mongolische Armee aus dem Osten drohte das Land einzunehmen.

Als Teil des Planes, das Land zu übernehmen, tauchten nun Menschen auf den Straßen auf und verkauften die »Murti-Bing-Pille«, benannt nach einem mongolischen Philosophen, der einen Weg gefunden hatte, eine Tablette zu produzieren, die seine »Don't worry, be happy«-Philosophie beinhaltet. Wer die »Murti-Bing-Pille« einnahm, hörte auf, sich über das Leben Sorgen zu machen, selbst wenn alles um ihn herum auseinanderfiel. Als die Armee aus dem Osten eintraf, ergaben sich die Menschen frohgemut und sie waren erleichtert, von ihren inneren Anspannungen und Kämpfen befreit zu sein.

Doch der Friede war nicht von Bestand. »Aber weil sie ihre frühere Persönlichkeit nicht vollständig loswerden konnten«, schreibt Miłosz, »wurden sie schizophren.«[14]

Was geschieht jedoch, wenn die »Murti-Bing-Pille« nicht mehr wirkt und man sich selbst unter der Diktatur der offiziellen Lügen wiederfindet, in der jeder, der der Parteilinie widerspricht, ins Gefängnis wandert?

Man wird zum Schauspieler, sagt Miłosz. Man erlernt die Praxis des *ketman*. Dies ist ein persischer Begriff für die Praxis, äußerlich das Erscheinungsbild islamischer Rechtgläubigkeit zu wahren und innerlich davon abzuweichen. *Ketman* war die Strategie, die jeder übernehmen musste, der nicht wirklich an den Kommunismus glaubte, um keine Probleme zu bekommen. Es ist eine Form geistiger Selbstverteidigung.

Was ist nun der Unterschied zwischen *ketman* und der guten alten Scheinheiligkeit? Wie Miłosz erklärt, verändert der Zwang, ständig »eine Rolle zu spielen«, den Menschen unweigerlich. Ein Schauspieler, der rund um die Uhr seine Rolle verkörpert, wird zu der Person, die er spielt. *Ketman* ist schlimmer als Heuchelei, denn wenn man ständig auf diese Art und Weise sein Leben führt, wird der Charakter und letztlich die Gesellschaft insgesamt verdorben.

Miłosz identifizierte unter dem Kommunismus acht verschiedene Typen des *ketman*. Beispielsweise spricht man vom »berufsbedingten *ketman*«, bei dem man sich selbst überzeugt, dass es in Ordnung ist, am Arbeitsplatz die Lüge einzusetzen, weil sie notwendig ist, um in Freiheit gut arbeiten zu können. Der »metaphysische *ketman*« ist die tiefste Form der Strategie, eine Verteidigung gegen »totale Erniedrigung«. Sie besteht darin, sich selbst davon zu überzeugen, dass es wirklich möglich ist, ein echter Gegner des neuen Regimes zu sein und gleichzeitig mit ihm zusammenzuarbeiten. Christen, die mit kommunistischen Regimes kollaborierten, machten sich des »metaphysischen *ketman*« schuldig. In der Tat, schreibt Miłosz, ist dies der endgültige Sieg der »Großen Lüge« über die Seele des Einzelnen.

Unter der aufkommenden Tyrannei der »Wokeness« lernen Konservative, konservative Christen eingeschlossen, eine oder mehrere Formen der Praxis des *ketman*. Am meisten täuschen sich diejenigen, die sich selbst einreden, sie könnten ehrlich in Systemen von »Wokeness« leben, indem sie sich äußerlich angleichen und lernen, ihre Überzeugungen der neuen Ordnung anzupassen. Miłosz durchschaute sie: »Sie betrügen den Teufel, der glaubt, dass er sie betrügt. Aber der Teufel weiß, was sie denken, und ist zufrieden.«[15]

In der Wahrheit leben

Am Tag seiner letzten Verhaftung in Moskau – dem 12. Februar 1974 – veröffentlichte Alexander Solschenizyn seine letzte Botschaft an das russische Volk, bevor die Regierung ihn auswies und in den Westen verbannte. Im Titel seines Appells forderte er das russische Volk auf: *Lebt nicht mit der Lüge!*[16]

Was sollte das heißen, mit der Lüge zu leben? Es bedeutete, schrieb Solschenizyn, ohne Protest alle Unwahrheit und Propaganda zu akzeptieren, die der Staat seine Bürger zu bejahen zwang – oder ihnen zumindest nicht zu widersprechen, um in Frieden unter dem Totalitarismus leben zu können. Alle sagen, sie hätten keine andere Wahl, als sich anzupassen, sagt Solschenizyn, und die Ohnmacht zu akzeptieren. Doch das ist die Lüge, die allen anderen Lügen ihre bösartige Kraft verleiht. Der normale Mensch mag nicht fähig sein, das Reich der Lügen zu überwältigen, aber er kann zumindest sagen, dass er nicht sein loyaler Untertan werden will.

»Wir sind nicht aufgerufen, auf einen öffentlichen Platz zu gehen und die Wahrheit zu verkünden, laut zu sagen, was wir denken – es ist erschreckend, doch dafür sind wir nicht bereit«, schreibt er. »Aber wir wollen zumindest nicht bereit sein, das zu sagen, was wir *nicht denken!*«

Ein Mensch, der sich weigert, mit der Lüge zu leben, wird nach Solschenizyn beispielsweise

- nichts sagen, schreiben, bestätigen oder verbreiten, was die Wahrheit verzerrt,
- nicht zu einer Demonstration gehen oder an einer gemeinsamen Aktion teilnehmen, wenn man nicht an den Anlass oder die Sache glaubt,
- nicht an einem Treffen teilnehmen, bei dem die Diskussion erzwungen wird und niemand die Wahrheit sagen kann,
- nicht für einen Kandidaten oder Vorschlag stimmen, den man als »zweifelhaft oder unpassend« betrachtet,

- eine Veranstaltung verlassen, »sobald man den Redner eine Lüge, ideologisches Gefasel oder schamlose Propaganda äußern hört«,
- nicht einen Journalismus unterstützen, der »die zugrunde liegenden Fakten verzerrt oder unterschlägt«.

»Dies ist keineswegs eine vollständige Liste der Möglichkeiten oder Notwendigkeiten, Lügen zu meiden«, schreibt Solschenizyn. »Aber wer anfängt, sich innerlich zu reinigen, wird mit gereinigten Augen leicht noch andere Möglichkeiten entdecken.«[17]

Die Aufgabe des christlichen Dissidenten liegt heute darin, sich persönlich zu verpflichten, nicht mit der Lüge zu leben. Wie kann er das allein schaffen? Er muss sich eine authentische geistliche Begleitung suchen – durch Geistliche, Laien oder beide – und muss kleine Zellen von Brüdern und Schwestern im Glauben bilden, mit denen er beten, singen, die Schrift studieren und andere Bücher lesen kann, die für die gemeinsame Arbeit wichtig sind. Innerhalb einer solchen Gruppe kann der Dissident über die Themen und Herausforderungen diskutieren, mit denen er als Christ konfrontiert wird, vor allem in Bezug auf Angriffe auf die Freiheitsrechte. Die Mitglieder übernehmen dabei Kolakovićs Methode »Erkennen, urteilen, handeln«. Das heißt, die Herausforderungen erkennen, gemeinsam überlegen, was sie bedeuten, und dann entsprechend den Beschlüssen handeln.

Auf lange Sicht sollten heutige christliche Dissidenten dahin gelangen, sich selbst als Erben von Kolakovićs Familie zu betrachten, indem sie die Bewegung im Land verbreiten und gläubigen Sympathisanten helfen, sich auf kommende Tage des Leidens und des Widerstands vorzubereiten. Wie wir im nächten Kapitel sehen werden, ist das Fundament dafür bereits gelegt.

ZWEITES KAPITEL

Unsere prätotalitäre Kultur

Alle jungen Menschen sind Kandidaten für Lösungen in Bezug auf den Kommunismus oder Faschismus, wenn es keine Alternativen zu Verzweiflung oder Zerstreuung gibt.

Nadine Gordimer[18]

Bei einem Abendessen in der Wohnung einer russisch-orthodoxen Familie in einem Vorort von Moskau erschütterte mich unser Tischgespräch über die sowjetische Unterdrückung, die der Vater und die Mutter dieser Familie erlebt hatten. »Ich verstehe nicht, wie irgendjemand an die Versprechungen der Bolschewiken glauben konnte«, warf ich unbedacht ein.

»Das verstehen Sie nicht?«, fragte der Vater am Kopfende des Tisches. »Dann will ich es Ihnen erklären.« Dann begann er mit einem Rückblick auf 300 Jahre Geschichte, der mit der Revolution von 1917 endete. Es war ein erbarmungsloser Bericht über reiche und mächtige Eliten einschließlich kirchlicher Bürokraten, die die Bauern kaum besser behandelten als Tiere.

»Die Bolschewiken waren böse«, sagte der Vater. »Aber nun können Sie erkennen, woher sie kamen.«

Der russische Mann hatte recht. Ich wurde nachdenklich. Die Grausamkeit, Ungerechtigkeit, Unerbittlichkeit und die zeitweilige pure Dummheit der zaristischen Regierung und der russischen Sozialordnung rechtfertigten in keiner Weise all das, was folgte – aber es erklärt, warum die Generation der russischen Revolutionäre ihre Hoffnung auf den Kommunismus setzte. Er versprach einen Ausweg aus dem Schmutz und Elend, die seit Menschengedenken das Los der versklavten russischen Bauern gewesen waren.

Die Geschichte Russlands an der Schwelle zur linken Revolution ist für das heutige Amerika relevanter, als den meisten von uns bewusst ist.

Das Russland, in dem der Kommunismus aufkam, war unter der Regierung der Romanow-Dynastie zur Weltmacht geworden, doch als das Zarenreich sich in Richtung 20. Jahrhundert bewegte, fiel es auseinander. Obwohl seine Rivalen die Industrialisierung schnell vorantrieben, blieben die russische Landwirtschaft und die Bauern in ihrer Rückständigkeit stecken. Eine schwere Hungersnot erschütterte im Jahr 1891 die Nation bis ins Mark und offenbarte die Schwäche des zaristischen Systems, das kläglich daran scheiterte, auf die Krise zu reagieren. 1894 kam ein junger Monarch an die Macht, Nikolaus II., der sich jedoch als unfähig erwies, die schweren Herausforderungen zu bewältigen, der seine Regierung gegenüberstand.

Frühere Versuche, die Landbevölkerung zu radikalisieren, waren an ihrem ausgeprägten Konservatismus gescheitert. Doch gegen Ende des Jahrhunderts hatte die Industrialisierung eine breite städtische Unterschicht von Arbeitern hervorgebracht, die keinen Kontakt mehr zu ihren Dörfern und den damit verbundenen Traditionen und religiösen

Überzeugungen hatten. Die Arbeiter hausten in den Städten im Elend, wurden von den Fabrikbesitzern ausgebeutet und erhielten keine Unterstützung durch den Zaren. Rufe nach einer Reform der zaristischen Strukturen – die verknöcherte russisch-orthodoxe Kirche eingeschlossen – wurden ignoriert.

Nur wenige in der russischen Gesellschaft außerhalb der Blase des Zarenhofes glaubten daran, dass das System fortbestehen könne. Doch der Zar und seine engsten Berater beharrten darauf, dass das Festhalten an den bewährten Strategien der traditionellen Herrschaft sie durch die Krise bringen würde. Auch die Leitung der Kirche ignorierte die internen Rufe der Priester nach Reformen, die sahen, dass der Einfluss der Kirche dahinschwand. Russlands Intellektuelle und Künstler gerieten unter den Einfluss des Prometheismus, nach dem der Mensch unbegrenzte, gottgleiche Kräfte hat, um die Welt nach seinen Wünschen zu gestalten.

Im Rückblick erscheint dies fast unbegreiflich. Wie konnten die Russen damals die Zeichen eines tiefen, destabilisierenden Niedergangs, die überall erkennbar waren, übersehen? In gewissem Sinn war es eine Frage der Vorstellungskraft. Indem er über die Geschwindigkeit, mit der die utopischen Träume sich in einen grausamen Albtraum verwandelten, nachdachte, schrieb Solschenizyn:

> »Wenn man den Intellektuellen in Tschechows Stücken, die ihre ganze Zeit damit zubrachten, darüber zu sinnieren, was wohl in zwanzig, dreißig oder vierzig Jahren geschehen würde, gesagt hätte, in Russland würden dann Verhöre mit Foltermethoden praktiziert; die Schädel von Gefangenen würden in Eisenringe gepresst; Menschen würden in ein Säurebad getaucht; sie würden nackt ge-

fesselt, damit Ameisen und Wanzen über sie herfallen; ihnen würde ein über einem Gaskocher erhitzter Ladestock in den Analkanal gestoßen (›geheime Brandzeichen‹); die Genitalien von Männern würden langsam unter der Spitze eines Kampfstiefels zerquetscht; im besten Fall würden Häftlinge gequält, indem man ihnen eine Woche lang den Schlaf entzog, sie verdursten ließ oder zu blutigem Brei schlug – kein einziges von Tschechows Stücken wäre zu seinem Ende gekommen, weil seine Helden ausnahmslos im Irrenhaus gelandet wären.«[19]

Es waren nicht nur die Zaristen, die nicht erkannten, was kommen sollte, sondern auch die liberale Führungsschicht des Landes. All das ging einfach weit über ihre Vorstellungskraft hinaus.

Warum der Kommunismus die russische Bevölkerung anzog

Der Marxismus ist ein hochtheoretisches, abstraktes Lehrgebäude, das von Nichtspezialisten nicht so leicht begriffen wird. Die russischen Intellektuellen eroberte er im Sturm, weil seine Verkündiger den Marxismus als weltlichen Kult für das nachreligiöse Zeitalter präsentierten.

Obwohl Karl Marx, der deutschstämmige Prophet des Marxismus, die Religion verachtete, entwickelte er eine Vision der politischen Ökonomie, die beängstigende Parallelen zu den Verheißungen eines apokalyptischen Christentums aufweist. Die politische Philosophie, die seinen Namen tragen sollte, konstruierte die Geschichte als eine Folge von Klassenkämpfen. Marx glaubte, dass die Ungleichheit der Klassen – verursacht durch die Reichen, die die hart arbeitenden Massen ausbeuteten – für das Elend in der Welt verantwortlich war. Religion war laut Marx »das Opium des Volkes«, das wie eine Art Droge wirkte und die Leidensfähigkeit der Menschen stärkte und sie daran hinderte, ihren wahren Zustand zu erkennen. Marx predigte eine Revolution, die den Reichen (Kapitalisten) im Namen des Proletariats (Arbeiter) die Kontrolle entreißt und eine allmächtige Regierung einsetzt, die die Ressourcen gerecht umverteilt, bevor sie entschwinden. Entscheidend ist, dass Marx und seine Anhänger die Revolution als blutigen Entscheidungskampf zwischen den Guten (Arbeitern) und den Bösen (Kapitalisten) ankündigten und den Sieg der Gerechtigkeit sowie die Errichtung eines irdischen Paradieses prophezeiten.

Marx glaubte, dass seine Lehren wissenschaftlich begründet seien. Die Wissenschaft hatte im 19. Jahrhundert unter den Intellektuellen die Religion als Hauptquelle der Autorität verdrängt. Das 19. Jahrhundert war das »Goldene Zeitalter« des europäischen Liberalismus, in dem Nationen, die zuvor von Königen und Aristokratien regiert worden waren, darum kämpften, sich nach konstitutionellen, republikanischen Grundsätzen zu reformieren. Russland lehnte Reformen entschieden ab. Der russische Liberalismus scheiterte an der zaristischen Autokratie und an der Gleichgültigkeit der Bauern.

Mit dem Fortschreiten des Jahrhunderts wurde den gebildeten Russen bewusst, wie weit ihr landwirtschaftlich geprägtes Land politisch und wirtschaftlich hinter dem sich modernisierenden und industrialisierenden Europa zurückfiel. Auch die jüngere Generation der Russen empfand eine brennende Schmach über das Unvermögen ihrer liberalen Väter, das System zu verändern. Mitten in diesem Niedergang Russlands lockte der Marxismus die ruhelosen jungen Intellektuellen, die der alten Ordnung überdrüssig waren und die Hoffnung verloren hatten, sie zu reformieren. Sie waren entschlossen, das System umzustürzen und es durch etwas völlig Neues zu ersetzen.

Der Marxismus stand für Zukunft. Der Marxismus stand für Fortschritt. Das Evangelium des Marxismus entfachte ein Feuer in den Köpfen der vorrevolutionären russischen Radikalen. Ihre Priester und Propheten waren die Intellektuellen, deren Religion der Säkularismus war. Der Historiker Yuri Slezkine schreibt: »Eine Bekehrung zum Sozialismus war eine Bekehrung zur Intelligenzija, zu einer Verschmelzung von tausendjährigem Glauben und lebenslangem Lernen.«[20]

Der Linksradikalismus verbreitete sich unter den Intellektuellen zunächst vor allem durch Lesezirkel. Sobald man den marxistischen Glauben angenommen hatte, wurde alles andere im Leben davon erhellt. Die Intellektuellen gingen in die Welt hinaus, um diese Pseudoreligion den Arbeitern zu predigen. Slezkine zufolge verbreiteten diese Missionare etwas, was religiös Gläubige als prophetische Offenbarungen bezeichnen würden, und sie riefen zur Umkehr auf, indem sie in den Herzen ihrer Zuhörer den Hass entzündeten.

Sobald die Radikalen die russischen Universitäten erobert hatten, trugen sie ihr Evangelium in die Fabriken. Nur wenige Arbeiter waren in der Lage, die marxistische Doktrin zu verstehen, aber die Missionare unterwiesen jene, die dazu fähig waren, das Wesentliche so zu übersetzen, dass einfache Menschen es verstehen konnten. Diese Proselytenmacher sprachen die Leiden der Menschen an, ihren Gerechtigkeitssinn, ihren oft berechtigten Groll gegen ihre Ausbeuter. Die große Hungersnot von 1891–92 hatte die Unfähigkeit der russischen Führungsschicht offengelegt. Die Evangelisten des Marxismus verkündeten prophetische Offenbarungen über das Land von Milch und Honig, das die Massen erwartete, nachdem die Revolution die herrschenden Bürokraten hinweggefegt hatte.

Die Mehrzahl der Revolutionäre stammte aus den privilegierten Schichten. Ihre Eltern hätten wissen müssen, dass dieser neue politische Glaube, den ihre Kinder predigten, den Zusammenbruch der Sozialordnung bedeutete, wenn er verwirklicht wurde. Dennoch wiesen sie ihre Kinder nicht in die Schranken. Slezkine schreibt: »Die ›Schüler‹ wurden während ihrer Schulzeit zu Hause fast immer unterstützt und fast nie getadelt, wenn sie zu Revolutionären wurden.«[21] Vielleicht wollten die Eltern von ihren Kindern nicht entfremdet werden. Vielleicht hatten auch sie nach der Erfahrung der schrecklichen Hungersnot und angesichts der Unfähigkeit des inkompetenten Staates, für die Hungernden zu sorgen, den Glauben an das System verloren.

Im Jahr 1905 wurde Russland von einer Welle ziviler Unruhen überrollt. Die Niederlage des Zarenreichs im Krieg gegen Japan im Vorjahr destabilisierte den Thron noch weiter und förderte die Unzufriedenheit innerhalb des Militärs. Die weitverbreitete Armut und die wirtschaftliche Instabilität wiegelten sowohl die Bauern als auch die Industriearbeiter auf, die schließlich auf die radikalen studentischen Intellektuellen hörten. Das »Nationalitätenproblem«, die Unfähigkeit des Staates, mit den vielen nichtrussischen Minderheiten im zaristischen Imperium gerecht umzugehen, trieb den inneren Konflikt auf die Spitze. Anfangs reagierte Nikolaus II. mit der üblichen Unterdrückung, aber das Ausmaß der staatsfeindlichen Gewalt zwang ihn bald, einigen liberalen Reformen zuzustimmen einschließlich der Einsetzung eines schwachen Parlaments.

Die Revolution von 1905 verschaffte der Romanow-Dynastie Zeit, doch mit dem Ausbruch des Ersten Weltkriegs im Jahr 1914 war der Untergang der russischen Monarchie besiegelt. Die demütigende Niederlage Russlands rief die lange prophezeite Apokalypse in Form der Oktoberrevolution von 1917 hervor, angeführt von Wladimir Lenin und seiner bolschewistischen Partei. Die Bolschewiken waren unter den linken Fraktionen des revolutionären Russlands relativ gering an Zahl, aber unter Lenins kraftvoller Führung erwiesen sie sich als geschickt, rücksichtslos und entschlossen. Ihr Sieg bewies, dass unter gewissen Bedingungen eine clevere, engagierte Minderheit die absolute Macht über eine unorganisierte, führungslose, unzufriedene Masse erlangen kann.

Ein Jahr nach der Revolution des Proletariats führten die Bolschewiken den ideologischen Massenmord ein und nannten ihn den »Roten Terror«. So versetzte die radikale Intelligenzija mit einem Senfkorn des Glaubens den Berg – Russland – und stürzte ihn in ein Meer von Blut.

Damit hatte niemand gerechnet. Selbst überzeugte europäische Marxisten glaubten, dass das landwirtschaftlich ausgerichtete Russland auf keinen Fall für eine kommunistische Revolution bereit wäre. Und doch geschah sie!

Die Konversion der russischen Nachbarn

Es stimmt zwar, dass der Kommunismus mithilfe der sowjetischen Bajonette nach Mitteleuropa kam, aber das ist nicht die ganze Wahrheit. Der Erste Weltkrieg hatte die Zivilgesellschaft auch in diesen Ländern dramatisch geschwächt und junge Intellektuelle dazu gebracht, sich dem Marxismus anzuschließen.

»In den 1930er-Jahren, also schon vor dem Aufstieg des kommunistischen Regimes, gab es in der Kultur starke Kräfte, die ihm den Weg ebneten«, so Patrik Benda, ein politischer Berater aus dem tschechischen Prag. »Alle Künstler und Intellektuellen vertraten kommunistische Ideen, und wer nicht zustimmte, war für den Ausschluss vorgemerkt. Das geschah schon fast zwei Jahrzehnte, bevor der eigentliche Kommunismus die Macht übernahm.«

Selbst die noch schlimmere Katastrophe des Zweiten Weltkriegs war ein weiteres Argument für den Kommunismus. Nachdem die Mitteleuropäer die Drangsale der nationalsozialistischen Besatzung ertragen hatten, wollten viele von ihnen verzweifelt an etwas glauben, das ihnen eine gute Zukunft garantierte. Eine tschechische Überlebende der NS-Vernichtungslager schrieb später, dass sie der Kommunistischen Partei beigetreten sei, weil sie irrtümlicherweise davon ausgegangen sei, dass diese das genaue Gegenteil des Nationalsozialismus vertreten würde.

Als die örtlichen Kommunisten mit Unterstützung der Sowjets an die Macht kamen, hatte die erschöpfte Bevölkerung dem nicht mehr viel entgegenzusetzen. Die Historikerin Anne Applebaum schreibt: »Und daher schloss die große Mehrheit der Osteuropäer nicht einen Pakt mit dem Teufel oder verkaufte ihre Seele, um Spitzel zu werden, sondern sie kapitulierte vor dem ständigen, allumfassenden, täglichen psychologischen und wirtschaftlichen Druck.«[22]

Auf diese Weise gerieten die Völker Osteuropas unter die von der Sowjetmacht gestützte kommunistische Diktatur. Für die Menschen in diesen unterjochten Ländern bedeutete der Totalitarismus eine fast vollständige Zerstörung aller vom Staat unabhängigen Institutionen. Er bedeutete eine totale wirtschaftliche Unterordnung unter den Staat und eine allgemeine materielle Verarmung. Er bedeutete die Politisierung aller Lebensbereiche, erzwungen durch Geheimpolizei, Gefängnisse und Arbeitslager. Er bedeutete die starke Verfolgung der Gläubigen, die Unterdrückung der Rede- und Meinungsfreiheit und die Auslöschung historischer und kultureller Erinnerungen. Und wenn tapfere Menschen – die Ungarn im Jahr 1956, die Tschechen 1968 – sich gegen ihre Unterdrücker erhoben, marschierten die sowjetischen und alliierten Streitkräfte ein, um sie daran zu erinnern, wer hier der Herr und wer die Sklaven waren.

Mehr als vier Jahrzehnte lang, bis zum Zusammenbruch des Kommunismus im Jahr 1989, erduldeten Millionen von Osteuropäern diese Gefangenschaft unter dem Überwachungsstaat. Für die Menschen in Russland dauerte die Versklavung durch den Kommunismus Jahrzehnte länger und sie war sogar noch stärker. Es trifft zu, dass die Kommunisten sich durch schieren Terror und die Ausübung des Gewaltmonopols an der Macht hielten. Aber wir dürfen nicht aus den Augen verlieren, dass der Kommunismus nicht aus dem Nichts kam – es gab wirklich Menschen, deren Leben so schwer und so hoffnungslos war, dass die utopischen Verheißungen der marxistischen Eiferer für sie nach Erlösung klangen.

Unter entsprechenden Bedingungen kann das sehr wohl auch hier bei uns geschehen. Es würde sich nicht in der gleichen Weise abspielen wie in Russland und Osteuropa – die Zeiten haben sich geändert –, doch die totalitäre Versuchung präsentiert sich jetzt im Gewand des 21. Jahrhunderts. Die Parallelen zwischen den im Niedergang sich befindlichen Vereinigten Staaten und dem vorrevolutionären Russland stimmen nicht genau überein, aber sie ähneln sich auf beunruhigende Weise.

Die alte Welt des klassischen Liberalismus liegt in der gesamten westlichen Welt in den letzten Zügen, doch was darauf folgen wird, ist noch nicht in Sicht. Die wirtschaftliche Stagnation, die Verschuldung und eine wachsende Kluft zwischen den Reichen und allen anderen Menschen rücken in den Vordergrund der Politik – und die Parteien bewegen sich in Richtung ideologischer Extreme. Dieses Muster wiederholt sich in ganz Europa, da die Parteien der linken und rechten Mitte Wähler an radikalere Parteien der marxistischen Tradition oder der rechten Populisten verlieren.

Abgesehen von den gemeinsamen sozialen, institutionellen und wirtschaftlichen Anzeichen des Niedergangs, dem die amerikanischen Eliten blind und unfähig gegenüberzustehen scheinen, ähnelt die Unfähigkeit der US-Regierung, wirksam auf die Covid-19-Pandemie zu reagieren, in erschreckender Weise der fatalen Reaktion des zaristischen Regimes auf die Hungersnot von 1890. Beide Naturkatastrophen verursachten bei zahllosen Menschen große Leiden und offenbarten den systemischen Verfall, der in den Verhaltensweisen und Verordnungen der staatlichen Behörden sichtbar wurde.

Im Gegensatz zum zaristischen Russland werden wir wahrscheinlich nicht mit weitverbreiteten Unruhen und bewaffneten Aufständen konfrontiert werden. Es gibt keine Exil-Lenins, die darauf warten, in einem versiegelten Zug nach Amerika zurückzukehren, um das Kommando über die Revolution zu übernehmen. Relativ wenige Menschen könnten davon überzeugt werden, dass Karl Marx die Antwort auf unsere Probleme geben kann. Soweit wir das beurteilen können, gibt es keine neue politische Religion, die sich in Bierhallen oder Kaffeehäusern zusammenbraut wie die Hurrikane an Afrikas Westküste.

Das bedeutet nicht, dass wir nicht reif wären für eine neue und andere Form des Totalitarismus. Der Begriff *Totalitarismus* wurde zuerst von den Anhängern des faschistischen Diktators Benito Mussolini verwendet, deren Definition kurz und bündig lautete: »Alles innerhalb des Staates, nichts außerhalb des Staates, nichts gegen den Staat!« Das soll besagen, in einem totalitären Staat kann nichts geduldet werden, was der in der Gesellschaft herrschenden Ideologie widerspricht.

Welche Art von Menschen wäre so demoralisiert, dass dies – die Unterwerfung unter ein totalisierendes ideologisches Programm – für sie verlockend klingt? Um die Antwort zu finden, wenden wir uns Hannah Arendt zu, der wichtigsten Gelehrten, die über den Totalitarismus geforscht hat.

Wie man das Kommen des Totalitarismus erkennen kann

1951, sechs Jahre nach dem Ende des Zweiten Weltkriegs, veröffentlichte die politische Philosophin Arendt ihr Werk *The Origins of Totalitarianism – Elemente und Ursprünge totaler Herrschaft*, die klassische Studie über die Geschehnisse in Deutschland und der Sowjetunion, um herauszuarbeiten, wie derart radikale Ideologien den Verstand der Menschen erobern konnten. Arendt zufolge war der Boden durch folgende Bedingungen bereitet worden, die ihn für die verderblichen Ideen, die die ideologischen Aktivisten verbreitet hatten, vorbereiteten:

Einsamkeit und soziale Atomisierung

Laut Arendt sind totalitäre Bewegungen »Massenorganisationen atomisierter, isolierter Individuen«. Sie fährt fort:

> »Was Menschen auf die totalitäre Herrschaft in der nicht totalitären Welt vorbereitet, ist die Tatsache, dass die Einsamkeit, einst eine Grenzerfahrung, die gewöhnlich unter bestimmten sozialen Randbedingungen, wie etwa im Alter, auftrat, für die immer größer werdende Masse unseres Jahrhunderts zur ganz normalen Erfahrung geworden ist.«[23]

Die Politikwissenschaftlerin und Philosophin schrieb diese Worte im Jahr 1950, einer Zeit, die wir im Rückblick als ein Goldenes Zeitalter des sozialen Zusammenhalts betrachten. Heute wird die Einsamkeit von Wissenschaftlern weitgehend als ein kritisches soziales, wenn nicht gar medizinisches Problem betrachtet. Im Jahr 2000 veröffentlichte der Politikwissenschaftler Robert Putnam sein Buch *Bowling Alone*, eine viel beachtete Studie, die den starken Niedergang der bürgerlichen Gesellschaft seit Mitte des vergangenen Jahrhunderts und die daraus resultierende Atomisierung Amerikas dokumentiert.

Seit Putnams Buch haben wir den Aufschwung der sozialen Netzwerke erlebt, die eine Kopie unserer persönlichen Beziehungen darstellen. Dennoch nimmt unsere Einsamkeit und Isoliertheit zu. Es ist kein Zufall, dass die um die Jahrtausendwende geborene Generation und die Angehörigen der Nachfolgegeneration viel häufiger einsam sind als ältere Amerikaner und dass sie auch den Sozialismus viel stärker unterstützen. Es scheint, als ob sie eine Politik anstrebten, die an die Stelle der Gemeinschaft treten kann, die sie gerne hätten.

Früher oder später werden Einsamkeit und Isolation zwangsläufig politische Folgen haben. Die Massen, die totalitäre Bewegungen unterstützt haben, kamen laut Arendt »aus den Fragmenten einer stark atomisierten Gesellschaft, deren Wettbewerbsstruktur und die damit einhergehende Einsamkeit des Individuums nur durch die Zugehörigkeit zu einer Klasse in Schach gehalten worden war«.[24]

Gegenseitiges Vertrauen der Bürger ist ein weiteres Band, das die Gesellschaft zusammenhält. Arendt schreibt, dass die sowjetische Regierung in ihrem Bestreben, die alleinige Kontrolle auszuüben, die russische Bevölkerung dazu brachte, sich gegeneinanderzustellen. In den Vereinigten

Staaten konnten wir nicht feststellen, dass der Staat die Zivilgesellschaft so aggressiv zerstört – aber es geschieht gleichwohl.

In dem Buch *Bowling Alone* dokumentierte Putnam die allmähliche Auflösung der gesellschaftlichen Bindungen seit den 1950er-Jahren. Die Amerikaner besuchen weniger Klubs, nehmen weniger an Abendgesellschaften teil, essen seltener gemeinsam mit der Familie und sind viel weniger mit ihren Nachbarn verbunden. Sie sind abgekoppelt von den politischen Parteien und stehen den Institutionen eher skeptisch gegenüber. Sie verbringen viel mehr Zeit allein vor dem Fernseher oder surfen im Internet. Das führt dazu, dass die gewöhnlichen Leute mehr Angst haben, sich isoliert und schutzlos fühlen.

Ein Gemeinwesen mit entfremdeten Individuen, die wenig Gemeinschaftssinn und Gefühl der Sinnhaftigkeit haben, ist das bevorzugte Ziel von totalitären Ideologien und Führern, die Solidarität und Sinn versprechen.

Schwindendes Vertrauen in Hierarchien und Institutionen

Der Vertrauensverlust der Amerikaner in Institutionen und Hierarchien begann in den 1960er-Jahren. In Europa hatte er schon in der Zeit unmittelbar nach dem Ersten Weltkrieg begonnen. Als Arendt die politische Szene in Deutschland in den 1920er-Jahren untersuchte, stellte sie eine »erschreckend negative Solidarität« zwischen Menschen verschiedener Klassen fest, die in der Überzeugung übereinstimmten, dass alle politischen Parteien aus Narren bestanden.

Sind wir heute wirklich so anders? Laut Gallup ist das Vertrauen der Amerikaner in ihre Institutionen – Politik, Medien, Religion, Recht, Medizin, Unternehmen – auf der ganzen Linie auf einem historischen Tiefstand. Nur das Militär, die Polizei und die Kleinunternehmen konnten noch auf das starke Vertrauen von über 50 Prozent der Bevölkerung zählen. In vielen Industrieländern sind die demokratischen Normen unter Druck und die Unterstützung der etablierten Parteien nimmt ab.

Im Europa der 1920er-Jahre, sagt Arendt, lag der erste Hinweis auf den aufkommenden Totalitarismus in der Unfähigkeit der etablierten Parteien, junge Mitglieder anzuziehen, und in der Bereitschaft der passiven Massen, radikale Alternativen zu den diskreditierten Parteien des Establishments in Betracht zu ziehen.

Der Verlust des Vertrauens in die demokratische Politik ist ein Zeichen für eine tiefere und umfassendere Instabilität. Da der radikale Individualismus in unserer konsumorientierten Kultur allgegenwärtig ist, haben die Menschen aufgehört, außerhalb ihrer selbst nach richtungsweisenden Sinnquellen zu suchen. Das Ziel des modernen Liberalismus erfüllt sich in der Befreiung des Individuums von allen nicht selbst gewählten Verpflichtungen.

Doch das bürdet dem Individuum eine schreckliche psychologische Last auf. Viele suchen möglicherweise Befreiung in den Sicherheiten und der Solidarität totalitärer Bewegungen.

Der Soziologe Émile Durkheim beobachtete, dass viele Menschen, die die Fesseln der Religion abgeschüttelt hatten, in ihrer Freiheit nicht aufblühten. Vielmehr verloren sie ein gemeinsames Ziel, einen gemeinsamen Sinn und eine Gemeinschaft. Einige dieser verzweifelten Menschen begingen sogar Selbstmord. Durkheim zufolge könnte das, was sich bei den Einzelnen ereignete, auch Gesellschaften widerfahren.

Man kann genauso viel zerstören, indem man aufzurichten versäumt, wie durch aktive Demontage. Philipp Rieff wies darauf hin, dass der Zusammenbruch einer zivilisatorischen Ordnung beginnt, wenn ihre Eliten nicht mehr in der Lage sind, das Vertrauen in ihre Institutionen und Sitten an die jüngeren Generationen weiterzugeben. Angesichts des Zusammenbruchs der liberalen demokratischen Werte unter den amerikanischen Eliten twitterte der Politikwissenschaftler Yascha Mounk:

> »Es ist bezeichnend, dass vielen Mitgliedern der Elite-Institution im Jahr 2019 die Idee seltsam bizarr erscheint, dass ein Ziel des Unterrichts der Staatsbürgerkunde sein könnte, die Schüler davon zu überzeugen, dass an unserem politischen System tatsächlich manches sinnvoll ist.«[25]

Die Lust an der Übertretung und Zerstörung

Nach dem Ersten Weltkrieg war die Generation der Schriftsteller und Künstler durch die Akzeptanz und Verherrlichung antikultureller Philosophien und Verhaltensweisen geprägt. Sie wollten damit ihre Verachtung gegenüber den etablierten Hierarchien, Institutionen und Denkweisen demonstrieren. Arendt sagte über Schriftsteller, die den Willen zur Macht verherrlichten: »Sie haben nicht Darwin gelesen, sondern Marquis de Sade.«[26]

Es ging ihr darum, dass sie selbst über keine seriösen intellektuellen Theorien verfügten, um ihre Überschreitungen zu rechtfertigen. Sie stürzten sich vielmehr in die niederträchtigsten Abgründe der menschlichen Natur und betrachteten dies als Akt der Befreiung. Arendts Urteil über die Nachkriegseliten, denen Ehrbarkeit nichts bedeutete, könnte man leicht auf jene Eliten unserer Tage übertragen, die liberale Prinzipien wie Fairness, Rassenneutralität, Redefreiheit und freie Assoziation als Hindernisse für die Gleichheit beiseiteschieben. Arendt schreibt:

> »Die Mitglieder der Elite hatten überhaupt nichts dagegen, einen Preis zu zahlen, nämlich die Zerstörung der Zivilisation für die Freude, beobachten zu können, wie jene, die in der Vergangenheit zu Unrecht ausgeschlossen worden waren, sich nun den Zutritt erzwangen.«[27]

Die Betrachtung der grenzüberschreitenden Sexualität als soziales Gut war durchaus keine Neuerfindung der sexuellen Revolution. Wie der Westen heute, so war auch das spätzaristische Russland von dem überflutet, was der Historiker James Billington als »eine Sexbesessenheit, die in der früheren russischen Kultur ohne Parallele ist«[28], charakterisierte. In der gesellschaftlichen und intellektuellen Elite Russlands waren sexuelle Eskapaden, das Zelebrieren von Perversionen und alle Arten von Sinnenlust weitverbreitet. Und nicht nur unter den Eliten: Auch die Massen der Arbeiter, die allein in der Stadt lebten ohne eine Kirche, die ihr Gewissen mit Schuldgefühlen belastet hätte, ohne den Dorfklatsch, der sie beschämt hätte, fanden Trost im Sex.

Das Ende der offiziellen Zensur nach der Revolution von 1905 öffnete der erotischen Literatur Tür und Tor, die in der sexuellen Leidenschaft eine Neuerung fand. »Die Sinneslust des Zeitalters war in einem sehr intimen Sinne dämonisch«[29], schreibt Billington und schildert, wie die Figur Satans für Künstler und Musiker zum romantischen Helden wurde. Sie bewunderten die teuflische Bereitschaft, vor nichts haltzumachen, um die eigenen Begierden zu befriedigen und den eigenen Willen durchzusetzen.

Propaganda und die Bereitschaft, an nützliche Lügen zu glauben

Heda Margolius Kovály, eine desillusionierte tschechische Kommunistin, deren Ehemann 1952 nach einem Schauprozess hingerichtet wurde, spricht über die Bereitschaft der Menschen, aus ideologischen Gründen der Wahrheit den Rücken zu kehren.

> »Für ein totalitäres Regime ist es nicht schwer, die Leute in Unwissenheit zu halten. Sobald man seine Freiheit aufgibt wegen der ›klaren Notwendigkeit‹ der Parteidisziplin, der Regimekonformität, der Größe und des Ruhms des Vaterlandes oder jeder anderen Art der Ersatzkriterien, die so überzeugend vorgeschlagen werden, gibt man seinen Anspruch auf die Wahrheit auf. Langsam, Tropfen für Tropfen, beginnt das Leben zu entschwinden, so als hätte man sich die Pulsadern aufgeschnitten; man hat sich selbst freiwillig zur Hilflosigkeit verurteilt.«[30]

Man kann seine moralische Verantwortung, ehrlich zu sein, aus falschem Idealismus aufgeben. Man kann sie auch aufgeben, weil der Hass auf andere größer ist als die Liebe zur Wahrheit. In prätotalitären Staaten, schreibt Arendt, war der Hass auf die »ehrbare Gesellschaft« so betäubend, dass die Eliten bereit waren, »monströse Fälschungen in der Geschichtsschreibung« zu akzeptieren, um sich gegen jene zur Wehr zu setzen, die ihrer Meinung nach »die Unterprivilegierten und Unterdrückten aus dem Gedächtnis der Menschheit getilgt hatten«.[31] Zum Beispiel waren viele, die Marx' revisionistische Sicht der Geschichte – dass sie eine Manifestation des Klassenkampfes ist – nicht wirklich akzeptierten, bereit, sie zu bestätigen, weil sie ein nützliches Werkzeug war, diejenigen zu bestrafen, die sie verachteten.

Dies ist ein wichtiges Beispiel dafür, was in unserer Zeit und an unserem Ort geschieht. Im Jahr 2019 lancierte die *New York Times*, die einflussreichste Zeitung der Welt, das sogenannte »1619 Projekt«, einen massiven Versuch, die amerikanische Geschichte umzugestalten (»ein Konzept umformulieren«, nannte das die *New York Times*), und zwar indem sie die Unabhängigkeitserklärung von 1776 als traditionelles Gründungsdatum der Vereinigten Staaten durch das Jahr der Ankunft der ersten afrikanischen Sklaven in Nordamerika ersetzte.[32]

Kein seriöser Mensch leugnet die Bedeutung der Sklaverei in der Geschichte der USA. Doch darum geht es bei dem »1619 Projekt« nicht. Ziel ist vielmehr, die nationale Identität Amerikas zu revidieren, indem der Rassenhass ins Zentrum des Gründungsmythos der Nation gerückt wird. Obwohl die Kernaussage des Projekts (dass die Patrioten im Amerikanischen Freiheitskrieg für die Erhaltung der Sklaverei kämpften) gründlich entlarvt wurde, hielt es die Elite des Journalismus für angebracht, der Projektleiterin für ihren Beitrag den Pulitzer-Preis zu verleihen. Ausgestattet mit diesem beispiellosen Imprimatur der Anerkennung durch das Establishment, wird das »1619 Projekt«, das bereits im Unterricht in 4500 Klassenzimmern eingesetzt wurde[33], seinen Weg auch in viele weitere finden.

Die Propaganda trägt zur Veränderung der Welt bei, indem sie einen falschen Eindruck von der Welt vermittelt. Arendt schreibt: »Die Kraft, die die totalitäre Propaganda besitzt – bevor die Bewegung die Macht hat, die Eisernen Vorhänge fallen zu lassen, um zu verhindern, dass jemand die grausame Ruhe einer völlig imaginären Welt durch die geringste Realität stört –, liegt in ihrer Fähigkeit, die Massen von der realen Welt auszuschließen.«[34]

2019 befasste sich Zach Goldberg, Doktorand der Politikwissenschaft am Georgia Institute of Technology, intensiv mit *LexisNexis,* der weltweit größten Datenbank mit öffentlich zugänglichen Dokumenten, Medienberichten eingeschlossen. Er stellte fest, dass in einem Zeitraum von neun Jahren die Quote jener Nachrichtenberichte in stratosphärische Höhen geschossen war, die einen progressiven Jargon verwendeten in Verbindung mit der kritischen Theorie des linken Flügels und Konzepten der sozialen Gerechtigkeit.[35]

Was bedeutet das? Dass die Mainstream-Medien Nachrichten und Ereignisse für das Verständnis der Öffentlichkeit neu formulieren entsprechend dem, was bis vor Kurzem als radikale Ideologie galt, die auf die links orientierten intellektuellen Eliten beschränkt war.

Man muss allerdings einräumen, dass rechts stehende Medien, auch wenn sie nicht zum Mainstream gehören, oft eine ähnliche Wirkung auf Konservative haben: Sie bestärken sie darin, dass ihre Vorstellungen von der Welt wahr sind. Für alle User der sozialen Medien – einschließlich der fast 75 Prozent der US-amerikanischen Erwachsenen, die Facebook, und 22 Prozent, die Twitter nutzen – ist die Verstärkung vorgefasster politischer Überzeugungen in das System eingebaut. Wir werden darauf konditioniert, für wahr zu halten, was wir als richtig empfinden. Wie Arendt über die prätotalitären Massen schrieb:

> »Sie glauben nicht an etwas Sichtbares, an die Realität ihrer eigenen Erfahrungen; sie trauen nicht ihren Augen und Ohren, sondern nur ihren Vorstellungen, die sich von allem ergreifen lassen, was zugleich universell und in sich stimmig ist. Was die Massen überzeugt, sind nicht Tatsachen, nicht einmal erfundene Tatsachen, sondern nur die Stimmigkeit des Systems, zu dem sie vermeintlich gehören.«[36]

n glauben die Menschen nachweisbare Lügen so be-llig? Die Verzweiflung, mit der von sich selbst entfremdete Menschen nach einer Geschichte suchen, die ihnen hilft, ihrem Leben einen Sinn zu geben, und die ihnen sagt, was sie tun sollen, ist eine Erklärung hierfür. Für einen Menschen, der sich unbedingt danach sehnt, an etwas zu glauben, ist eine totalitäre Ideologie wertvoller als das Leben selbst.

»Er könnte sogar bereit sein, bei seiner eigenen Strafverfolgung zu helfen und sein eigenes Todesurteil zu fällen, wenn nur sein Status als Mitglied der Bewegung nicht angetastet wird«, schrieb Arendt. In der Tat sind die Akten der 1930er-Jahre voll von falschen Geständnissen überzeugter Kommunisten, die eher bereit waren zu sterben, als zuzugeben, dass der Kommunismus eine Lüge war.

Die treuesten Diener des Totalitarismus sind oft Idealisten, zumindest in den Anfängen. Tatsächlich bezeugt Margolius Kovály, dass sie und ihr Mann sich dem Kommunismus zunächst angeschlossen hatten, weil er so idealistisch war. Er schenkte denen, die aus der Hölle kamen, eine Vision eines Paradieses, an die sie glauben konnten.

Eine vom zeitgenössischen Progressivismus häufig verwendete Phrase – *das Persönliche ist politisch* – ergreift den totalitären Geist, der danach strebt, alle Aspekte des Lebens mit politischem Bewusstsein zu durchdringen. Und in der Tat dringt die Linke mit ihrer Ideologie immer weiter in den Bereich des Persönlichen ein und lässt immer weniger Bereiche des täglichen Lebens unangefochten. Dies, so warnte Arendt, ist ein Zeichen dafür, dass eine Gesellschaft für den Totalitarismus reif ist, denn der Totalitarismus besteht ja im Wesentlichen in der Politisierung von allem.

Alle Lebensbereiche mit der Ideologie zu durchdringen, war ein normaler Aspekt des sowjetischen Totalitarismus. In der frühen Stalin-Ära fuhr der Sowjetkommissar (politischer Offizier) N. V. Krylenko die Schachspieler an, die die Politik aus dem Spiel heraushalten wollten:

»Mit der Neutralität des Schachspiels muss ein für alle Mal Schluss sein«, sagte er. »Wir müssen die Formel ›Schach um des Schachs willen‹ ein für alle Mal verurteilen, genau wie die Formel ›Kunst um der Kunst willen‹. Wir müssen Stoßbrigaden von Schachspielern organisieren und sofort mit der Umsetzung eines Fünfjahresplans für das Schachspiel beginnen.«[37]

Eine Gesellschaft, die Loyalität mehr schätzt als Fachwissen

»Einmal an der Macht, ersetzt der Totalitarismus unweigerlich alle erstklassigen Talente, ungeachtet ihrer Sympathien, durch Spinner und Dummköpfe, deren Mangel an Intellekt und Kreativität immer noch die beste Garantie für ihre Loyalität ist«, schreibt Arendt.[38]

Alle Politiker schätzen Loyalität, doch nur wenige würden sie in der Politik als wichtigste Eigenschaft betrachten, und noch weniger würden es zugeben. Doch Präsident Donald Trump war in vieler Hinsicht ein Regelbrecher. Er sagte einmal: »Ich schätze Loyalität mehr als alles andere – mehr als Verstand, mehr als Tatkraft und mehr als Energie.«[39]

Trumps Überhöhung der persönlichen Loyalität gegenüber dem Fachwissen der Experten ist diskreditierend und korrumpierend. Aber wie können sich die Liberalen darüber beklagen? Die Loyalität gegenüber der Gruppe oder der Sippe ist doch *der Kern* der linken Identitätspolitik. Loyalität einer Ideologie gegenüber auf Kosten des Fachwissens der Experten ist nicht weniger besorgniserregend als die Loyalität einer Person gegenüber. Dies ist der Ursprung der »Cancel Culture«, bei der die Missetäter, egal wie geringfügig ihr Vergehen auch sein mag, sich als Ausgestoßene wiederfinden.

Zu Beginn des Jahres 2020 ereignete sich eine erstaunliche »Cancel Culture«-Kontroverse, bei der Jeanine Cummins, Autorin eines mit Spannung erwarteten Romans über die Erfahrungen mexikanischer Einwanderer, in den Medien heftig angegriffen wurde, und zwar von einigen progressiven lateinamerikanischen Autoren, die der weißen Frau vorwarfen, ihnen ihre Erfahrungen als Lateinamerikaner gestohlen zu haben. Einige prominente lateinamerikanische Autorinnen, die das Buch vor seiner Veröffentlichung gelobt hatten – darunter die Romanschriftstellerin Erika L. Sánchez und die Schauspielerin Salma Hayek –, zogen ihre Unterstützung zurück, um nicht illoyal ihrer Gruppe gegenüber zu erscheinen.

Abgesehen von der »Cancel Culture«, die auf eine Reaktion hindeutet, integrieren die Institutionen in ihren Systemen ideologische Tests, um Andersdenkende auszusondern. An den Universitäten innerhalb des University of California-Systems[40] müssen zum Beispiel Lehrkräfte, die sich für eine unbefristete Stelle bewerben, ihren Einsatz für »Gleichstellung, Diversität und Inklusion« bestätigen – und nachweisen, auch wenn dies nichts mit ihrem Fachgebiet zu tun hat. Ähnliche politisch korrekte Treueeide werden auch an führenden öffentlichen und privaten Schulen verlangt.

De facto sind Loyalitätsüberprüfungen bezüglich der Ideologie der Diversität in den amerikanischen Unternehmen üblich geworden. Als Erfinder von JavaScript war Brendan Eich eine der wichtigsten frühen Gestalten des Internets. Aber 2014 wurde er aus der Leitung des von ihm gegründeten Unternehmens Mozilla gedrängt, nachdem

Mitarbeiter gegen eine kleine Spende protestiert hatten, die er 2008 zugunsten einer Kampagne gegen die Homo-Ehe in Kalifornien gegeben hatte.

Ein in der Sowjetunion geborener US-amerikanischer Arzt erzählte mir – nachdem ich versprach, seinen Namen nicht zu nennen –, dass er nie etwas auch nur annähernd Kontroverses in den sozialen Medien einstellt, weil er weiß, dass die Personalabteilung seines Krankenhauses die Benutzerkonten der Mitarbeiter in Bezug auf Verstöße gegen die progressive Überzeugung von »Diversität und Inklusion« überwacht.

Derselbe Arzt erklärte, dass die Ideologie der sozialen Gerechtigkeit Ärzte wie ihn dazu zwinge, ihre medizinische Ausbildung und ihr Urteilsvermögen zu ignorieren, wenn es um Menschen geht, die als Transgender[41] bezeichnet werden. Er sagte, es sei in seiner Einrichtung nicht zulässig, Patienten mit einer Geschlechtsidentitätsstörung von einer gewünschten Behandlung abzuraten, selbst wenn der Arzt der Meinung sei, dass es nicht im Interesse der Gesundheit des betreffenden Patienten liege.

Intellektuelle bilden die revolutionäre Klasse

In unserem populistischen Zeitalter können Politiker und Polemiker in den Talkshows der Medien die Menge aufstacheln, indem sie Eliten denunzieren. Dennoch bestimmen in den meisten Gesellschaften intellektuelle und kulturelle Eliten ihre langfristige Ausrichtung. »*Der Hauptakteur in der Geschichte ist nicht der einzelne geniale Mensch, sondern das Netzwerk* und die neuen Institutionen, die aus diesen Netzwerken hervorgehen«, schreibt der Soziologe James Davidson Hunter.[42] Auch wenn eine revolutionäre Idee aus den

Massen hervorgehen kann, so Hunter, »sie nimmt jedoch erst Fahrt auf, wenn sie von Eliten übernommen und verbreitet wird« und »durch deren gut ausgebaute Netzwerke und mächtige Institutionen«[43] wirkt.

Deshalb ist es von entscheidender Bedeutung, den intellektuellen Diskurs im Auge zu behalten. Diejenigen, die dies nicht beachten wollen, lassen die Tore unbewacht offen. Der polnische Dissident und Emigrant Czesław Miłosz drückte es so aus: »Erst Mitte des 20. Jahrhunderts kamen die Bewohner vieler europäischer Länder zu der im Allgemeinen unerfreulichen Einsicht, dass ihr Schicksal direkt von komplizierten und abstrusen Philosophiebüchern beeinflusst werden konnte.«[44]

Arendt weist warnend darauf hin, dass die Totalitarismus-Erfahrung des 20. Jahrhunderts zeigt, wie es einer entschlossenen und geschickten Minderheit gelingen kann, über eine gleichgültige und apathische Mehrheit zu herrschen. In unserer Zeit sind die meisten Menschen der Meinung, dass es sich nicht lohnt, dem politisch korrekten Irrsinn der radikalen Universitätsstudenten Aufmerksamkeit zu schenken. Sie verspotten sie als »Schneeflocken« und »Kämpfer für soziale Gerechtigkeit«.

Das ist ein schwerwiegender Fehler. Durch die Radikalisierung der breiteren Klasse der Eliten spielen die »Kämpfer für soziale Gerechtigkeit« historisch eine ähnliche Rolle wie die Bolschewiken im vorrevolutionären Russland. Die Reihen der »Kämpfer für soziale Gerechtigkeit« sind gefüllt mit säkularen gebildeten jungen Menschen aus der Mittelschicht, die von Schuldgefühlen und Ängsten über ihr eigenes Privileg gepeinigt, ihren eigenen Traditionen entfremdet und verzweifelt auf der Suche nach etwas oder jemandem sind, mit dem sie sich identifizieren können, der ihnen ein Gefühl der Sinnhaftigkeit und der Geschlossenheit gibt.

Für sie hat die Ideologie der sozialen Gerechtigkeit – die nicht von der Kirche bestimmt wurde, sondern von kritischen Theoretikern der akademischen Welt – die Funktion einer Pseudoreligion. Die Ideale der »Kämpfer für soziale Gerechtigkeit« sind durchaus nicht auf Universitäten und trockene intellektuelle Fachzeitschriften beschränkt, vielmehr verändern ihre Ideale die Institutionen der Elite und die mächtigen und einflussreichen Netzwerke.

Die Vertreter des Kultes der sozialen Gerechtigkeit unserer Tage sind allerdings nur blasse Imitationen Lenins und seiner hitzigen Anhänger. Abgesehen von der rücksichtslosen Antifa-Fraktion[45] beschränken sie ihr gewaltsames Vorgehen auf Worte und Einschüchterungen im bürgerlich-institutionellen Umfeld. Sie ziehen es vor, Angehörige der Hochschulverwaltung, Professoren und Angestellte, herumzukommandieren. Im Gegensatz zu den Bolschewiken, die hartgesottene Revolutionäre waren, setzen die »Kämpfer für soziale Gerechtigkeit« sich nicht durch das Vergießen von Blut, sondern von Tränen durch.

Dennoch gibt es deutliche Parallelen – Parallelen, die von Menschen, die einmal unter dem Kommunismus gelebt haben, identifiziert werden.

Wie die frühen Bolschewiken sind die »Kämpfer für soziale Gerechtigkeit« der Gesellschaft radikal entfremdet. Auch sie glauben, dass die Gerechtigkeit von der Gruppenidentität abhängt, und um Gerechtigkeit zu verwirklichen, sei es notwendig, die Macht den Ausbeutern zu entziehen und sie den Ausgebeuteten zu übergeben.

Anhänger des Kultes der sozialen Gerechtigkeit sind, wie die ersten Bolschewiken, Intellektuelle, deren Prinzipien durch intellektuelle Agitation verbreitet werden. Es ist eine Lehre, die darauf beruht, Hass in den Herzen der Menschen zu wecken und zu schüren, die zu einem revolutionären Bewusstsein geführt werden sollen. Deshalb ist es auch von immenser Bedeutung, dass sie ihre Basis an den Universitäten errichtet haben, wo sie jene mit ihrer hasserfüllten Ideologie indoktrinieren können, die später in den Institutionen der Gesellschaft arbeiten werden.

Wie die marxistischen Revolutionäre in Russland glauben auch unsere »Kämpfer für soziale Gerechtigkeit«, die Wissenschaft auf ihrer Seite zu haben, selbst wenn ihre Ansprüche unwissenschaftlich sind. So betonen zum Beispiel Transgender-Aktivisten, dass ihre radikalen Überzeugungen wissenschaftlich fundiert seien. Wissenschaftler und Ärzte, die anderer Meinung sind, werden aus ihren Institutionen entfernt oder durch Einschüchterung zum Schweigen gebracht.

Anhänger des Kultes der sozialen Gerechtigkeit sind Utopisten, die glauben, dass für ihr Ideal des Fortschritts alle alten Formen zerstört werden müssen, um die Menschheit zu befreien. Im Gegensatz zu ihren bolschewistischen Vorgängern wollen sie nicht die wirtschaftlichen Produktionsmittel beschlagnahmen, sondern vielmehr die Kulturgüter. Sie glauben, nachdem die Menschheit von den Ketten befreit sein wird, die uns binden – Zugehörigkeit zur weißen Rasse, Patriarchat, Ehe, binäres Geschlecht usw. –, wird unser Leben radikal neu und besser sein.

Und schließlich, anders als die Bolschewiken, die die Institutionen der russischen Gesellschaft zerstören und ersetzen wollten, übernehmen unsere »Kämpfer für soziale Gerechtigkeit« eine spätere marxistische Strategie, um den sozialen Wandel herbeizuführen: ein Marsch durch die Institutionen der bürgerlichen Gesellschaft, indem sie erobert und genutzt werden, um die Welt zu verändern. Als die LGBT-Agenda zum Beispiel von den amerikanischen Unternehmen als Teil ihrer Markenstrategie übernommen wurde, war ihr endgültiger Sieg gesichert.

Weder Einsamkeit noch soziale Atomisierung noch das Aufkommen einer radikaleren Bewegung der sozialen Gerechtigkeit unter den herrschenden Eliten – keiner dieser oder anderer Faktoren, die hier erwähnt wurden – bedeutet, dass der Totalitarismus unvermeidlich ist. Aber diese Zeichen weisen darauf hin, dass die Schwäche der heutigen amerikanischen Gesellschaft mit einem prätotalitären Zustand übereinstimmen.

Wie die Russen zur Zarenzeit leben auch wir Amerikaner möglicherweise in einem Nebel der Selbsttäuschung über die Stabilität unseres Landes. Um es noch einmal zusammenzufassen:

Das Vertrauen in die meisten wichtigen Institutionen ist stark zurückgegangen. Die politischen Richtungen sind durch starre Ideologien so gespalten, dass es für die US-Regierung schwierig ist, etwas umzusetzen. Die Beteiligung am bürgerlichen Leben bricht ein. Da der Staat in einem Meer von Schulden versinkt, ist die Vermögensungleichheit auf dem höchsten Stand seit fast hundert Jahren, und die Mittelschicht schrumpft.

Die jüngeren Generationen geben die Religion auf, die die Gesellschaft bindet und ihr einen Sinn gibt. Die Leiter der Kirchen wissen nicht, wie sie mit dieser chronischen Krise umgehen sollen. Ähnlich wie die unnahbare orthodoxe Hierarchie und der Klerus der späten Zarenzeit scheinen viele nicht wahrzunehmen, was da geschieht, geschweige denn, wie man dem Verfall entgegenwirken kann.

Die Pornografie ist allgegenwärtig, Ehe und Familiengründung dagegen sind ein Auslaufmodell. Wir leben zudem in einem betont sinnlichen Zeitalter, das sinnlich wahrgenommene Erfahrungen über spirituelle und rationale

Ideale stellt. Dass sexuelles Begehren für die heutige Identität als zentral gilt, wird nicht ernsthaft bestritten (es ist bezeichnend, dass in dem unversöhnlichen Konflikt zwischen Religionsfreiheit und Schwulenrechten die Letzteren in einem Blitzkrieg gewonnen haben). Die rasche Akzeptanz der Gender-Ideologie ist ein deutliches Zeichen dafür, dass Prometheismus und Sinnlichkeit verknüpft wurden und die alte Ordnung umgestürzt haben. Das Internet hat mindestens eine Generation an Pornografie gewöhnt. Das geht weit über das hinaus, was jene, die 1905 das russische Zensurgesetz abgeschafft hatten, sich hätten vorstellen können.

Der Prometheismus, der die Antriebsfeder für die vorrevolutionären Russen war, hat auch im Amerika des 21. Jahrhunderts die Vorherrschaft angetreten. Als Einwohner des Landes, das als Inbegriff eines modernen Staates gilt, haben die Amerikaner immer Wissenschaft, Technologie und den Selfmademan gefeiert. Heute ist Silicon Valley unsere Traumfabrik, die spektakulären Reichtum hervorbringt und den Glauben an einen utopischen Wandel durch fortschrittliche Technologien fabriziert.

Ein Zusammenbruch, gefolgt von revolutionärem Umbau, könnte sich viel schneller ereignen, als wir denken. Wie Dr. Silvester Krčméry, einer der Schüler von Pater Kolacović, schreibt:

> »Wir leben zufrieden und sicher mit der Vorstellung, dass in einem zivilisierten Land, in dem kultiviertesten und demokratischsten Umfeld unserer Zeit, ein solches Zwangsregime unmöglich sei. Wir vergessen, dass in instabilen Ländern eine bestimmte politische Struktur zu Indoktrination und Terror führen kann, in die einzelne Elemente und Stufen der Gehirnwäsche bereits eingeführt sind. Zunächst ist das ganz unauffällig. Doch es

kann sich, oft in ganz kurzer Zeit, zu einem vollkommen undemokratischen totalitären System entwickeln.«[46]

Es ist nur ein Katalysator nötig wie ein Krieg, eine wirtschaftliche Depression, eine Seuche oder eine andere schwere und lang anhaltende Krise, um die Legitimität des liberal-demokratischen Systems infrage zu stellen. Schon vor über einem halben Jahrhundert warnte Arendt:

> »Die Versuchung ist groß, das an sich Unglaubliche mit liberalen Argumenten wegzurationalisieren. In jedem von uns lauert ein solcher Liberaler, der mit der Stimme des gesunden Menschenverstandes auf uns einredet. Der Weg zur totalitären Herrschaft führt über viele Zwischenstadien, für die wir zahlreiche Analogien und Präzedenzfälle finden können ... Was der gesunde Menschenverstand und ›normale Menschen‹ sich zu glauben weigern, ist die Tatsache, dass alles möglich ist.«[47]

Die »Kämpfer für soziale Gerechtigkeit« und die Theoretiker, die deren Sache vertreten, zählen allerdings nicht zu den »normalen Menschen«, die nach dem gesunden Menschenverstand leben. Ein fanatischer Glaube an den Fortschritt ist eine der Triebfedern hinter ihrem fiebrigen Utopismus. Die Ideologie des Fortschritts, die uns seit der Aufklärung in verschiedenen Formen begleitet, erklärt ihren selbstbewussten Eifer. Sie erklärt auch, warum so viele normale Menschen, die politisch nicht sonderlich engagiert sind, es schwierig finden, zu den Forderungen der »Kämpfer für soziale Gerechtigkeit« Nein zu sagen. Wir können die hypnotische Anziehungskraft des vom linken Flügel vertretenen Totalitarismus nicht verstehen oder begreifen, wie man seinen Verfechtern am besten widerstehen kann, wenn wir seine engagiertesten Verfechter nicht als Anhänger eines Kults wahrnehmen, die ganz und gar dem Mythos des Fortschritts ergeben sind.

DRITTES KAPITEL
Progressivismus als Religion

Menschen, die von der Idee des Fortschritts fasziniert sind,
halten es nie für möglich,
dass jeder Schritt vorwärts auch ein Schritt in Richtung Ende ist.

Milan Kundera
Das Buch vom Lachen und Vergessen[48]

Im Jahr 1905 gab die Moskauer High Society ein Bankett zu Ehren des russischen Kunstimpresarios Sergei Djagilew im Hotel Metropol in Moskau. Djagilew hatte vor Kurzem in Sankt Petersburg eine monumentale Ausstellung von Porträts organisiert, die er bei einer ergiebigen Tour durch die Privatwohnungen der Reichen ausgewählt hatte. Bei dem Festessen sollte nun sein Erfolg gefeiert werden. Djagilew wusste, dass Russland auf der Schwelle zu etwas Großem stand. Er erhob sich und brachte folgenden Toast aus:

> »Wir sind Zeugen des größten Moments der Zusammenschau in der Geschichte durch eine neue und unbekannte Kultur, die von uns geschaffen wurde und die uns mit-

reißen wird. Deshalb erhebe ich ohne Furcht oder Bedauern mein Glas auf die niedergerissenen Mauern der schönen Paläste, jedoch auch auf die neuen Gebote einer neuen Ästhetik. Als unverbesserlicher Sinnenmensch kann ich nur den Wunsch äußern, dass der bevorstehende Kampf die Annehmlichkeiten des Lebens nicht beeinträchtigen und dass der Tod so schön und strahlend sein möge wie die Auferstehung.«[49]

Was die jungen russischen Künstler, Intellektuellen und die kulturelle Elite erhofften und erwarteten, war das Ende der Autokratie, der Spaltung der Klassen und der Religion und das Aufkommen einer Welt des Liberalismus, der Gleichheit und des Säkularismus. Was sie stattdessen erhielten, waren Diktatur, Gulags und die Abschaffung der Rede- und Meinungsfreiheit. Die Kommunisten hatten ihre Ideologie an leichtgläubige Optimisten als die umfassendste Version dessen verkauft, was jeder moderne Mensch wollte: Fortschritt.

Das moderne Zeitalter basiert auf dem Fortschrittsmythos. Mit »Mythos« meine ich, dass das Konzept des historischen Fortschritts für die Moderne grundlegend ist und sich in die Geschichte einfügt, die wir uns selbst erzählen, um unsere Zeit und unsere Stellung in ihr zu verstehen. Wer an den Mythos des Fortschritts glaubt, ist überzeugt, dass die Gegenwart besser ist als die Vergangenheit und dass die Zukunft *unweigerlich* besser sein wird als die Gegenwart.

Dieser Mythos ist ein mächtiges Werkzeug in den Händen der Möchtegern-Totalitaristen. Er verschafft ihnen einen hervorragenden Grund der Legitimierung ihres Tuns und lastet der Opposition Rückständigkeit und Ignoranz an. Es ist wichtig zu verstehen, wie die Kommunisten den Mythos des Fortschritts manipuliert haben, um zu verstehen, wie die Progressiven von heute die Opposition überfahren.

Der große Marsch

Diejenigen, die von den Lehren von Marx durchdrungen waren, glaubten, dass der Kommunismus unausweichlich war, weil die Geschichte – eine Macht mit gottähnlicher Entschlossenheit – das erforderte. Was einen Linken zu einem Linken macht (gleich welcher Art – Sozialist, Kommunist, Trotzkist, Linksliberaler usw.), ist laut Milan Kundera der gemeinsame Glaube, dass die Menschheit sich auf einem »großen Marsch« in Richtung Fortschritt befindet: »Der große Marsch ist der glanzvolle Marsch auf dem Weg zu Brüderlichkeit, Gleichheit, Gerechtigkeit und Glück. Er schreitet immer voran trotz der Hindernisse, denn Hindernisse muss es geben, wenn der Marsch der große Marsch sein soll.«[50]

Wenn der Fortschritt unaufhaltsam ist und die Kommunistische Partei der Anführer des großen Marsches zu einer progressiven Zukunft ist, dann, so die Theorie, bedeutet Widerstand gegen die Partei, sich gegen die Zukunft zu wehren – ja eigentlich gegen die Wirklichkeit selbst. Wer sich gegen die Partei stellt, ist gegen Fortschritt und Freiheit und verbündet sich mit Habgier, Rückständigkeit, Bigotterie und jeder Art von Ungerechtigkeit. Wie notwendig, ja, wie edel ist es von der Partei, diese Stolpersteine auf dem großen Marsch zu beseitigen und den Weg in die Zukunft gerade und eben zu machen!

»Es lief eine ständige Propaganda, die zeigte, wie der Kommunismus die Dörfer zum Besseren verändert«, erinnert sich Tamás Sályi, ein Englischlehrer aus Budapest, an seine Jugend in Ungarn. »Es wurden immer Filme von Bauern vorgeführt, die lernten, ihre Lebensbedingungen durch neue Technologien zu verbessern. Diejenigen, die dies ablehnten, wurden als Gefahr für die Familie [bezeichnet]. Es gab so viele Beispiele dafür, wie alles, was alt und traditionell war, ein Hindernis darstellte, damit das Leben gut und glücklich wurde.«

Somit dient der Fortschrittsmythos zur Rechtfertigung der Ausübung diktatorischer Macht, um jegliche Opposition zu beseitigen. Heute läuft der Totalitarismus auf eine strenge, erzwungene Reglementierung des großen Marsches in Richtung Fortschritt hinaus. Das ist die Methode, mit der die wahren Fortschrittsgläubigen die gesamte Gesellschaft im Gleichschritt in Richtung Utopie fortbewegen wollen, sowohl in ihren äußeren Handlungen als auch in ihren geheimsten Gedanken.

Modernität ist Fortschritt

Allerdings hat die Verehrung des Fortschrittsideals nicht erst mit Marx begonnen und ist auch nicht auf die Marxisten beschränkt. Der glühendste Vorstadt-Republikaner glaubt ebenso sehr an den Mythos des Fortschritts wie der strengste ideologische Trotzkist an der Universität. Der Historiker Yuri Slezkine schreibt: »Der Glaube an den Fortschritt ist für die Moderne genauso fundamental, wie es das zweite Kommen Christi für die Christenheit war.«[51]

Was die klassischen Liberalen (von rechts und links) von den Sozialisten und Kommunisten unterscheidet, ist das letzte Ziel, auf das wir zusteuern, und der Umfang, in dem sich der Staat nach ihrer Überzeugung an der Steuerung dieses Fortschritts beteiligen sollte. Die klassischen Liberalen legen mehr Wert auf die Freiheit des Einzelnen, während die Angehörigen der Linkspartei mehr die Gleichheit zu ihrer Sache machen. Und die klassischen Liberalen bevorzugen eine mehr oder weniger begrenzte Rolle der Regierung, während die Linken glauben, dass die Verwirklichung ihrer Vision von Gerechtigkeit und Tugend eine stärkere Hand des Staates erfordert.

Präsident Obama nickte zustimmend zum Fortschrittsmythos, als er einen Satz zitierte, der durch Martin Luther King Jr. bekannt wurde: »Der Bogen des moralischen Universums ist lang, aber er neigt sich der Gerechtigkeit zu.« In seiner zweiten Antrittsrede brachte Präsident George W. Bush seinen Glauben an diesen Mythos zum Ausdruck, als er erklärte, dass die Vereinigten Staaten ein Vorreiter der globalen liberalen Demokratie sind.

»Es gibt nur eine Macht in der Geschichte, die die Herrschaft von Hass und Groll brechen, die Ansprüche der Tyrannen entlarven und die Hoffnungen der Anständigen und Toleranten belohnen kann, und das ist die Kraft der menschlichen Freiheit.«[52]

Bushs Krieg zur Befreiung des Irak schlug fehl, doch indem die Amerikaner diese berauschende Rhetorik in sich aufnehmen, fällt es ihnen leicht, diese Dinge zu vergessen. Das liegt nicht unbedingt daran, dass wir töricht wären. Der Fortschrittsmythos ist in unsere kulturelle DNA eingeschrieben. Vielleicht war kein Land der Erde fortschrittsorientierter als die Vereinigten Staaten von Amerika. Wir haben eine ausgeprägte Schwäche für den Fortschrittsmythos – aber, um fair zu sein, wir haben auch Grund dazu.

Innerhalb der relativ kurzen Zeit der Geschichte unseres Landes und nach gewaltigen Anstrengungen haben die liberale Demokratie und der Kapitalismus einen der weltweit höchsten Lebensstandards geschaffen, haben die Bürgerrechte garantiert und die persönliche Freiheit auf alle ausgeweitet. Seit Menschengedenken war es den schwarzen Amerikanern in einigen Teilen des Landes verboten zu wählen oder in denselben Restaurants zu essen wie die weißen. Das hörte auf, weil die US-Bundesregierung schließlich handelte und die Zusagen der Verfassung auch für schwarze Amerikaner umsetzte. Manchmal ist der Fortschritt ganz konkret und greifbar.

Wir glauben auch an den Fortschritt wegen seiner jüdisch-christlichen Wurzeln. Die meisten alten Kulturen haben eine zyklische Sicht der Geschichte, die hebräische Religion jedoch und ihre Ableger – das Christentum und der Islam – beschreiben die Geschichte als linear verlaufend von der Schöpfung bis zu einer endgültigen Erlösung. Im Christentum wird diese Erlösung nach der Apokalypse und dem Jüngsten Gericht kommen, bei dem Gottes Gerechtigkeit triumphieren wird.

Noch einmal, der Fortschritt kann konkret sein, und zumindest für die Christen steuert die Geschichte auf ein strahlendes Ende zu (nach einer gewaltigen Apokalypse), doch das bedeutet nicht, dass alle Veränderungen unweigerlich zu einer Verbesserung des Vergangenen führen. Es bedeutet auch nicht, dass ein von Gott getrennter »Fortschritt« überhaupt ein Fortschritt ist. Tatsächlich kann der Fortschritt in einem säkularen Kontext ohne biblisches Verständnis der menschlichen Fehlbarkeit und ohne den Gott der Bibel als Urheber der Geschichte und Richter der Welt sehr schlimm werden.

Der heutige Fortschrittsglaube geht auf die Aufklärung des 18. Jahrhunderts zurück, als deren radikalere kontinentale Vertreter die christliche Hoffnung säkularisierten, indem sie den Glauben an Gott durch den Glauben an den Menschen ersetzten – insbesondere im Bereich der Wissenschaft und Technik. Einer der Begründer des Sozialismus war der französische Intellektuelle Henri de Saint-Simon (1760–1825). Saint-Simon und sein Mitstreiter Auguste Comte (1798–1857) waren Vertreter des Positivismus, einer Philosophie, die auf der Vorstellung basiert, dass die Wissenschaft die Quelle alles maßgeblichen Wissens ist.

Die Positivisten glaubten, dass die Geschichte in erster Linie die Geschichte der Entwicklung und des Fortschritts von Wissenschaft und Technik ist. Sie glaubten daran, dass durch die Wissenschaft schließlich jede materielle Not beendet würde. Und mit der fortschreitenden Wissenschaft würde auch die Moral verbessert werden, denn sie würde auf wissenschaftlichen Erkenntnissen beruhen, nicht auf Religion und Sitte.

In England integrierte der Philosoph John Stuart Mill (1806–1873) den Positivismus in die klassische liberale politische Tradition. In Deutschland wurde sie von Karl Marx für den Aufbau einer radikalen Politik benutzt. Marx und seine Anhänger ersetzten die christliche Hoffnung auf eine Belohnung im Himmel durch den Glauben, dass der Zustand der Vollkommenheit auf dieser Erde nach einer gewaltigen Apokalypse und mithilfe der Wissenschaft und einer wissenschaftsbasierten Politik erreicht werden könnte – und unweigerlich erreicht würde.

Obwohl die Marxisten den Positivismus benutzten, um eine extreme utopische Richtung einzuschlagen, bilden die positivistischen Werte die Grundlage der liberalen freien Marktwirtschaft. Beide Traditionen vertreten den Standpunkt, dass die Wissenschaft den Fortschritt befördert und dass der Fortschritt an der Verminderung der materiellen Bedürfnisse gemessen werden kann.

Der zeitgenössische Philosoph John Gray meint, dass die Distanz zwischen liberalen Demokraten und Marxisten sehr viel geringer sei, als wir uns vorstellen: »Die Technologie –

die praktische Anwendung wissenschaftlicher Erkenntnisse – führt zu einer Konvergenz der Werte. Dies ist der zentrale moderne Mythos, den die Positivisten propagierten und den heute jeder als Tatsache akzeptiert.«[53]

Der ursprüngliche amerikanische Traum – der Traum der puritanischen Siedler des 17. Jahrhunderts – war religiöser Natur: die Freiheit zu erlangen, die es ihnen erlaubte, Gott so zu verehren und zu dienen, wie ihr Gewissen es ihnen vorschrieb. In unserer Zeit ist der amerikanische Traum nicht mehr ein religiöses Ideal, sondern eines, das mehr vom Positivismus als vom Christentum geprägt ist. Für die meisten Menschen beinhaltet dieser Begriff Wohlstand, materielle Sicherheit und die Freiheit, ihr Leben nach eigenen Wünschen zu gestalten. Das puritanische Ideal beinhaltete die Vorstellung, die Freiheit zu nutzen, um ein tugendhaftes Leben entsprechend der Heiligen Schrift zu führen. Das moderne amerikanische Ideal besteht darin, die Freiheit zu nutzen, um Wohlbefinden zu erlangen, wie jeder Einzelne es definiert – das heißt ein Subjekt, das vollständig das Produkt von Wahl und Zustimmung ist. Der Fortschrittsmythos lehrt, dass Wissenschaft und Technologie die einzelnen Menschen befähigen werden, ungeachtet der Grenzen, die durch Religion und Tradition auferlegt wurden, die eigenen Wünsche zu verwirklichen.

Derjenige, der in der modernen Politik als Gegner des Fortschritts beschrieben werden kann, ist oft im Nachteil. Gegen den Fortschritt, gegen den Wandel zu sein, bedeutet, sich gegen die natürliche Ordnung der Dinge zu stellen. In liberalen Demokratien ist der Kampf zwischen der Rechten und der Linken in Wirklichkeit ein Kampf zwischen den konservativen Progressiven und den radikalen Progressiven über die Geschwindigkeit und die Details der Veränderung. Unbestritten ist die gemeinsame Überzeugung, dass eine gute Gesellschaft dadurch gekennzeichnet ist, dass der Einzelne genug Geld und persönliche Autonomie besitzt, um tun zu können, was er tun möchte.

Fortschritt als Religion

Für die klassischen liberalen Anhänger des Fortschrittsmythos zeichnet sich die ideale Gesellschaft dadurch aus, dass in ihr jeder die gleiche Entscheidungsfreiheit hat. Für Radikale bedeutet dies, dass jeder mit den gleichen Chancen und Ergebnissen gleichgestellt wird. Dennoch ist der Glaube, dass die Lebensumstände des Menschen durch kollektive Bemühungen verbessert werden können, eine mächtige politische Antriebskraft. Es ist schwierig, dies aus der Perspektive des 21. Jahrhunderts zu betrachten, doch die Überzeugung, dass Armut, Krankheit und Unterdrückung nicht zum menschlichen Schicksal gehören, war eine revolutionäre Vorstellung in der menschlichen Geschichte. Es gab Menschen, deren Vorfahren kaum etwas anderes kannten als Not und leidgeprüfte Hoffnung auf eine Zukunft.

Marx verglich die Religion mit einer Droge, weil sie den Schmerz des Lebens für die Massen betäubte. Aus seiner Sicht raubte sie ihnen das Bewusstsein, dass sie die Macht besaßen, die gesellschaftliche Ordnung umzustürzen, die sie in die Armut getrieben hatte. Im Gegensatz zu den Progressiven in der klassisch liberalen Tradition versprachen Marx und seine radikalen Mitstreiter, dass eine radikale Politik mithilfe von Wissenschaft und Technologie tatsächlich den Himmel auf Erden errichten könnte. Sie waren Atheisten, die glaubten, der Mensch könne wie Gott werden.

Als Perversion der Religion spricht die Ideologie des Fortschritts verlockend die dürstenden Herzen der Menschen an.

Wie Miłosz und andere Dissidenten bezeugen, reagierte der Kommunismus auf die religiöse Ursehnsucht in den Seelen der ruhelosen jungen Intellektuellen. Der Fortschrittsglaube in all seinen Formen spricht dieselbe Sehnsucht in den intelligenten jungen Leuten von heute an – sowohl der weltlichen als auch der kirchlich gebundenen, die jedoch den maßgeblichen kirchlichen Traditionen entfremdet sind. Deshalb müssen die heutigen Christen verstehen, dass sie im Grunde nicht Widerstand gegen eine andere Politik leisten, sondern eher gegen etwas, das sich als rivalisierende Religion zeigt.

So erging es den jungen Russen des späten 19. Jahrhunderts, die sich dem Marxismus mit der Leidenschaft religiöser Konvertiten anschlossen. Er lieferte seinen Anhängern ein Narrativ, das ihnen zu verstehen half, warum die Dinge so waren, wie sie waren, und was sie als Marxisten tun sollten, um eine gerechtere Welt zu schaffen. Es war eine optimistische Philosophie, die allen Völkern der Erde Erleichterung und einen gewissen Wohlstand versprach.

Um eine Utopie zu schaffen, mussten die Marxisten zuerst einmal das Christentum ausrotten, das in ihren Augen eine falsche Religion war, die die herrschende Klasse in ihrer Macht bestätigte und die Armen mit ihrem Aberglauben leicht unter Kontrolle hielt. Die radikalen Russen hassten gleichfalls die sogenannten Philister – ihr Ausdruck für die bedauernswerten Leute, die vor sich hin lebten, ohne an etwas Höheres oder Größeres zu denken. Die radikale Intelligenzija betrachtete die Philister als ihr absolutes Gegenteil: raue, abscheuliche Goliaths gegenüber den klugen Davids, die sie selbst waren. Sie hassten die Philister mit verzehrender Intensität – teilweise sicher auch, weil viele von ihnen aus solchen Familien stammten.

Die bequemen Philister gehörten nicht zu denen, die bereit waren, für ihre Überzeugungen zu leiden und zu sterben. Die Bolschewiken durchaus. Die zaristische Regierung schickte viele der bolschewistischen Anführer ins Exil nach Sibirien. Aber dadurch wurden sie nicht gebrochen, es machte sie nur stärker.

»Das Exil war der Inbegriff für Leiden, Intimität und die erhabene Unermesslichkeit der Fülle des Himmels. Es bot eine vollkommene Metapher an für das, was in der ›Welt der Lügen‹ falsch war und was im Zentrum der Verheißungen des Sozialismus stand«, schreibt Yuri Slezkine.[54] Revolutionär zu sein bedeutete damals, ein gemeinsames Gefühl der Entschlossenheit, Gemeinschaft und Hoffnung zu teilen – und ein elektrisierendes Band der Verachtung, einer Verachtung, die wir heute in der Bewegung für soziale Gerechtigkeit gegenüber jedem erkennen, der von ihren frommen Forderungen abweicht.

Wie Slezkine es formuliert hat, teilen der christliche Glaube und der Totalitarismus ein unbedingtes Bemühen um den inneren Menschen. Christentum und Kommunismus – d. h. die radikalsten Formen des Progressivismus – versteht man am besten als konkurrierende Religionen. Trotz der Selbsttäuschungen theologisch fortschrittlicher Christen sind auch das Christentum und der lockere Nihilismus Kennzeichen des Progressivismus in unserer nachchristlichen Zeit.

Ketzerverfolgung in unserer Mitte

Im Jahr 2019 besuchte ich den bekannten englischen Intellektuellen Sir Roger Scruton wegen seines Einsatzes für die Unterstützung der Dissidenten in Osteuropa in den 1980er-Jahren. Wie sich herausstellte, sollte es der letzte Sommer in seinem Leben sein. Scruton war maßgeblich an der Gründung einer Untergrund-Universität in Prag beteiligt. Als bekanntester konservativer Akademiker Großbritanniens wurde er später zu einem der eindringlichsten und sprachgewandtesten Kritiker dessen, was wir als »Political Correctness« bezeichnen, zum Teil weil er so oft deren Opfer wurde.

Wir saßen in der Bibliothek seines Bauernhauses im ländlichen Wiltshire. Sir Roger stimmte zu, dass wir keinen politischen Kampf führen, sondern es eher mit einem Religionskrieg zu tun haben. »Es gibt dabei keine offizielle Linie, aber alles nimmt eine feste Gestalt an um eine Reihe von Lehrsätzen, die wir problemlos erkennen können.«

Er erklärte, dass im aufkommenden sanften Totalitarismus jeder Gedanke oder jede Verhaltensweise, die man als Ausgrenzung der Mitglieder der von der Linken bevorzugten Gruppen deuten kann, scharf verurteilt wird. Die »offizielle Doktrin« wird nicht durch das Regime von oben angeordnet, sondern kommt von unten und basiert auf dem Konsens des linken Flügels. Sie wird mit großem Druck in Form von Hexenjagd und Schuldzuweisungen durchgesetzt.

»Wenn man aus der Reihe ausschert, vor allem wenn man als Journalist oder Akademiker im Bereich der Meinungsbildung tätig ist, dann besteht das Ziel darin zu unterbinden, dass diese Stimme gehört wird«, sagte Scruton. »Man wird somit von jedweder Lehrtätigkeit entbunden oder, wie es vor Kurzem bei mir vorgekommen ist, man wird zum Tagesthema wegen eines verlogenen, frei erfundenen Interviews, das dazu benutzt wird, um den Betreffenden aller möglicher Gedankenverbrechen zu beschuldigen.«

Scruton bezog sich auf einen linken Journalisten, dem er kürzlich ein Interview gegeben hatte. Der Journalist verdrehte Scrutons Worte so, dass er wie ein Fanatiker klang, und brüstete sich in den sozialen Medien damit, einen »Rassisten und Homophoben« skalpiert zu haben. Glücklicherweise tauchte eine Tonaufnahme dieses Interviews auf und rehabilitierte Sir Roger. Viele andere, die in unserer Zeit ähnlicher Gedankenverbrechen bezichtigt werden – Orwells Ausdruck für ideologische Verstöße –, haben nicht so viel Glück.

Scruton sagte mir, dass Gedankenverbrechen – mit anderen Worten Irrlehren – ihrem Wesen nach Anklage und Schuld gleichsetzen. Er hatte dies auf seinen Reisen in die kommunistische Welt erlebt, wobei das Ziel darin lag, das System mit minimalem Aufwand aufrechtzuerhalten.

»Zu diesem Zweck wurden hin und wieder Gedankenverbrechen erfunden, mit denen man den Feind des Volkes in die Falle locken konnte«, sagte er. »Zu meiner Zeit war das die ›Zionistisch-imperialistische Verschwörung‹. Man konnte beschuldigt werden, Mitglied dieser Verschwörung zu sein, aber niemand war in der Lage, sich gegen diese Anschuldigung zu verteidigen, weil niemand wusste, was das überhaupt war!«

»Es ist genau wie bei ›Homophobie‹ oder ›Islamophobie‹, diesen neuen Gedankenverbrechen«, fuhr Scruton fort. »Was um Himmels willen ist damit gemeint? Und dann kann jeder mitmachen und elektronisch Steine auf den Sündenbock werfen, ohne dafür zur Rechenschaft gezogen zu werden, weil man für die Beschuldigung keinen Beweis zu erbringen hat.«

Das Ausmaß der zeitgenössischen Gedankenverbrechen wird ständig größer – Homophobie, Islamophobie, Transphobie, Biphobie[55], Fettphobie, Rassismus, Ableismus[56] usw. –, wodurch es schwierig wird zu erkennen, ob man sich noch auf sicherem Boden bewegt oder dabei ist, auf eine Landmine zu treten. Doch Scruton hat recht: All diese Gedankenverbrechen leiten sich ab von »Doktrinen« – sein Wort –, die uns allen vertraut sind. Diese politischen Leitsätze prägen die ideologische Stoßrichtung des sanften Totalitarismus unserer Zeit in der gleichen Weise, wie die marxistischen Lehren des ökonomischen Klassenkampfes den harten Totalitarismus der Sowjet-Ära geprägt haben.

Man stelle sich einen Berufsanfänger in einem der weltweit größten Unternehmen vor oder einen unkündbaren Universitätsdozenten, wie sie sich durch den hundertsten Workshop über Diversität, Gleichheit und Inklusion quälen und alles tun, um nicht in den Verdacht zu geraten, abweichender Meinung zu sein. Tatsächlich brauche ich mir das gar nicht vorzustellen. Als Journalist, der über solche Themen schreibt, höre ich oft Geschichten von Leuten – immer höhere Angestellte wie Akademiker, Ärzte, Anwälte, Ingenieure –, die heimlich ein Leben als gläubige oder gesellschaftspolitische Konservative führen. Sie wissen, dass eine Abweichung von der progressiven Linie oder auch nur der Verdacht, ein Abweichler zu sein, am Arbeitsplatz wahrscheinlich das Ende ihrer Karriere bedeuten würde.

Ein amerikanischer Akademiker beispielsweise, der seine Studien dem russischen Kommunismus gewidmet hatte, erzählte mir, dass er bei einer Sitzung anwesend war, in der die Personalabteilung beschloss, von Stellenbewerbern eine förmliche Erklärung über ihre Loyalität gegenüber der Ideologie der Diversität zu verlangen – obwohl dies mit der Lehrbefähigung oder Gelehrsamkeit nichts zu tun hatte.

Der Professor bezeichnete dies als McCarthy-Methode, Andersdenkende aus dem Beschäftigungspool zu eliminieren und diejenigen, die bereits zum Personal gehören, vorzuwarnen, dass sie überwacht werden, falls sie von der Linie der Partei der sozialen Gerechtigkeit abweichen.

Das ist eine sanfte Form des Totalitarismus. Hier dieselbe Logik in der harten Version: 1918 entfesselte Lenin den Roten Terror, eine Vernichtungskampagne gegen diejenigen, die sich der bolschewistischen Macht widersetzten. Martin

Latsis, Chef der Geheimpolizei in der Ukraine, unterwies seine Agenten folgendermaßen:

> »Schauen Sie nicht in die Akte mit den belastenden Beweisen, um festzustellen, ob der Angeklagte sich mit Waffen oder Worten gegen die Sowjets aufgelehnt hat. Fragen Sie ihn stattdessen, zu welcher Klasse er gehört, wie seine Herkunft ist, welche Ausbildung er hat, welchen Beruf er ausübt. Dies sind die Fragen, die über das Schicksal des Angeklagten entscheiden werden. Das ist Sinn und Zweck des Roten Terrors.«[57]

Wohlgemerkt, die Worte und Taten einer Person hatten nichts mit der Feststellung ihrer Schuld oder Unschuld zu tun. Man wurde ausschließlich aufgrund der Klasse und des Sozialstatus für schuldig befunden. Eine Revolution, die als Versuch begann, historisches Unrecht wiedergutzumachen, schlug schnell in rohe, vernichtende Machtausübung um. Die Kommunisten rechtfertigten die Inhaftierung, den Ruin und sogar die Hinrichtung von Menschen, die dem Fortschritt im Wege standen, als notwendig, um historische Gerechtigkeit gegenüber angeblichen Nutzern von Privilegien zu erzielen.

Eine sanftere, unblutige Form der gleichen Logik ist in den amerikanischen Institutionen am Werk. Die Progressiven der sozialen Gerechtigkeit treiben ihr bösartiges Konzept von Gerechtigkeit voran, indem sie Andersdenkende teilweise so gründlich terrorisieren wie ein Inquisitor auf der Jagd nach Feinden der religiösen Rechtgläubigkeit.

Den Kult der sozialen Gerechtigkeit verstehen

Im vorigen Kapitel haben wir kurz betrachtet, inwiefern die »Kämpfer für soziale Gerechtigkeit« in unserer Gesellschaft eine ähnliche Rolle spielen wie die Bolschewiken im späten zaristischen Russland und ein Profil dieses typischen Vertreters skizziert. Vielleicht hat sich kein bekannter Intellektueller so viele Gedanken über den grundlegend religiösen Charakter dieser militanten Progressiven gemacht wie der Atheist und Mathematiker James A. Lindsay.

Lindsay behauptet, dass die soziale Gerechtigkeit dieselben psychologischen und sozialen Bedürfnisse stillt, die einst die Religion erfüllte, aber nicht mehr dazu in der Lage ist. Und wie konventionelle Religionen beruht sie auf dem unumstößlichen Anspruch, der nicht widerlegt, sondern nur als offenbarte Wahrheiten akzeptiert werden kann. Deshalb sind Auseinandersetzungen mit diesen Eiferern ungefähr so produktiv wie ein theologisches Streitgespräch bei einem Treffen mit Taliban-Theologen. Für die Inquisitoren der sozialen Gerechtigkeit ist »Dialog« ein Prozess, bei dem die Gegner ihre Sünden bekennen und sich in Furcht und Zittern dem Bekenntnis der sozialen Gerechtigkeit unterwerfen.

Die »Kämpfer für soziale Gerechtigkeit« sind Mitglieder einer »ideologisch motivierten moralischen Gemeinschaft«, wie Lindsay sie bezeichnet. Weit davon entfernt, moralische Relativisten zu sein, sind »Kämpfer für soziale Gerechtigkeit« in Wirklichkeit Rigoristen mit einer tiefen und anhaltenden Sorge um die Einhaltung ihrer Vorgaben und sie zögern nicht, ihre sakrosankten Überzeugungen durchzusetzen. Diese Überzeugungen geben ihrem Leben Sinn und Richtung und das Gefühl, eine gemeinsame Aufgabe zu erfüllen.

Und wie sehen diese Überzeugungen aus? Ein ungefährer Katechismus auf der Grundlage von Lindsays Analyse[58] lautet in etwa wie folgt:

Ein zentraler Faktor der menschlichen Existenz ist Macht und wie sie eingesetzt wird

Politik ist die Kunst und Wissenschaft, wie in einer Gesellschaft die Macht aufgeteilt und ausgeübt wird. Was die »Kämpfer für soziale Gerechtigkeit« betrifft, so wird von ihnen alles im Leben über Machtverhältnisse eingeordnet. Soziale Gerechtigkeit beinhaltet die Aufgabe, die Gesellschaft neu zu ordnen, um angemessenere (gerechtere) Machtverhältnisse herzustellen. Wer sich der sozialen Gerechtigkeit widersetzt, verbreitet »Hass«. Man kann mit ihm nicht vernünftig reden oder ihn in irgendeiner Weise tolerieren, sondern nur besiegen.

Es gibt nichts, was einer objektiven Wahrheit gleichkäme, als nur die Macht

Wer entscheidet, was wahr und was falsch ist? Diejenigen, die die Macht ausüben. Religiöse Ansprüche, philosophische Argumente, politische Theorien – all dies sind Schleier, hinter denen sich der Wille zur Macht verbirgt. Es sind lediglich Begründungen für die Unterdrücker, um die Macht über die Unterdrückten aufrechtzuerhalten. Der Wert des Wahrheitsanspruchs hängt von demjenigen ab, der ihn erhebt.

Identitätspolitik unterscheidet die Unterdrückten von den Unterdrückern

Im klassischen Marxismus sind die Mitglieder der Bourgeoisie die Unterdrücker und die zum Proletariat Gehörenden sind die Unterdrückten. Im Kult der sozialen Gerechtigkeit sind die Unterdrücker in der Regel weiß, männlich, heterosexuell und christlich. Die Unterdrückten sind ethnische Minderheiten, Frauen, sexuelle und religiöse Minderheiten. (Eigenartigerweise stehen die Armen relativ weit unten in der Hierarchie der Unterdrückten. So gehört zum Beispiel ein weißer Angehöriger der christlichen Pfingstbewegung, der als Behinderter in einem Wohnwagenpark lebt, zu den Unterdrückern, während eine schwarze lesbische Professorin einer Elitehochschule zu den Unterdrückten zählt.) Bei der sozialen Gerechtigkeit geht es nicht darum herauszuarbeiten, was einer Person per se, sondern was ihr als Träger ihrer Gruppenidentität zusteht.

Intersektionalität[59] ist der Ökumenismus der sozialen Gerechtigkeit

Menschen, deren Identitäten zur sogenannten »Matrix der Unterdrückung« gezählt werden, verknüpfen ihre Identitäten über die Intersektionalität miteinander. Dieses Konzept besagt, dass alle, die von den privilegierten Klassen unterdrückt werden – vom Patriarchat, von den Weißen usw. –, durch ihre Unterdrückung miteinander verbunden sind und als geschlossene Front die Machtverhältnisse herausfordern sollen. Wenn jemand nicht zu einer unterdrückten Gruppe zählt, kann er oder sie sich dem Machtkampf als »Verbündeter« anschließen.

Die »Kämpfer für soziale Gerechtigkeit« glauben, dass die menschliche Natur weitgehend durch den Sprachgebrauch konstruiert wird. Deshalb richten sie ihr Augenmerk ganz besonders auf »Diskurse« – d. h. auf Stil und Inhalt von Sprechweisen, die ihrer Ansicht nach bestimmte Lebensweisen legitimieren und andere delegitimieren. Die »Kämpfer für soziale Gerechtigkeit« kontrollieren das gesprochene und geschriebene Wort genauestens und verurteilen Sprechweisen, die bei ihnen als Form der Gewalt Anstoß erregen.

Konservative, Liberale alten Stils und andere, die nicht der Bewegung für soziale Gerechtigkeit angehören, begreifen oft nicht, wie sie auf die aggressiven Ansprüche dieser Verfechter reagieren sollen. Der Grund liegt in ihrer Annahme, dass die »Kämpfer für soziale Gerechtigkeit«, die normalerweise nicht religiös sind, nach den etablierten Standards des säkularen liberalen Diskurses hinsichtlich der Argumentation vorgehen.

Ein denkwürdiges Beispiel aus dem Jahr 2015 war an der Yale University der Zusammenstoß der Professoren Nicholas und Erika Christakis mit wütenden Studenten aus dem Wohnheim des Colleges, das von dem Ehepaar beaufsichtigt wurde. Die Sache ging schief, da die Christakis' Liberale alter Schule waren und sich insofern irrten, als sie annahmen, dass die Studenten einer vernünftigen Argumentation zugänglich wären. Leider waren diese jedoch vom Kult der sozialen Gerechtigkeit geprägt. Daher betrachteten sie ihre subjektiven Überzeugungen als eine Form von unanfechtbarem Wissen und Meinungsverschiedenheiten als einen Angriff auf ihre Identität.

Manche Konservative meinen, dass die »Kämpfer für soziale Gerechtigkeit« mit besseren Argumenten konfrontiert werden sollten und dass sich die Konservativen durchsetzen würden, wenn sie sich an den liberalen Prozeduralismus hielten. Dies ist ein grundlegender Irrtum, der den Konservativen den Blick für die Radikalität der Bedrohung verstellt. Man weiß nicht, wie man angesichts dieser Herausforderungen urteilen und handeln soll, wenn man die »Kämpfer für soziale Gerechtigkeit« nicht als das sieht, was sie wirklich sind – und wo sie ihre Arbeit erledigen. Es ist leicht, den schreienden Studenten auf dem Universitätscampus zu identifizieren, wichtiger ist es jedoch, die subversive Präsenz der älteren »Kämpfer für soziale Gerechtigkeit« und ihre Mitläufer in der gesamten institutionellen Bürokratie zu entdecken, wo sie immense Macht ausüben.

Soziale Gerechtigkeit und Christentum

Der Begriff »soziale Gerechtigkeit« wurde lange Zeit mit dem Christentum in Verbindung gebracht, insbesondere mit der katholischen Kirche (der Begriff wurde von einem Jesuiten des 19. Jahrhunderts geprägt), obwohl er inzwischen auch von jüngeren Evangelikalen übernommen wird. Nach der katholischen Soziallehre bedeutet »soziale Gerechtigkeit«, dass Einzelpersonen die Verantwortung tragen, sich für das Gemeinwohl einsetzen, damit alle in Würde als Geschöpfe, die nach Gottes Bild geschaffen sind, leben können. Nach der traditionellen Auffassung geht es bei der sozialen Gerechtigkeit um die Beseitigung struktureller Hindernisse, die der Chancengleichheit in den verschiedenen Gruppen einer bestimmten Gesellschaft entgegenstehen. Zum größten Teil beruht sie auf der Lehre Christi über den Stellenwert der Barmherzigkeit und des Mitleids mit den Armen und Ausgestoßenen.

Doch die christliche soziale Gerechtigkeit ist nur schwer zu vereinbaren mit den weltlichen Idealen der sozialen Gerechtigkeit. Ein Grund dafür liegt darin, dass Erstere von der biblischen Vorstellung des menschlichen Wesens bestimmt ist – einschließlich der Bestimmung, für die alle Menschen geschaffen wurden. Dies setzt eine transzendente moralische Ordnung voraus, die in der Heiligen Schrift verkündet und je nach Bekenntnis von den verbindlichen Lehren der Kirche festgehalten wird. Gerecht ist eine Sozialordnung, die den Menschen hilft, gut zu sein.

Peter Maurin, Mitgründer der Christlichen Arbeiterbewegung, war ein echter christlicher »Kämpfer für soziale Gerechtigkeit«. (Übrigens machte Pater Kolaković die Schriften Maurins bei seiner »Familie« in Bratislava bekannt.) Maurin unterschied zwischen der christlichen sozialen Gerechtigkeit und der gottlosen marxistischen Sicht. Für Marxisten bedeutet soziale Gerechtigkeit eine gleichmäßige Verteilung der materiellen Güter der Gesellschaft. Im Gegensatz dazu strebt die christliche soziale Gerechtigkeit danach, Bedingungen für die Einheit zu schaffen, die es allen Menschen – reichen wie armen – ermöglicht, in Solidarität und gegenseitiger Nächstenliebe als Pilger auf dem Weg zur Vereinigung mit Christus zu leben.

In unserer Zeit ist die säkulare soziale Gerechtigkeit ihrer christlichen Dimension beraubt. Weil die Christen einen bestimmten Kodex der Sexualmoral und der Geschlechterkategorien verteidigen, betrachten die Progressiven sie als Feinde der sozialen Gerechtigkeit. Aufschlussreich bringt der katholische Philosoph Michael Hanby den sexuellen Radikalismus mit den wissenschaftlichen Wurzeln des Fortschrittsmythos in Verbindung. Er schrieb, dass »die sexuelle Revolution im Grunde eine technologische Revolution mit ihrem ständigen Kampf gegen die natürlichen Grenzen ist, äußerlich bezogen auf den Körper und innerlich auf unser Selbstverständnis«.[60]

Ohne das Christentum und seinen Glauben an die Fehlbarkeit der menschlichen Natur neigen die säkularen Progressiven dazu, ihren Fanatismus umzuwerten und als Gerechtigkeit zu bezeichnen. Das Christentum lehrt, dass alle Männer und Frauen – nicht nur die wohlhabenden, die mächtigen, die heterosexuellen, die weißen und alle anderen sogenannten Unterdrücker – Sünder sind und des Erlösers bedürfen. Alle Menschen sind zur Beichte und Buße aufgerufen. Eine soziale Gerechtigkeit, die Ungerechtigkeit nur auf bestimmte Gruppen projiziert, ist eine Verdrehung der christlichen Lehre. Es ist ein anthropologischer Irrtum, die Person auf ihren wirtschaftlichen Status oder auf ihre ethnische, sexuelle oder geschlechtliche Identität zu reduzieren. Das ist falsch und daher ungerecht.

Darüber hinaus kann für Christen keine Gesellschaftsordnung richtig sein, die die Sünde leugnet und Strukturen schafft oder Praktiken billigt, die den Menschen von seinem Schöpfer entfremden. Im Gegensatz zur Sicht der säkularen Aktivisten für soziale Gerechtigkeit ist der Schutz des Rechts auf Abtreibung immer unrechtmäßig. Das gilt für jeden Vorschlag – etwa die gleichgeschlechtliche Ehe –, der die Sünde rechtfertigt und die natürliche Familie unterminiert. In einer Enzyklika aus dem Jahr 1986 prangerte Papst Johannes Paul II. einen »Geist der Finsternis« an, der arglistig »Gott als Feind seines eigenen Geschöpfes postuliert und vor allem als Feind des Menschen, als Quelle der Gefahr und Bedrohung für den Menschen«.[61]

Christen können keinerlei Art von sozialer Gerechtigkeit befürworten, die die biblische Lehre leugnet. Das schließt Programme ein, die Kategorien der Identitätspolitik auf das Leben der Kirche anwenden. Wenn zum Beispiel dem Aufruf zur »Dekolonialisierung« der Kirche entsprochen werden soll, bedeutet dies, Kategorien der Identitätspolitik der Theologie und dem Gottesdienst aufzudrängen, indem der Glaube durch die Gebete linksradikal umgestaltet werden soll.

Gläubige Christen müssen sich für soziale Gerechtigkeit einsetzen, können dies jedoch nur im Zusammenhang mit der Treue zur vollständigen christlichen Morallehre und der theologischen Sicht tun, durch die wir verstehen, was Gerechtigkeit bedeutet. Jede Kampagne für soziale Gerechtigkeit, die impliziert, dass der Gott der Bibel ein Feind des Menschen und seines Glücks ist, ist in sich falsch und daher abzulehnen.

Zurück in die Zukunft?

Wir müssen diese lähmende Sehnsucht nach der Zukunft ablegen, insbesondere die Gewohnheit, die wir Amerikaner als von Natur aus optimistische Leute haben, davon auszugehen, dass letztlich alles sich bestens entwickeln wird. Djagilew und die feinen Leute auf dem Bankett von 1905 hatten keine Ahnung, dass der schöne Tod, auf den sie ihre Gläser erhoben, die Ermordung von Millionen Menschen durch die Kugeln der Erschießungskommandos und eine absichtlich herbeigeführte Hungersnot bedeuten würde. Djagilew lebte während der Oktoberrevolution im Ausland, als er jedoch später sah, was die Bolschewiken vernichtet hatten, kehrte er nie mehr in seine Heimat zurück.

Andererseits dürfen wir Christen die Hoffnung nicht aufgeben, auch wenn uns die Fakten wenig Grund zum Optimismus geben. Acht Jahrzehnte nach jenem Bankett in einem Hotel in Moskau, als Michail Gorbatschow im nahe gelegenen Kreml an die Macht kam, waren sich die unterjochten Menschen im gesamten Sowjetimperium nicht bewusst, dass die gewaltige Maschinerie des Totalitarismus in ihrem Kern eingerostet war und bald zusammenbrechen würde. Tatsächlich sagte mir Flagg Taylor, ein amerikanischer Politikwissenschaftler, der sich mit der tschechischen Untergrundbewegung befasst hatte, dass kein einziger der von ihm befragten führenden Dissidenten, die er für seine Untersuchungen interviewt hatte, erwartet hatte, dass der Zusammenbruch des Kommunismus sich zu seinen Lebzeiten ereignen würde.

Vladimír Palko, ein slowakischer Akademiker, der bei der Kerzendemonstration in Bratislava auf dem Marktplatz stand und den Wasserwerfern der Polizei trotzte, war einer von ihnen. Er hatte in jener Nacht des Jahres 1988 Angst und keinen Grund zu der Annahme, dass der Protest, zu dem die Untergrundkirche aufgerufen hatte, irgendwelche Auswirkungen haben würde. Doch wie er seiner Frau erklärte, bevor er die Wohnung in Richtung Marktplatz verließ, würde seine Menschenwürde davon abhängen, dass er dort erscheine, um mit seinen katholischen Brüdern, die Kerze in der Hand, öffentlich für die Freiheit zu beten.

»Damals dachte ich, der Kommunismus würde die nächsten tausend Jahre überdauern«, erzählte er mir. »In Wahrheit traf dies nicht ein. Und darauf dürfen wir heute angesichts der sanften Tyrannei der ›Political Correctness‹ hoffen. Sie wird enden. Die Wahrheit hat die Kraft, jede Tyrannei zu beenden.«

Palko und seine Freunde waren in guter Gesellschaft. Nahezu alle westlichen Experten und Wissenschaftler, die sich ein Leben lang mit dem sowjetischen Kommunismus beschäftigt hatten, sahen seinen raschen Untergang nicht voraus. Wir wissen nie, wann in der Geschichte Gestalten wie Lech Wałęsa, Alexander Solschenizyn, Karol Wojtyła, Václav Havel und weniger bekannte Helden des Widerstands auftauchen werden. Sie sind für Wahrheit und Gerechtigkeit aufgestanden, nicht weil sie einen zu ihren Lebzeiten erreichbaren Sieg erwarteten, sondern weil es richtig war, dies zu tun.

Man muss kein verbissener »Kalter Krieger« sein, um zu erkennen, dass eine Idee von Fortschritt, die von Arbeitslagern und Polizeispitzeln abhängt und alle gleich arm machen will, um Gerechtigkeit und Gleichheit zu erreichen, ein Schwindel ist. Es ist jedoch viel schwieriger, sich gegen die sanftere Variante zu wehren. Sie scheint sich ganz natürlich aus dem Fortschrittsmythos zu ergeben, wie er in unserer konsumorientierten Demokratie verwirklicht wird, die seit Generationen den Fortschritt als Befreiung des menschlichen Begehrens von seinen Grenzen definiert. Doch genau das müssen traditionelle Christen tun, auch wenn es für viele bedeuten wird, politische Mythen zu verlernen, die wir unkritisch von einer Kultur übernommen haben, die noch bis vor relativ kurzer Zeit weitgehend in christlichen Kategorien dachte und argumentierte. Bedenken Sie, dass die Bürgerrechtsbewegung der 1960er-Jahre von schwarzen Predigern angeführt wurde, die die Notlage ihres Volkes in der Sprache und den Geschichten der Bibel zum Ausdruck gebracht haben.

Diese Zeiten sind vorbei und wir werden nicht in der Lage sein, das Ausmaß des langen Kampfes abzuschätzen, der vor uns liegt, wenn wir das grundlegende Wesen der Opposition nicht verstehen.

Die Christen werden als das größte noch verbleibende Hindernis auf dem großen Marsch betrachtet, als Träger grausamer und überholter Glaubensvorstellungen, die die Leute daran hindern, frei und glücklich zu sein. Wo immer wir uns verbergen wollen, werden sie uns aufspüren, uns finden und bestrafen, wenn das nötig ist, um diese Welt noch perfekter zu machen. Dies führt uns zum letzten und entscheidenden Faktor, der ausschlaggebend für das Verständnis der radikalen Herausforderung ist, vor der das Christentum steht, und zur Wahrnehmung von Strategien des Widerstands: Es geht um die Macht und Reichweite der Überwachungstechnologie.

VIERTES KAPITEL

Kapitalismus, »woke« und wachsam

Kamila Bendova sitzt in ihrem Sessel in der Prager Wohnung, wo sie und ihr verstorbener Mann Václav früher Seminare für die Untergrundbewegung hielten, um die antikommunistische Widerstandsbewegung aufzubauen. 30 Jahre sind seit dem Zusammenbruch des Kommunismus vergangen, doch Bendova denkt nicht daran, ihre Wachsamkeit gegenüber den Bedrohungen der Freiheit zu vermindern. Ich erwähne ihr gegenüber, dass Millionen Amerikaner in ihren Häusern sogenannte »Smart Speakers« installiert haben, um Gespräche aufzuzeichnen und das häusliche Leben bequemer zu machen. Kamila schreckt sichtlich zurück. Ihr entsetzter Gesichtsausdruck vermittelt eine klare Botschaft: *Wie können die Amerikaner nur so leichtgläubig sein?*

»Um frei zu bleiben, um die die Wahrheit sagen zu können«, sagt sie zu mir, »muss man sich einen ungestörten privaten Bereich schaffen.« Sie erinnert mich daran, dass die Geheimpolizei ihre Wohnung verwanzt hatte und dass sie und ihre Familie ständig in dem Bewusstsein leben mussten, dass die Regierung jedes ihrer Geräusche abhörte. Die Vorstellung, dass irgendjemand in seinem Haus freiwillig ein kommerzielles Gerät installiert, das Gespräche aufzeichnet und an Dritte weiterleitet, findet sie entsetzlich. Kein Verbraucherkomfort ist dieses Risiko wert.

»Information ist Macht«, sagt Kamila. »Aus unserem Leben unter einem totalitären Regime wissen wir, dass man eine Person manipulieren kann, wenn man etwas über sie weiß. Man kann es gegen sie verwenden. Die Geheimpolizei hat für alles Beweise solcher Art. Sie könnte alles gegen dich verwenden. Alles!«

Kamila zeigt mir die Risse in der Wand ihres Prager Wohnzimmers, in dem sie und ihr Mann nach Ende des Kommunismus die Kabel herausgerissen hatten, die die Geheimpolizei benutzt hatte, um ihre Wohnung abzuhören. Es stellt sich heraus, dass kein Mitglied der Benda-Familie ein Smartphone oder E-Mails benutzt. »Zu riskant«, sagen sie, »auch heute noch.«

Manche mögen das Verfolgungswahn nennen. Aber angesichts der Enthüllungen von Edward Snowden sieht es eher nach Vorsicht aus. »Die Leute meinen, sicher zu sein, weil sie nichts Anfechtbares gesagt haben«, sagt Kamila. »Das ist sehr naiv.«

Nach dem Fall der Berliner Mauer und der Wiedervereinigung Deutschlands machte die deutsche Regierung im Jahr 1990 den Opfern der ostdeutschen Geheimpolizei die umfangreichen Stasi-Akten zugänglich. Keiner der anderen Staaten des Ostblocks hatte einen so umfassenden Überwachungsapparat wie die DDR, noch hatte irgendein kommunistischer Konkurrent eine Kultur des Bespitzelns entwickelt, deren Wurzeln so tief und breit in der Bevölkerung zu finden waren. Historiker entdeckten später, dass eine große Anzahl ostdeutscher Bürger ohne Aufforderung durch die Regierung sich freiwillig meldete, um negative Informationen über ihre Freunde und Nachbarn weiterzugeben. »Im ganzen Land hielten die Menschen nach abweichenden Standpunkten Ausschau, die dann als staatsgefährdend gebrandmarkt wurden«, berichtet das Magazin *Der Spiegel*. Diese Praxis verschaffte dem ostdeutschen Überwachungsstaat einen beispiellosen Einblick in das Privatleben seiner Bürger.

Wenn der Totalitarismus, hart oder sanft, in Amerika Fuß fassen sollte, bräuchte der Polizeistaat kein Netzwerk von Informanten aufzubauen, um das Privatleben der Leute zu überwachen. Das System, das wir jetzt haben, übernimmt das bereits – und die meisten Amerikaner sind sich kaum dessen bewusst, so genau und allgegenwärtig ist es.

Die schnell wachsende Macht der Informationstechnologie und ihre allgegenwärtige Präsenz im täglichen Leben erweitert die Möglichkeit derjenigen gewaltig, die die Institutionen steuern, um die Gesellschaft nach ihren Idealen umzugestalten. In den letzten zwei Jahrzehnten haben wirtschaftliche und technologische Veränderungen – Veränderungen, die im liberal-demokratischen Kapitalismus geschahen – sowohl dem Staat als auch den Unternehmen Überwachungsmöglichkeiten an die Hand gegeben, von denen Lenin und Stalin nur hätten träumen können. In Ostdeutschland gewöhnte sich die Bevölkerung an die totale Überwachung und an das Denunzieren, das als normales Verhalten galt – dies war Teil der Entwicklung der »sozialistischen Person«, wie sie vom Staat bezeichnet wurde, die die Privatsphäre als schädlich ansah. Heute ist bei uns die Bereitschaft der Menschen groß, sehr persönliche Daten über sich selbst preiszugeben, entweder aktiv auf Plattformen wie Facebook oder passiv durch das Datensammeln der Provider. Dadurch entwickelt sich eine neue Art von Person, die »Social-Media-Person«, die sich nicht vorstellen kann, weshalb Privatsphäre überhaupt wichtig sein soll.

Für Amerikaner, die vom Kalten Krieg geprägt waren, schien der übermächtige Staat die größte Bedrohung der Freiheit zu sein. Wir sind mit der Lektüre von Orwell in der Highschool aufgewachsen und haben in den Nachrichten neue Berichte von Überläufern aus kommunistischen Ländern gehört, die die Gräuel bezeugten, die sie unter totaler staatlicher Kontrolle erlebt hatten. Zudem hat die amerikanische Kultur schon immer den Einzelgänger geschätzt, der sich von der Herde abhebt. Der Amerikaner mit der höchsten Symbolik – der Cowboy – ist Zeuge für diese bleibende Wertschätzung.

Die amerikanische konservative Tradition, anders als die europäische, stand dem Staat auf philosophische Weise antagonistisch gegenüber. Da die Konservativen der Nachkriegszeit jedoch erkennen mussten, dass die Sowjetunion und ihre Verbündeten eine echte Bedrohung darstellten, gaben sie ihre Haltung auf und fanden sich mit einer mächtigen Regierung als notwendigem Übel ab, damit die Freiheit Amerikas geschützt blieb.

Aber das musste ihnen ja nicht unbedingt gefallen. Für viele der Rechten, besonders die Freidenker, die durch die Schule der Romane von Ayn Rand gegangen waren, schienen die Unternehmen die natürlichen Gegner des leviathanischen Staates zu sein. Die Betriebe als Institutionen des privaten Unternehmertums wurden von den Konservativen von Natur aus als anständiger als der Staat betrachtet. Der Kalte Krieg hat die Konservativen möglicherweise gezwungen, mit der übermächtigen Regierung Frieden zu schließen. Sie waren jedoch bereit, die Großunternehmen als Bollwerk gegen einen zu mächtigen Staat zu akzeptieren – und an der globalen Front als wichtige Waffe zur Unterstützung der amerikanischen weichen Macht gegen die Vorherrschaft der Sowjets.

Obwohl Liberale weniger als Konservative dazu neigen, den Handel zu sanktionieren, führte das Ende des Kalten Krieges zur Wandlung führender liberaler Politiker – man denke an Bill Clinton und Tony Blair –, die sich zur Globalisierung der Märkte bekehrten, was von allen begeistert angenommen wurde, außer einer verschrobenen Randgruppe von Republikanern. Im letzten Vierteljahrhundert haben die Globalisierung und der technologische Fortschritt den Unternehmen eine schwindelerregende Ausweitung ihrer Macht ermöglicht.

Inzwischen gibt es einen Eliteklub von globalen Megakonzernen, die mächtiger sind als viele Länder. Die Einnahmen von Walmart sind höher als das jährliche Bruttoinlandsprodukt von Spanien und doppelt so hoch wie das von Russland. ExxonMobil hat höhere jährliche Einnahmen, als das Bruttoinlandsprodukt von Indien, Norwegen oder der Türkei beträgt. Wie der globale Strategieberater Parag Khanna sagt, werden in einer Welt, in der Apple über mehr liquide Geldmittel verfügt als zwei Drittel der Nationen der Welt, »die Unternehmen in Bezug auf ihren Einfluss wahrscheinlich alle Staaten überholen«.[62] In Amerika, wo sich das Leben immer mehr im Internet abspielt, haben fünf Unternehmen – Facebook, Apple, Amazon, Microsoft und Google – einen beinahe unberechenbaren Einfluss auf das öffentliche und private Leben.

Gleichzeitig haben die Megakonzerne sich in sozialen Fragen immer weiter nach links bewegt. Die gängige Geschäftspraxis forderte lange Zeit, sich aus kontroversen Themen herauszuhalten mit der Begründung, dass es schlecht für das Geschäft sei, im Kulturkampf Partei zu ergreifen. Das alles änderte sich grundlegend im Jahr 2015, als der Bundesstaat

Indiana ein Gesetz zur Religionsfreiheit verabschiedete, das Unternehmen, die wegen Diskriminierung von Homosexuellen verklagt werden konnten, einen gewissen Schutz gewährte. Eine mächtige Koalition der Führungskräfte von Großkonzernen, darunter die Chefs von Apple, Salesforce, Eli Lilly und anderen, drohte mit wirtschaftlichen Vergeltungsmaßnahmen gegen den Bundesstaat, wenn dieser seinen Kurs nicht rückgängig machen würde. Er tat dies. Seitdem haben die Lobbyisten der nationalen und internationalen Konzerne stark auf die Regierungen der Staaten eingewirkt, damit Pro-LGBT-Rechtsvorschriften erlassen werden und gegen Gesetze zur Religionsfreiheit Widerstand geleistet wird.

Das Klischee, dass College-Studenten ihren Liberalismus auf dem Campus zurücklassen, wenn sie als Absolventen in der »realen Welt« ankommen, ist längst überholt. Tatsächlich wird den heutigen Hochschulabsolventen oft vermittelt, ihre Ideale der sozialen Gerechtigkeit einzubringen und sich für das einzusetzen, was man »soziale Verantwortung der Unternehmen« nennt. Es ist richtig, dass niemand ein gutes Wort über die soziale Verantwortungslosigkeit der Unternehmen sagen kann. Wie »soziale Gerechtigkeit« ist der Begriff ein Euphemismus für eine progressive Kulturpolitik. Die Autorin Heather Mac Donald schreibt: »Graduierte des akademischen Opferforschungskomplexes gestalten die Welt nach ihrem Bild um.«[63]

In ihrem 2018 erschienenen Buch *The Diversity Delusion* untersuchte Mac Donald, wie die Personalabteilungen der Großunternehmen als Kommissariat für soziale Gerechtigkeit fungieren. Beinahe 90 Prozent der größten 500 Unternehmen haben ein Büro für Diversität, berichtet sie, und die Manie der Konzerne für »Gleichheit, Diversität und Inklusion« prägt die Unternehmenskultur auf vielen Ebenen einschließlich der Einstellungen, Beförderungen, Bonuszahlungen und der Kontrolle der Normen für die Interaktion am Arbeitsplatz.

Einige multinationale Unternehmen setzen ihre progressive Kulturpolitik auch bei Arbeitsplätzen in sozial eher konservativen Ländern durch. Mehrere polnische Angestellte, die bei nationalen Niederlassungen international bekannter Unternehmen beschäftigt sind, erzählten mir, dass sie sich gezwungen fühlten, an LGBT-Aktivitäten in ihren Unternehmen teilzunehmen. Als Christen glaubten sie zwar, dass die Unterstützung der Schwulenbewegung gegen ihr Gewissen verstößt, aber angesichts der wirtschaftlichen Bedingungen in Polen befürchteten sie, ihre Arbeitsplätze zu verlieren, falls sie nicht mitmachten.

Natürlich ist nichts falsch daran, Arbeitsplätze zu schaffen, an denen die Menschen fair behandelt und nach ihrer Leistung beurteilt werden. Das nennen wir »Gerechtigkeit«. Soziale Gerechtigkeit ist aber, wie wir gesehen haben, nicht dasselbe. Heather Mac Donald hat in der Welt der Unternehmen nur wenige bis keine empirischen Beweise gefunden, die Strategien der sozialen Gerechtigkeit gestützt hätten. Trotzdem ignorieren diese vermeintlich nüchternen Führungskräfte das Ergebnis, wenn es um Diversitätsprogramme und Initiativen zur sozialen Verantwortung der Unternehmen geht. Es ist, als ob diese Gepflogenheiten eher Ausdruck eines religiösen Glaubens wären, als eine Reaktion auf die Bedingungen in der realen Welt.

Die bereitwillige Annahme des aggressiven sozialen Progressivismus durch die Großunternehmen ist eine der meistunterschätzten Entwicklungen der letzten zwei Jahrzehnte. Kritiker nennen das »Woke-Kapitalismus«, eine bissige Entlehnung aus dem Wortschatz des linken Flügels, der für progressive Aufklärung steht. Dieser »Woke-Kapitalismus« ist heute der Akteur, der am stärksten die Transformation innerhalb des Kultes der sozialen Gerechtigkeit vorantreibt, weil er die progressive Ideologie mit der stärksten Kraft im Leben der Amerikaner verknüpft: Konsumdenken und Geldverdienen.

In seinem Brief aus dem Jahr 2018 an die Investoren schrieb Larry Fink, CEO der globalen Investmentgesellschaft BlackRock, dass die soziale Verantwortung der Unternehmen heute zu den Kosten der Geschäftstätigkeit gehört.

»Die Gesellschaft verlangt, dass Unternehmen, sowohl öffentliche als auch private, einem sozialen Zweck dienen«, schrieb Fink. »Um auf Dauer erfolgreich zu sein, muss jedes Unternehmen nicht nur eine finanzielle Geschäftsentwicklung vorlegen, sondern auch zeigen, dass es einen positiven Beitrag zur Gesellschaft leistet.«[64]

Umfrageergebnisse zu den Erwartungen der Verbraucher geben Fink recht. Menschen, die in den frühen 1980er- bis zu den späten 1990er-Jahren geboren wurden, und Kunden aus der Nachfolgegeneration neigen besonders dazu, mit ihren Ausgaben für den Konsum an der Schaffung einer sozialverantwortlichen persönlichen Markenidentität teilhaben zu wollen. Für viele Unternehmen ist es daher ein kluger Schachzug, den Verbrauchern einen Hinweis auf ihre progressiven Einstellungen zu geben, ebenso wie in den 1950er-Jahren ein Bekenntnis zum typisch amerikanischen Patriotismus vorteilhaft war.

Doch was zählt als »positiver Beitrag für die Gesellschaft«? Konzerne stellen sich gerne als Befürworter einer vorhersehbaren Konstellation von Dingen heraus, die allesamt Leitsterne des progressiven Kosmos sind. Die Markenpolitik der »woken« Kapitalisten macht sich die unübertroffenen Propagandaressourcen der Werbeindustrie zunutze, um sowohl explizit wie implizit die Botschaft zu vermitteln:

Die Überzeugungen der Wertkonservativen und der religiösen Traditionalisten sind Hindernisse für das Gemeinwohl.

Der Aufstieg des Überwachungskapitalismus

Die Politisierung des Lebens in den Unternehmen im Sinne der Richtlinien der sozialen Gerechtigkeit hat zur gleichen Zeit stattgefunden, in der die Megaunternehmen als Schlüsselstrategie für Verkauf und Marketing begannen, persönliche Daten in großen Mengen zu speichern.

In Orwells Roman *1984* muss Winston Smith mit einem Bildschirm in seiner Wohnung leben. Das Zwei-Wege-Gerät liefert nicht nur Propaganda, sondern es überwacht auch die Bewohner und ermöglicht dem totalitären Staat, in die Privatsphäre der Menschen einzudringen.

Angesichts der Tatsache, dass Generationen amerikanischer Schüler Orwells Roman gelesen haben, sollte man annehmen, dass sie diese Art von übergriffiger Technologie nicht akzeptieren würden.

Irrtum! Im 21. Jahrhundert hat Big Brother einen viel heimtückischeren Weg in unsere Wohnungen gefunden. Tatsächlich wurde er sogar eingeladen. Fast 70 Millionen Amerikaner haben in ihren Häusern einen oder mehrere kabellose »Smart Speakers« installiert, in der Regel von Amazon oder Google produziert.[65] »Smart Speakers« sind mit dem Internet verbundene Geräte, die Stimmen erkennen. Sie dienen als digitale Assistenten, nehmen Sprachbefehle auf und führen dann Dinge aus: Informationen einholen, Waren im Einzelhandel bestellen, Steuerung von Licht und Musik und so weiter. Für mehr als 25 Prozent der Bevölkerung hat die Bequemlichkeit der Sorge um die Privatsphäre den Rang abgelaufen.

Konsumdenken besteht darin, Big Brother lieben zu lernen. Überdies ist Big Brother nicht so, wie wir ihn erwartet haben – kein politischer Diktator, obwohl er sich eines Tages so entwickeln könnte. Für den Moment ist Big Brothers Hauptbeschäftigung kapitalistischer Natur. Er ist Verkäufer, er ist Makler, er sammelt Rohmaterial und produziert Wünsche. Er überwacht praktisch jede Ihrer Bewegungen, um herauszufinden, wie Ihnen mehr Dinge verkauft werden können. Und dabei lernt er zugleich, Ihr Verhalten zu steuern. Auf diese Weise legt Big Brother den Grundstein für den sanften Totalitarismus sowohl in Bezug auf die Schaffung und Installierung der technologischen Voraussetzungen für die politische und soziale Überwachung als auch in der Vorbereitung der Bevölkerung, die sich daran gewöhnt, dies als ganz normal zu akzeptieren.

Das ist die Welt des »Überwachungskapitalismus«, ein Begriff, den Shoshana Zuboff, ehemals Professorin an der Harvard Business School, geprägt hat. In ihrem 2019 erschienenen Buch *The Age of Surveillance Capitalism* beschreibt und analysiert Zuboff eine neue, von Google geschaffene und von Amazon und Facebook perfektionierte Form des Kapitalismus. Dieser Überwachungskapitalismus sammelt persönliche Daten über Einzelpersonen und analysiert sie mit ausgeklügelten Algorithmen, um das Verhalten der Menschen vorhersagen zu können.

Das Ziel besteht natürlich darin, Waren und Dienstleistungen anzubieten, die den individuellen Vorlieben angepasst sind. Das ist nicht sonderlich überraschend – da geht es nur um Werbung. Die tieferen Schichten des Überwachungskapitalismus sind allerdings sehr viel düsterer. Die Herren der Daten versuchen nicht einfach nur herauszufinden, was man bevorzugt, sondern sie sind nun am Werk, Sie in der Weise zu beeinflussen, dass Sie das bevorzugen, was Sie nach ihrer Meinung bevorzugen sollen, ohne dass ihre Manipulation entdeckt wird.

Und sie tun dies ohne Wissen oder formelle Zustimmung der Leute, in deren Leben sie sich gleichsam niedergelassen haben – und die derzeit keine Möglichkeit haben, dem Netz der Überwachungskapitalisten zu entkommen. Möglicherweise haben Sie Facebook wegen Datenschutzbedenken aufgegeben und sich geschworen, nie wieder ein solches Gerät unter Ihrem Dach zu installieren, wenn Sie jedoch kein Einsiedler sind, der vom Versorgungsnetz abgekoppelt lebt, werden Sie vom System des Überwachungskapitalismus immer noch vollkommen umgeben und durchschaut werden.

»Die Befugnis, das Verhalten für den Gewinn oder die Macht anderer zu steuern, beruht vollständig auf einer Selbstermächtigung«, sagte Zuboff gegenüber dem *Guardian*. »Sie basiert nicht auf demokratischer oder moralischer Legitimierung, denn sie bemächtigt sich der Entscheidungsrechte und untergräbt die Prozesse individueller Autonomie, die für das Funktionieren einer demokratischen Gesellschaft wesentlich sind. Die Botschaft ist einfach: *Einst gehörte ich mir. Jetzt gehöre ich ihnen.*«[66]

Die Geschichte des Überwachungskapitalismus beginnt 2003, als Google, weltweit die größte Suchmaschine im Internet, einen Prozess patentieren ließ, der es ermöglicht, die riesige Datenmenge, die Google von den Recherchen der Einzelnen sammelt, auf neue Weise zu nutzen. Die Datenwissenschaftler des Unternehmens hatten herausgefunden, wie man Daten sammelt – überschüssige Informationen, die sie von den Nutzern der Suchanfragen erhielten –, um vorherzusagen, welche Art von Werbung den einzelnen Nutzer am meisten anspricht.

Bald danach wurde die Datengewinnung Grundlage einer neuen technologiegestützten Wirtschaft. Google, Facebook, Amazon und andere entdeckten, wie man ein Vermögen gewinnen kann durch das Sammeln, die Bündelung und das Verkaufen persönlicher Daten von Einzelpersonen. Inzwischen geht es nicht mehr nur um den Verkauf Ihres Namens, Ihrer Adresse und E-Mail-Adresse an Dritte. Es ist weitaus mehr. Über das Internet verbundene Sensoren berichten permanent Fakten und Daten über Sie.

Stellen Sie sich folgendes Szenario vor: Der Wecker Ihres Smartphones, das neben Ihrem Bett liegt, klingelt am Morgen. Während Sie schliefen, haben die Apps Ihres Smartphones die Informationen über Ihre Aktivitäten des vergangenen Tages hochgeladen und an den Eigentümer der App weitergeleitet. Sie stehen morgens auf, putzen sich die Zähne, ziehen sich Sporthose und Turnschuhe an und joggen 20 Minuten lang in Ihrer Nachbarschaft. Der Fitness-Tracker an Ihrem Handgelenk zeichnet Ihre Trainingsdaten auf und lädt sie hoch.

Zurück in Ihrer Wohnung gehen Sie duschen, dann in die Küche, bereiten Ihre Müslischale vor, setzen sich an den Küchentisch und überprüfen Ihr Gmail-Konto, ebenfalls Facebook, und rufen Ihre bevorzugten Nachrichten- und Informationsseiten auf. Alles, was Sie in Gmail schreiben, wird von Google verarbeitet, wobei der Text nach Schlüsselwörtern durchsucht wird, um entsprechende Werbung an Sie weiterzuleiten. Alles, was Sie in Facebook posten, mit einem Like versehen oder versenden, wird von dem Unternehmen aufgenommen und für Werbung genutzt. Die Algorithmen des Unternehmens sind inzwischen so ausgeklügelt, dass Facebook detaillierte Prognosen über Sie erstellen kann nur durch die Verknüpfung bestimmter Eckdaten. Wenn Sie die Webseiten von Zeitungen durchsehen, zeigen im Browser eingebettete Cookies an, welche Texte Sie gelesen haben.

Wenn Sie dann zur Arbeit fahren, erfassen und melden Sensoren in Ihrem Auto Ihre Fahrgewohnheiten, weil Sie Ihrer Kfz-Versicherung erlaubt haben, diese Daten im Austausch für einen niedrigeren Tarif für sicheres Autofahren zu erfassen. Zwischenzeitlich registrieren diese Sensoren, bei welchen Geschäften Sie anhalten, und berichten dies der Versicherungsgesellschaft, die diese Daten an Marketingunternehmen verkauft.

Den ganzen Tag über sendet das Smartphone in Ihrer Tasche Daten über seinen Standort - und damit über Ihren - an Ihren Serviceanbieter. Zu jeder Zeit sind Sie auffindbar - und die Deaktivierung der Standortermittlung an Ihrem Gerät ist nicht absolut sicher. Alle Anfragen, die Sie an Siri[67], Ihren digitalen Assistenten, richten? Aufgezeichnet und zu Geld gemacht. All die Google-Recherchen im Lauf des Tages? Aufgezeichnet und zu Geld gemacht. Sie gehen zum Mittagessen aus und bezahlen mit Ihrer Bankkarte oder Kreditkarte? Die Marketingunternehmen wissen, wo Sie gegessen haben, und gleichen diese Daten mit Ihrem persönlichen Profil ab. Sie halten auf dem Heimweg am Supermarkt, um ein paar Dinge mitzunehmen, und bezahlen mit der Karte? Sie wissen, was Sie gekauft haben.

Ihr intelligenter Kühlschrank sendet Daten über Ihre Essgewohnheiten an jemanden. Ihr intelligenter Fernseher tut dasselbe mit dem, was Sie anschauen. Ihr intelligenter Fernseher wird Sie schon bald beobachten, buchstäblich. Zuboff berichtet über die preisgekrönte Forschung eines Unternehmens namens Realeyes, das die Gesichtsdatenerkennung nutzen wird, um es für Maschinen möglich zu machen, Emotionen anhand von Gesichtsreaktionen zu analysieren. Wenn diese Technologie verfügbar sein wird, dann wird Ihr intelligentes Fernsehgerät (Laptop oder Smartphone) in der Lage sein, Ihre unwillkürlichen Reaktionen auf Werbung und andere Sendungen zu überwachen und diese Informationen an externe Anbieter weiterzugeben. Man muss kein George Orwell sein, um die Gefahr zu erkennen, die von dieser allumfassenden, jedoch unvermeidlichen Technologie ausgeht.

Die Überwachungspolitik

Weshalb sollen Unternehmen und Institutionen die Informationen nicht nutzen, die sie sammeln, um Zustimmung zu bestimmten Vorstellungen und Ideologien zu erzeugen und die Öffentlichkeit so zu manipulieren, indem sie andere ablehnt?

In den vergangenen Jahren stammten die offensichtlichsten Eingriffe von den Unternehmen, die die Social-Media-Plattformen betreiben, die immer wieder Nutzer wegen Verletzung der Nutzungsbedingungen ausgeschlossen haben. Twitter und Facebook deaktivieren routinemäßig Nutzer, die gegen ihre Richtlinien verstoßen, etwa durch Verbreitung von Gewalt, Pornografie und dergleichen. Youtube mit seinen zwei Milliarden aktiven Nutzern hat jene Kanäle vom Netz genommen, mit denen die Nutzer Geld verdienten, wobei sie mit diesen Inhalten die Grenze überschritten hätten und von Youtube als anstößig betrachtet wurden. Um fair gegenüber den Plattformbetreibern zu sein, muss man zugestehen, dass es wirklich gemeine Leute gibt, die die Netzwerke nutzen, um ganz üble Dinge zu verbreiten.

Doch wer entscheidet, wann die Grenze überschritten wird? Facebook verbannt »Äußerungen, die das Potenzial haben, andere einzuschüchtern, auszugrenzen oder zum Schweigen zu bringen«. Dies eine weit gefasste Definition zu nennen, ist eine Untertreibung. Twitter deaktiviert Nutzer, die Transgender-Personen dem falschen Geschlecht zuordnen oder sie mit ihrem Geburtsnamen, der aufgrund einer Geschlechtsumwandlung obsolet ist, anreden. Caitlyn Jenner[68] mit »Bruce« anzusprechen oder männliche Pronomen zu verwenden, die sich auf die transsexuelle Berühmtheit beziehen, ist ein Grund für den Ausschluss.

Ganz sicher ist ein Ausschluss aus den sozialen Medien nicht dasselbe wie die Verbannung nach Sibirien. Aber Unternehmen wie »PayPal« haben die Beratung des extrem linken »Southern Poverty Law Centers«[69] in Anspruch genommen, um es bestimmten Personen und Organisationen, die rechts der Mitte stehen – einschließlich der etablierten juristischen Organisation »Alliance Defending Freedom«[70] –, unmöglich zu machen, ihre Dienste in Anspruch zu nehmen.[71] Auch wenn die Bank »JPMorgan Chase« es auf Anfrage generell abstritt, wurde sie glaubwürdig beschuldigt, die Konten eines Aktivisten geschlossen zu haben, den sie mit der Bewegung der Alternativen Rechte in Verbindung brachte.[72] Im Jahr 2018 kündigten »Citigroup« und die »Bank of America« Pläne an, keine Geschäfte mit Waffenherstellern mehr zu tätigen.[73]

Man kann sich unschwer vorstellen, dass Banken, Einzelhändler und Dienstleistungsunternehmen, die Zugriff zu den Verbraucherdaten haben, die von den Überwachungskapitalisten extrahiert werden, beschließen, Personen zu bestrafen, die mit politischen, religiösen oder kulturellen Gruppen verbunden sind, die von solchen Unternehmen als unsozial eingestuft werden. Silicon Valley ist sattsam dafür bekannt, in sozialen und kulturellen Fragen weit links zu stehen, ein wahres Mekka des Kultes der sozialen Gerechtigkeit. Und die »Kämpfer für soziale Gerechtigkeit« sind für ihre boshafte Missachtung der klassisch liberalen Werte wie Rede-, Versammlungs- und Religionsfreiheit bekannt. Solcherart sind also die Leute, die über den Zugang zum digitalen Leben und Handel entscheiden werden. Die heranwachsende Generation der Unternehmensführer ist stolz auf ihr progressives Bewusstsein und ihren progressiven Aktivismus. Der Kapitalismus des 21. Jahrhunderts ist nicht nur auf Überwachung ausgerichtet, er ist auch sehr »woke«.

Es ist auch nicht schwierig vorherzusehen, dass diese mächtigen Unternehmensinteressen die Daten nutzen werden, um den Einzelnen zu manipulieren, damit er auf bestimmte Weise denkt und handelt. Zuboff zitiert eine namentlich nicht genannte einflussreiche Persönlichkeit aus dem Silicon Valley: »Für die neue Wissenschaft der massiven Beeinflussung menschlichen Verhaltens ist Konditionierung in hohem Maße unerlässlich.« Er glaubt, dass sein Konzern durch genaue Analyse des Verhaltens der App-Nutzer schließlich in der Lage sein wird, »die Art der Entscheidungen zu ändern, die viele Leute täglich treffen«.[74]

Vielleicht werden sie ja lediglich versuchen, die Nutzer zu lenken, damit sie bestimmte Produkte und nicht andere kaufen. Doch was geschieht, wenn es Politiker oder Ideologien betrifft? Und wie sollen die Leute überhaupt erkennen, wann sie manipuliert werden?

Wenn ein Unternehmen mit Zugang zu privaten Daten beschließt, dass der Fortschritt die Unterdrückung abweichender Meinungen verlangt, wird es einfach sein, Dissidenten zu identifizieren, selbst wenn sie sich in der Öffentlichkeit noch nie entsprechend geäußert haben.

Tatsächlich mögen sie in der Öffentlichkeit kein Wort darüber verloren haben. Der britische Schriftsteller Douglas Murray hat dokumentiert, wie Google stillschweigend seine Suchergebnisse gewichtet, um mehr »diversere« Ergebnisse zu liefern. Obwohl Google seine Suchergebnisse als unparteiisch präsentiert, zeigt Murray, dass das, »was aufgedeckt wird, keine ›faire‹ Sicht der Dinge ist, sondern eine, die die Geschichte stark verzerrt und sie mit einer Abweichung zur Gegenwart darstellt«.[75]

Ergebnis: Die von 90 Prozent der weltweiten Nutzer bevorzugte Suchmaschine im globalen Internet stellt »Fortschritt« als normativ dar, wie ihn die im Silicon Valley lebenden linken Westler definieren.

Ein anderes bekanntes Beispiel: Der populistischen Vox-Partei in Spanien wurde der Twitter-Zugang vorübergehend gesperrt, als ein Politiker der Sozialistischen Partei im Januar 2020 die Vox-Partei der »Hassrede« beschuldigt hatte, weil sie gegen den Plan der sozialistisch geführten Regierung opponierte, Schulkinder zum Erlernen der Gender-Ideologie zu zwingen, auch wenn die Eltern damit nicht einverstanden waren.

Natürlich ist Twitter – ein Unternehmen mit Sitz in San Francisco und 330 Millionen Nutzern weltweit –, das besonders von den Medien und der politischen Elite genutzt wird, kein vom Staat kontrollierter Anbieter. Twitter ist rechtlich nicht verpflichtet, seinen Nutzern Redefreiheit zu gewähren. Wie würde es sich jedoch auf die alltägliche Kommunikation auswirken, wenn soziale Medien und andere Online-Kanäle, von denen die meisten Leute inzwischen abhängig sind – Twitter, Gmail, Facebook und andere –, beschließen würden, Nutzer zu sperren, deren religiöse oder politische Ansichten dazu führten, dass sie nach Ansicht des digitalen Kommissars als Fanatiker einzuordnen wären?

Und was hält die Regierung zurück, genauso zu handeln? Es ist nicht ein Mangel an technischen Kapazitäten. Im Jahr 2013 enthüllte Edward Snowden, der abtrünnige Analytiker der National Security Agency, dass die Spionagetätigkeit der US-Regierung weitaus umfangreicher ist als bisher bekannt. 2019 schrieb Snowden in seinen Erinnerungen *Permanent Record*, er habe erfahren, dass

> »die US-Regierung dabei sei, die Leistungsfähigkeit einer ständig bleibenden Strafverfolgungsbehörde auszubauen. Die Regierung könnte dann die früheren Datenübertragungen eines jeden auf der Suche nach einer Straftat durchsuchen (und die Mitteilungen eines jeden enthalten Beweise für irgendetwas). Zu jedem Zeitpunkt und ohne zeitliche Begrenzung könnte jede neue Verwaltung – jeder künftige skrupellose NSA-Chef – einfach auftauchen und, unkompliziert wie das Umlegen eines Schalters, sofort jeden mit einem Smartphone oder Computer ausfindig machen, wissen, wer der Gesuchte ist, wo er war, was er mit wem gemacht und was er in der Vergangenheit jemals getan hat.«[76]

Snowden schreibt über eine öffentliche Rede, die der Cheftechnologe der CIA, Gus Hunt, im Jahr 2013 in einem Technologiekonzern gehalten hat, die aber kaum Wellen schlug. Nur *The Huffington Post* berichtete darüber. In seiner Rede sagte Hunt: »Wir stehen kurz davor, alle vom Menschen generierten Informationen verarbeiten zu können.« Und er fügte hinzu, dass die CIA, nachdem sie die Erfassung dieser Daten bewältigt habe, »beabsichtigt, die Kapazität auszubauen, um sie zu speichern und zu analysieren«.[77]

Verstehen Sie, was das bedeutet? Ihr privates digitales Leben gehört dem Staat und das wird auch in Zukunft so sein. Vorläufig haben wir Gesetze und Verfahren, die die Regierung daran hindern, diese Informationen gegen Einzelpersonen zu verwenden, es sei denn, es besteht der Verdacht, dass sie in Terrorismus, kriminelle Handlungen oder Spionage verwickelt sind. Aber immer wieder erzählten mir

Dissidenten, dass das Gesetz keine verlässliche Zufluchtsstätte ist: Wenn die Regierung entschlossen ist, jemanden auszuschalten, wird sie aus den Daten, die sie erfasst hat, ein Verbrechen konstruieren oder sie anderweitig einsetzen, um den Ruf des Betreffenden zu zerstören.

Sowohl die Verbreitung des Kultes der sozialen Gerechtigkeit als auch die Ausdehnung des Überwachungskapitalismus in Bereiche hinein, die die Orwell'schen Tyrannen des kommunistischen Blocks sich nicht hätten träumen lassen, haben ein günstiges Umfeld für die Entstehung eines sanften Totalitarismus geschaffen. Nach dem Szenario dieses »rosa Polizeistaates« werden mächtige Vertreter der Unternehmen und des Staates Bevölkerungsgruppen kontrollieren, indem sie sie mit digitalen Samthandschuhen anfassen und davon überzeugen, ihre politischen Freiheiten für Sicherheit und Bequemlichkeit preiszugeben.

China und die Zensur des Ostens

Wir brauchen uns die dystopische Verschmelzung von Kommerz und politischem Autoritarismus in einem totalen Überwachungsstaat gar nicht vorzustellen. Sie existiert bereits in der Volksrepublik China. Ohne Zweifel ist der Totalitarismus in China viel ausgeklügelter als der krude Sino-Stalinismus, den sein erster Führer Mao Tse-tung praktizierte. Selbst im schlimmsten Fall kann man sich nur schwer vorstellen, dass die Vereinigten Staaten so rücksichtslos vorgehen würden wie der Staat, der eine Million seiner muslimischen Bürger in Konzentrationslagern interniert hat, um ihre kulturelle Identität zu zerstören.[78]

Gleichwohl beweist China heute, dass es möglich ist, eine wohlhabende, moderne Gesellschaft zu haben und trotzdem totalitär zu sein. Die Techniken der sozialen Kontrolle, die in China üblich geworden sind, könnten für Amerika relativ leicht angepasst werden. Die Tatsache, dass die Vorstellung von Konzentrationslagern in der amerikanischen Wüste weit hergeholt klingt, sollte uns nicht von der Einsicht abhalten, wie viel von Chinas Überwachungssystem hierzulande durch die Führungskräfte der Unternehmen und der Regierung schnell nutzbar gemacht werden könnte.

In den frühen 1980er-Jahren, als Deng Xiaoping China für marktwirtschaftliche Reformen öffnete, sagten westliche Experten voraus, dass die liberale Demokratie nun auch nicht mehr weit entfernt sei. Sie glaubten, dass freie Marktwirtschaft und freier Meinungsaustausch nicht voneinander zu trennen seien. Alles, was der Westen zu tun hätte, wäre, sich zurückzulehnen und zu beobachten, wie der Kapitalismus tief im kollektiven Herzen Chinas dem liberalen Demokraten die Freiheit schenken würde.

40 Jahre später ist China spektakulär reich und mächtig geworden und hat in einer einzigen Generation eine robuste, bunte Konsumgesellschaft geschaffen, und zwar aus einer Massenbevölkerung, die seit Menschengedenken Armut und Mühsal kannte. Die Kommunistische Partei Chinas, die dieses Wunder vollbracht hat, hat nicht nur die politische Macht fest im Griff, sondern sie verwandelt das Land mit seinen 1,4 Milliarden Einwohnern auch in die fortschrittlichste totalitäre Gesellschaft, die die Welt je gekannt hat.

Pekings Nutzung von Verbraucherdaten, biometrischen Informationen, GPS-Koordinatenverfolgung, Gesichtserkennung, DNA und anderen Formen der Datensammlung hat China in ein Raubtier verwandelt, das es weltweit so noch nie gegeben hat, nicht einmal unter Mao oder Stalin. In China werden die Instrumente des Überwachungskapitalismus vom Überwachungsstaat zur Verwaltung des sogenannten

Sozialkreditsystems eingesetzt, das je nach Sozialverhalten des Einzelnen bestimmt, wer kaufen, verkaufen und reisen darf.

»China ist im Begriff, etwas Neues zu erschaffen: einen KI-gesteuerten techno-totalitären Staat«, schreibt der Journalist John Lancaster. »Das Projekt zielt darauf ab, nicht nur einen neuen Staat, sondern eine neue Art von Menschen heranzubilden, die die Forderungen des Staates und seine totale Überwachung und Kontrolle vollkommen verinnerlicht haben. Diese Verinnerlichung ist das Ziel: Die staatlichen Behörden brauchen nie mehr einzugreifen, um das Verhalten des einzelnen Bürgers zu korrigieren, weil der Bürger dies im Voraus für sie erledigt hat.«[79]

Er spricht über Pekings bahnbrechenden Einsatz der Künstlichen Intelligenz und andere Formen der digitalen Datenerfassung, um einen Staatsapparat zu schaffen, der nicht nur alle Bürger ständig überwacht, sondern sie auch dazu zwingen kann, sich so zu verhalten, wie es der Staat verlangt, ohne jemals die Geheimpolizei einsetzen oder mit Gulags drohen zu müssen (obwohl es diese für die Widerspenstigen gibt) und ohne unter der weitverbreiteten Armut zu leiden, die das unvermeidliche Ergebnis des Kommunismus alter Prägung war.

Die große Mehrheit der Chinesen bezahlt Konsumgüter und Dienstleistungen, indem sie Smartphone-Apps oder die Gesichtserkennungstechnologie benutzt. Das macht es für die Verbraucher bequemer und sicherer und erleichtert das Leben der normalen Bürger. Dies generiert auch eine riesige Menge persönlicher Daten über jeden einzelnen Chinesen, die alle von der Regierung nachverfolgt werden.

Der Staat nutzt die Gesichtserkennungstechnologie auch noch auf andere Weise. Kameras, die das tägliche Kommen und Gehen der Bevölkerung aufzeichnen, sind auf Chinas

Straßen allgegenwärtig. Pekings Software ist so hoch entwickelt, dass sie Gesichtsscans problemlos mit der zentralen Sicherheitsdatenbank abgleichen kann. Wenn ein Bürger eine für ihn verbotene Zone betritt – sagen wir, eine Kirche – oder sogar wenn jemand sich von der Masse abwendet und in die entgegengesetzte Richtung geht, zeichnet das System dies automatisch auf und alarmiert die Polizei.

Theoretisch braucht die Polizei nicht an der Tür des Verdächtigen zu erscheinen, um ihn für seinen Ungehorsam zur Kasse zu bitten. Chinas Sozialkreditsystem verfolgt automatisch die Worte und Handlungen, online und offline, von jedem chinesischen Bürger und vergibt Belohnungen oder Minuspunkte je nach Grad des Gehorsams. Ein Chinese, der etwas Positives in sozialer Hinsicht tut – der etwa einem älteren Nachbarn bei der Hausarbeit hilft oder eine Rede des Führers Xi Jinping anhört –, erhält Punkte für einen höheren Sozialkreditstatus. Hingegen wird jemand, der etwas Negatives tut – der seinen Hund auf der Straße sein Geschäft machen lässt oder in den sozialen Medien einen bissigen Kommentar abgibt –, in seiner Sozialkreditwürdigkeit zurückgestuft.

Weil das digitale Leben einschließlich der geschäftlichen Transaktionen automatisch überwacht wird, erhalten Chinesen mit einer hohen Sozialkreditbewertung Privilegien. Für Leute mit einer niedrigeren Kreditwürdigkeit ist der Alltag härter. Sie dürfen keine Tickets für Hochgeschwindigkeitszüge kaufen oder das Flugzeug benutzen. Bestimmte Restaurants sind für sie verschlossen. Ihre Kinder dürfen möglicherweise nicht das College besuchen. Sie können ihre Arbeitsstelle verlieren und es kann sich dann schwierig gestalten, eine neue zu finden. Und ein Sozialkreditsünder wird sich total isoliert wiederfinden, da das algorithmische System auch diejenigen herabstuft, die mit ihm als Zuwiderhandelndem in Verbindung stehen.

Das Fazit lautet: Der chinesische Bürger kann nur dann an Wirtschaft und Gesellschaft teilnehmen, wenn Xi Jinping, der allmächtige Führer des Landes, zustimmt. In einer bargeldlosen Gesellschaft hat der Staat die Macht, Dissidenten umgehend in den Ruin zu treiben, indem er ihnen den Zugang zum Internet sperrt. Und in einer Gesellschaft, in der alle digital verbunden sind, kann der Staat jeden sofort zum Rechtlosen erklären, selbst seine Familie, wenn der Algorithmus ihn als »radioaktiv« ausweist.

Der chinesische Staat benutzt auch totalitäre Methoden, um sicherzustellen, dass die kommenden Generationen nicht über die Vorstellungskraft verfügen, Widerstand leisten zu können.

In seinem 2019 erschienenen Buch *We Have Been Harmonized* – Chinas Ausdruck für die Kaltstellung von Bürgern, die die soziale und politische Ordnung bedrohen – beschreibt der renommierte langjährige Journalist Kai Strittmatter, der viele Jahre als Reporter für eine deutsche Tageszeitung in Peking gelebt hat, zu welcher Techno-Dystopie das moderne China geworden ist. Er interviewte einen chinesischen Lehrer, der sich »David« nennt und alle Hoffnungen für die Zukunft seines Landes aufgegeben hat.

»Leute, die in den 1980er-Jahren und danach geboren wurden, sind hoffnungslos verloren«, sagt David und fährt fort:

> »Die Gehirnwäsche beginnt schon in der Kita. Für uns war das anders. Sie nannten uns eine verlorene Generation, weil Schulen und Hochschulen damals geschlossen waren und vielen von uns eine Ausbildung versagt wurde. Aber in Wirklichkeit waren wir vermutlich die Glückspilze. Wir fielen durchs Raster. Die Gehirnwäsche hat uns nicht erreicht. Mao war tot, und jeder sehnte sich

verzweifelt danach, dass China sich für Reformen und die Freiheit öffnete.«[80]

Die staatlichen Informations- und Steuerungsgeräte haben die Fähigkeit der jungen Chinesen zerstört, Fakten über die Geschichte ihres Landes zu lernen, die dem Narrativ der Kommunistischen Partei widersprechen. Das Massaker vom Tiananmen-Platz im Jahr 1989 beispielsweise ist in China vergessen. Dies ist etwas, was im Westen mit ziemlicher Sicherheit nicht auf uns zukommen wird.

Der Zustand der Jugendlichen im konsumorientierten China erinnert jedoch mehr an Huxley als an Orwell. Der amerikanische Medienkritiker Neil Postman sagte einmal, dass Orwell eine Welt fürchtete, in der es den Leuten verboten wäre, Bücher zu lesen. Huxley dagegen fürchtete eine Welt, in der die Bücher nicht verboten werden müssten, weil niemand sie überhaupt lesen wollte. Das, so David, ist das heutige China. Obwohl den Studenten weiterhin viele Informationen zur Verfügung stehen, interessiert sie dies nicht.

»Meine Studenten sagen, dass sie keine Zeit haben. Sie sind von tausend anderen Dingen abgelenkt«, erzählt David Kai Strittmatter. »Und obwohl ich nur zehn Jahre älter bin als sie, verstehen sie mich nicht. Sie leben in einer völlig anderen Welt. Sie wurden durch ihre Erziehung in den Schulen und die Parteipropaganda vollkommen manipuliert. Meine Studenten lieben ihr konsumorientiertes Leben und haben von allem anderen keine Ahnung. Sie kennen die Wirklichkeit nicht. Man hat es ihnen leicht gemacht.«[81]

Und so wird eine Bevölkerung, die von einem totalitären Staat komplett mit Propaganda überschüttet und durch hedonistisches Konsumverhalten demoralisiert wurde, kaum in der Lage sein, sich eine Opposition gegen diese Befehls-

und Kontrollstrategien auch nur vorzustellen. Und selbst wenn ein paar Dissidenten auftauchten, würden sie durch das allumfassende Informationssystem der Regierung schnell identifiziert und kaltgestellt werden, bevor sie Gelegenheit zum Handeln hätten – *oder sogar bevor sie bewusst den Gedanken gefasst hätten, eine abweichende Meinung zu vertreten.*

Der Bericht von Strittmatter zeigt erschreckend deutlich, dass chinesische Funktionäre Prognosesoftware für ihre Datenklassifizierung einsetzen, um potenzielle künftige Führungspersönlichkeiten und mögliche Staatsfeinde zu identifizieren, bevor sich diese ihrer Möglichkeiten bewusst werden.

Kann das hier bei uns geschehen?

Natürlich ist das möglich. Die technologischen Kapazitäten, ein solches Disziplinar- und Steuerungssystem im Westen einzuführen, sind bereits vorhanden. Die einzigen Barrieren, die seine Durchsetzung verhindern, sind der politische Widerstand von Mehrheiten, die dazu nicht bereit sind, und der verfassungsrechtliche Widerstand der Justiz.

Die amerikanische Kultur ist weitaus individualistischer als die chinesische, sodass der politische Widerstand mit ziemlicher Sicherheit verhindern wird, dass der harte Totalitarismus chinesischen Stils bei uns Fuß fasst. Doch die Nutzung der großen Reichweite der Technologie, insbesondere der Datenerfassungstechnologie, die die Verbraucher ja bereits in ihr tägliches Leben integriert haben, und ihren Einsatz im Dienst der sozialen Gerechtigkeit ist durchaus möglich.

Wenn demokratische Mehrheiten zu der Überzeugung gelangen, dass es notwendig ist, staatlichen und privaten institutionellen Eliten die soziale Kontrolle zu übertragen, um

Rechtstaatlichkeit und Sicherheit zu gewährleisten, dann wird dies geschehen. In der Zwischenzeit hält die immens mächtigen Unternehmen nichts davon ab, innerhalb der freien Marktwirtschaft einen sanften Totalitarismus einzuführen.

Zum Zeitpunkt dieser Niederschrift verweigert das globale Online-Zahlungsverkehrssystem PayPal Gruppen, die an die Vorherrschaft der weißen Rasse glauben, die Nutzung seiner Dienste. Dagegen ist schwerlich etwas einzuwenden, obwohl Menschen, die es genau nehmen, in Bezug auf den ersten Zusatzartikel zur Verfassung ein gewisses Unbehagen spüren werden. Aber PayPal stigmatisiert ebenso einige konservative Mainstream-Gruppen. Und wie wir nun feststellen müssen, verfolgen einige Großbanken jetzt eine Politik, die Herstellern und Verkaufsläden von Schusswaffen ihre Dienste verweigert und das, obwohl es laut dem zweiten Zusatzartikel zur Verfassung legal ist, Waffen herzustellen und zu besitzen. Zudem hat die Regierung diese riesigen Finanzunternehmen nicht zur Übernahme dieser politischen Entscheidung gezwungen. Was soll also private Unternehmen, die den Zugang zu Geld und Märkten kontrollieren, davon abhalten, Einzelpersonen, Kirchen und anderen Organisationen, die sie für schlechte gesellschaftliche Akteure halten, den Zugang zum Handel zu verwehren? China zeigt, dass es geht und wie es geht.

Unsere wechselnden persönlichen Gewohnheiten erhöhen die Gefahr. Mit dem Zusammenbruch des allgemein verbreiteten Glaubens an den Schutz der Privatsphäre im Internet wird das wichtigste Hindernis für die staatliche Kontrolle des Privatlebens beseitigt. Das beunruhigt die Menschen, die den Kommunismus selbst erfahren haben.

In der slowakischen Hauptstadt Bratislava gehören der Fotograf Timo Križka und seine Frau Petra zur ersten nachkommunistischen Generation des Landes. Sie wurden um die Zeit der Samtenen Revolution geboren, durch die das kommunistische Regime gestürzt wurde, und der Samtenen Scheidung, durch welche die Tschechische Republik auf friedlichem Weg von der Slowakei getrennt wurde. Sie haben beide natürlich keine persönlichen Erinnerungen an den Kommunismus, aber sie wuchsen in der Zeit unmittelbar danach mit ihren Eltern und anderen Erwachsenen auf, deren Gewohnheiten noch immer vom Totalitarismus geprägt waren.

Petra brachte einiges davon mit in die Vereinigten Staaten, als sie 2005 als Austauschstudentin hierherkam. Es war kurz nach der Terrorattacke vom 11. September, als sich im Land ein erhöhtes Sicherheitsbedürfnis bemerkbar machte.

»Ich sah, dass die Menschen bereit waren, viel von ihrer persönlichen Freiheit um der nationalen Sicherheit willen zu opfern«, sagt Petra. »Es war viel die Rede davon mit Sätzen wie ›Es ist mir egal, ob sie mein Telefon abhören, meine E-Mails oder Textnachrichten lesen, weil ich nichts zu verbergen habe‹. Also das war für mich wirklich seltsam, weil ich dachte, das ist doch nun wirklich ganz persönlich. Und es spielt keine Rolle, ob man etwas Schlechtes sagt oder nicht. Es ist doch einfach mein privater Bereich.«

Wie merkwürdig war es für sie als Jugendliche, die aus einer Kultur kam, die gerade erst den Zustand überwunden hatte, bei dem ein unvorsichtiges Wort oder ein unüberlegtes Treffen das Potenzial hatte, ein Menschenleben zu zerstören, sich hier für eine gewisse Zeit in einem Land zu befinden, in dem jeder völlig bedenkenlos von sich geben konnte, was er wollte.

Sollte sich das nicht befreiend anfühlen? Nicht für Petra mit ihrem gesellschaftlichen Hintergrund, in dem die Privatsphäre so kostbar war. Ihre widersprüchlichen Gefühle verdeutlichen eine philosophische und psychologische Dimension der öffentlich-privaten Kluft über die Bedeutung, ein Leben in der Wahrheit zu führen. In seinem bekanntesten Roman *Die unerträgliche Leichtigkeit des Seins* stellt der tschechische Schriftsteller Milan Kundera zwei unterschiedliche Charaktere einander gegenüber – Sabina, eine tschechische Frau, und ihr Schweizer Liebhaber Franz –, um die Bedeutung der Privatsphäre in Bezug auf die Aufrichtigkeit herauszustellen.

Für Franz, der immer im Westen gelebt hatte, bedeutet ein Leben in Wahrheit zu führen, transparent zu leben, ohne Geheimnisse. Für Sabina dagegen, die ihr ganzes Leben Bürgerin der kommunistischen Tschechoslowakei war, ist ein Leben in Wahrheit nur im Bereich des Privatlebens möglich.

»In dem Moment, in dem uns jemand beobachtet, machen wir unwillkürlich Zugeständnisse diesem Beobachter gegenüber, und nichts, was wir tun, ist wahrhaftig«, schreibt Kundera und spricht damit für Sabina. »Ein Publikum zu haben, Zuschauer im Hinterkopf zu haben, bedeutet, mit Lügen zu leben.«[82]

Kunderas Beobachtungen, die aus seiner eigenen Erfahrung mit dem Kommunismus herrühren, sind von bleibender Bedeutung. Seit etwas mehr als einem Jahrzehnt, seit der Erfindung des Smartphones, der sozialen Medien und der Bekennerkultur, die sie erzeugt haben, haben wir mehr darüber erfahren, wie Menschen – Jugendliche und junge Erwachsene zumeist – sich ein Leben erschaffen, das geeignet ist, auf Instagram gepostet zu werden. Das bedeutet, dass sie Dinge tun und von sich geben, inbegriffen die Mitteilung von höchst persönlichen Informationen, um das Image eines Lebens zu konstruieren, das ihre Altersgenossen als attraktiv und erstrebenswert beeindruckt – ganz gleich, ob sie diese persönlich kennen oder nicht. Sie leben, um die Zustimmung anderer zu gewinnen, die sich in Likes auf Facebook oder anderen Zeichen der Bestätigung ausdrückt.

Die Psychologin Jean Twenge hat bei Jugendlichen der ersten Generation, die mit Smartphones und den sozialen Medien aufgewachsen sind, einen beträchtlichen Anstieg an Depressionen und Selbstmorden festgestellt. Sie beschreibt diese Jugendlichen, die »am Rande der schlimmsten Krise der psychischen Gesundheit seit Jahrzehnten« stehen, und sie ist der Meinung, dass »ein Großteil dieser Verschlechterung auf ihre Handys zurückgeführt werden kann«.[83]

Das Gefühl, tief unglücklich zu sein, geht auf die Isolation zurück, die sie empfinden, obwohl sie dank der internetfähigen Smartphones über die sozialen Netzwerke mit mehr Menschen in Kontakt stehen als jede Generation zuvor. Die Smartphone-Kultur hat die sozialen Ängste, die sie empfinden, tiefgreifend verstärkt, da die Informationen, die sie über ihre Handys erhalten, sensible Jugendliche – vor allem Mädchen – davon überzeugen, aus dem spannenderen Leben, das andere führen, ausgeschlossen zu sein.

Natürlich führen die meisten ihrer Altersgenossen kein interessanteres oder intensiveres Leben. Sie sind nur besser darin, wie sie ihre Bilder online stellen. Heute leben die jungen Leute in der Illusion – keine ist vermutlich größer als diese –, Teil eines realen sozialen Netzwerks zu sein. In Wirklichkeit wird durch diese Technologie und die daraus entstandene Kultur die Atomisierung und radikale Vereinsamung verstärkt, die totalitäre kommunistische Regierungen den von ihnen unterjochten Völkern auferlegten, um sie leichter kontrollieren zu können.

Und da sie sich daran gewöhnt haben, den Anbietern Unmengen von persönlichen Daten zur Verfügung zu stellen, indem sie sich online durch ihren Alltag bewegen, machen sich diese jungen Leute extrem anfällig für Manipulationen durch Unternehmen und Außenstehende. Unverblümt gesagt: Wir werden konditioniert, eine verwestlichte Version von Chinas Sozialkreditsystem zu akzeptieren, das die Grundsätze des politischen Kults der sozialen Gerechtigkeit durchsetzt. Wenn das bei uns Wurzeln schlägt, wird es keinen Ort mehr geben, an dem man sich verbergen kann. Christen und andere Menschen, die sich weigern, sich anzupassen, werden gezwungen sein, einen Weg zu finden, um trotz allem in der Wahrheit leben zu können.

Deshalb wird das Zeugnis der Menschen, die unter dem harten Totalitarismus ein Leben in der Wahrheit realisierten, so dringend benötigt.

Schutz vor dem aufziehenden Sturm

Im Westen leben wir heute unter dekadenten, prätotalitären Bedingungen. Soziale Atomisierung, weitverbreitete Vereinsamung, das Aufkommen von Ideologien, weitverbreiteter Vertrauensverlust in Institutionen und andere Faktoren haben die Gesellschaft für die Versuchung des Totalitarismus empfänglich gemacht, dem sowohl Russland als auch Deutschland im vergangenen Jahrhundert erlegen sind.

Außerdem stehen die intellektuellen, kulturellen, akademischen und unternehmerischen Eliten unter dem Einfluss eines linken politischen Kults, der auf der sozialen Gerechtigkeit basiert. Dies ist jedoch eine militant illiberale Ideologie, die alarmierende Gemeinsamkeiten mit dem Bolschewismus aufweist einschließlich der Einteilung der Menschheit in Gut und Böse. Diese Pseudoreligion scheint in einer nachchristlichen Gesellschaft auf ein Bedürfnis nach Sinn und moralischer Zielsetzung zu treffen und versucht eine gerechte Gesellschaft zu schaffen, indem sie alle, die ihren strengen Dogmen widerstehen, dämonisiert, ausschließt und sogar verfolgt.

Schließlich bereitet die Übernahme und Förderung progressiver sozialer Werte durch das Großkapital (Big Business) und das Aufkommen des »Überwachungskapitalismus« – die verkaufsgesteuerte Analyse individueller, von elektronischen Geräten gesammelten Daten – den Westen darauf vor, eine Version des chinesischen Sozialkreditsystems zu akzeptieren. Wir werden konditioniert, unsere Privatsphäre und unsere politischen Freiheiten zugunsten von Komfort, Bequemlichkeit und einer künstlich aufgezwungenen sozialen Harmonie aufzugeben.

Das ist die »schöne neue Welt« des 21. Jahrhunderts. Christliche Dissidenten werden nicht fähig sein, einen wirksamen Widerstand zu organisieren, wenn sie ihre Augen nicht offen halten und sich nicht auf die Ausrichtung und die Methoden der Ideologie der sozialen Gerechtigkeit konzentrieren und die Art und Weise, wie Datenerfassung und -manipulation von »woken« Kapitalisten und Ideologen der sozialen Gerechtigkeit mit institutioneller Autorität benutzt werden, um die Kontrolle durchzusetzen.

Es wird so kommen, und zwar schnell. Wie sollen wir Widerstand leisten? Das ist das Thema der zweiten Hälfte dieses Buches.

II. TEIL:

Wie man in der Wahrheit lebt

FÜNFTES KAPITEL

Nichts ist wertvoller als die Wahrheit

Solschenizyn war nicht der einzige Dissident, der den Grundsatz »Lebt nicht mit der Lüge« zum Mittelpunkt des antitotalitären Widerstands machte. Der berühmteste Aufruf des tschechischen Dramatikers und späteren Präsidenten in der nachkommunistischen Zeit, Václav Havel, an künftige Dissidenten lautete: »In der Wahrheit leben!« In der wichtigsten seiner politischen Schriften, die geheim über »Samisdat«[84] verbreitet wurde, schrieb Havel »Von der Macht der Ohnmächtigen«, wobei dies auch der Titel seines Essays war.

Havel wusste, dass er sich an ein Volk wandte, das keine Möglichkeit hatte, sich gegen die Macht des tschechoslowakischen Polizeistaats zu erheben. Aber er wusste auch etwas, was die meisten anderen nicht wussten: Sie waren nicht völlig machtlos.

Denkt nur an den Fall des Gemüsehändlers, sagte Havel, der in seinem Laden ein Schild aufhängt mit dem bekannten Slogan aus dem Kommunistischen Manifest: »Proletarier aller Länder, vereinigt euch!« Er selbst glaubt nicht daran. Er hängt es in seinem Laden auf als Zeichen seiner eigenen Konformität. Er will nur in Ruhe gelassen werden. Trotzdem ist seine Aktion nicht ohne Bedeutung: Das Vorgehen des Gemüsehändlers bestätigt nicht nur, dass dies in einer kommunistischen Gesellschaft von dem Einzelnen erwartet wird, sondern es lässt auch die Überzeugung aufrechterhalten, dass ihn dieses Verhalten als guten Bürger ausweist.

Havel fährt fort:

> »Stellen wir uns nun einmal vor, dass unser Gemüsehändler eines Tages ruckartig aufwacht und sich entschließt, diesen Slogan nicht mehr aufzuhängen, um sich beliebt zu machen. Er gibt bei den Wahlen seine Stimme nicht mehr ab, die, wie er weiß, eine Farce sind. Er beginnt damit, auf politischen Zusammenkünften das zu sagen, was er wirklich denkt. Und er bringt sogar die Kraft auf, sich solidarisch mit jenen zu erklären, die sein Gewissen ihm zu unterstützen gebietet. Durch diese Rebellion steigt der Gemüsehändler aus dem Leben mit der Lüge aus. Er verweigert das Ritual und bricht die Spielregeln. Er entdeckt wieder seine unterdrückte Identität und Würde. Er verleiht seiner Freiheit eine konkrete Bedeutung. Seine Rebellion ist ein Versuch, in der Wahrheit zu leben.«[85]

Das kommt ihn teuer zu stehen. Er verliert seinen Laden, sein Lohn wird gekürzt und er kann nicht mehr ins Ausland reisen. Vielleicht können seine Kinder auch nicht mehr die Hochschule besuchen. Die Menschen verfolgen ihn und jene, die zu ihm gehören – nicht unbedingt deshalb, weil sie seine Einstellung ablehnen, sondern weil sie wissen, dass sie sich so verhalten müssen, um sich die Behörden vom Leib zu halten.

Der arme kleine Gemüsehändler, der für die Wahrheit Zeugnis ablegt, indem er sich weigert, eine Lüge von sich zu geben, leidet. Aber seine Geste hat noch eine tiefere Bedeutung.

»Durch das Brechen der Spielregeln hat er das Spiel als solches gestört. Er hat es als bloßes Spiel entlarvt. Er hat die Welt des Scheins, den Grundpfeiler des Systems, zerstört. Er hat das Machtgefüge durcheinandergebracht, indem er das, was es zusammenhält, in Stücke riss. Er hat aufgezeigt, dass mit der Lüge zu leben bedeutet, ein Leben mit der Lüge zu führen. Er hat die erhabene Fassade des Systems durchbrochen und die wirklichen Grundlagen der Macht bloßgelegt. Er hat gesagt, dass der Kaiser nackt ist. Und weil der Kaiser tatsächlich nackt ist, ist etwas äußerst Gefährliches geschehen: Durch sein Handeln hat sich der Gemüsehändler an die Welt gewandt. Er hat jedem ermöglicht, hinter den Vorhang zu schauen. Er hat jedem gezeigt, dass es möglich ist, in der Wahrheit zu leben. Das System eines Lebens auf der Basis der Lüge kann nur aufrechterhalten werden, wenn es allgemeingültig ist. Dieses Prinzip muss alles umfassen und durchdringen. Es gibt keine Möglichkeit, dass es mit dem in der Wahrheit geführten Leben koexistieren kann, und deshalb ist jeder, der ausschert und es prinzipiell in Abrede stellt, eine Bedrohung für das gesamte System.«[86]

Ein russisch-orthodoxer Mystiker des 19. Jahrhunderts, der heilige Seraphim von Sarow, sagte einmal: »Wer Frieden erwirbt und in seinem Herzen bewahrt, um den herum werden Tausende Errettung finden und zum Heil gelangen.« In diesem Sinne ist das, was der Gemüsehändler getan hat, ein kleiner Akt der Rebellion, die eine Revolution auslösen kann, um die Freiheit und die Menschlichkeit zu retten.

Ein Mensch, dem nur sein eigenes Wohl und Überleben am Herzen liegt und der bereit ist, mit der Lüge zu leben, um dies zu bewahren, der ist nach Havel »ein demoralisierter Mensch«.

»Das System hängt von dieser Demoralisierung ab, verstärkt sie und projiziert sie in die Gesellschaft hinein«, schreibt er. »Ein in der Wahrheit geführtes Leben als Widerstand gegen eine Zwangslage ist dagegen ein Versuch, das eigene Verantwortungsbewusstsein zurückzugewinnen.«[87]

Havel veröffentlichte diesen Essay im Jahr 1978. Ein Jahr später inhaftierte die kommunistische Regierung den Unruhe stiftenden Schriftsteller wieder. Zehn Jahre danach führte Havel eine Revolution an, die das Regime auf friedlichem Weg stürzte, und wurde der erste Präsident einer freien Tschechoslowakei.

Zur rechten Zeit übernahm ein einfacher Schriftsteller, der bereit war, für die Wahrheit zu leiden, die Macht von totalitären Fanatikern, die einen ganzen Staat in den Dienst der Lüge gestellt hatten. In Havels glücklichem Schicksal erkennen wir die Wahrheit eines alten russischen Sprichworts, das Solschenizyn besonders liebte: »Ein wahres Wort wiegt mehr als die ganze Welt.«

Es liegt an uns, die Herausforderung anzunehmen, nicht mit der Lüge zu leben und die Wahrheit auszusprechen, die das Böse besiegt. Wie verhalten wir uns in einer Gesellschaft, die auf Lügen aufgebaut ist? Indem wir ein Leben außerhalb des Mainstreams führen und mutig die Wahrheit verteidigen und indem wir bereit sind, die Konsequenzen zu tragen. Die Herausforderungen sind beängstigend, aber wir sind mit Beispielen von Heiligen beschenkt, die diesen Weg vor uns beschritten haben.

Ein Leben abseits der Masse wählen

Ich sitze am Mittagstisch zusammen mit Erzpriester Kyrill Kaleda in einem wohlig warmen Holzhaus, das ihm als Büro dient. Draußen fällt spätherbstlicher Schnee auf den »Schießplatz von Butovo«, ein Feld in dem bewaldeten, südlich von Moskau liegenden Gebiet, auf dem in 14 Monaten zwischen 1937 und 1938 Angehörige des NKWD (Geheimpolizei) rund 21 000 politische Gefangene hingerichtet hatten – darunter 1000 Priester und Bischöfe. Dank des Einsatzes von Erzpriester Kyrill ist auf dem Feld jetzt eine nationale Gedenkstätte für die Toten errichtet worden. An dem Tag, an dem ich ihn besuchte, versammelten sich draußen in der Kälte russische Bürger und lasen laut und feierlich die Namen jedes ermordeten Landsmannes vor, um ihr Andenken zu bewahren und daran zu erinnern, was der sowjetische Totalitarismus ihnen angetan hatte.

»Wie kann ein ehrlicher Mensch in einem totalitären System leben?«, frage ich den Erzpriester, einen breitschultrigen Mann mit dichtem braunem Bart und durchdringenden Augen.

»Mit Schwierigkeiten«, antwortet er lachend. »Natürlich war es schwer, aber Gott sei Dank gab es Leute, die alles daransetzten, ihr Leben so zu gestalten, dass sie in der Wahrheit leben konnten. Die Leute begriffen, dass sie, wenn es für sie vorrangig sein sollte, ein Leben in der Wahrheit zu führen, sich in mancher Hinsicht beschränken mussten – zum Beispiel hinsichtlich der beruflichen Aufstiegschancen. Aber sie haben ihre Entscheidung getroffen und waren bereit, entsprechend zu leben.«

Erzpriester Kyrill wuchs in einer christlich-orthodoxen Familie mit sechs Kindern auf. Keines der Kinder trat der kommunistischen Jugendorganisation »Komsomol« bei.

»Als Jugendlicher wollte ich Geschichte studieren«, erwähnt er. »Mein Vater erklärte mir, dass es unmöglich sei, sich mit der sowjetischen Geschichte zu befassen, ohne in die sowjetische Ideologie eingebunden zu werden. Deshalb wurde ich Geologe. Viele gegen das bolschewistische System eingestellte Familien ließen ihre Kinder Naturwissenschaften studieren, um die Infizierung mit der Ideologie so weit wie möglich zu vermeiden.«

Die Weigerung, dem »Komsomol« beizutreten, bedeutete, keine Erlaubnis für Reisen ins Ausland zu bekommen. Als Student erhielt Erzpriester Kyrill einmal das Angebot, an einer interessanten Schiffsreise teilzunehmen von Wladiwostok an der Ostküste der Sowjetunion bis nach Australien, Singapur, durch den Suezkanal und zurück über das Schwarze Meer nach Hause. Ein Traum sollte wahr werden – aber er hätte Mitglied des »Komsomol« werden müssen, um daran teilnehmen zu können. Statt gegen sein Gewissen zu handeln, lehnte Kyrill ab und schlug an seiner Stelle einen Freund vor, der Mitglied beim »Komsomol« war. Die Seereise veränderte das Leben seines Freundes.

»Bis heute bereist dieser Freund viele Länder und überquert viele Meere«, erinnert sich der Priester. Er selbst dagegen pflegt diese Gedenkstätte und betreut als Pfarrer die neu errichtete Kirche, die in der Nähe zu Ehren der Märtyrer des Sowjetsystems gebaut wurde.

Zwei Tage später saß ich in einem Café mitten in Moskau und hörte Yuri Sipko, einem Baptistenpastor im Ruhestand, zu. In seinem Klassenzimmer in Sibirien bekamen Sipko und seine Klassenkameraden in den 1950er-Jahren ein Abzeichen, auf dem ein Porträt Lenins abgebildet war. Im Alter von elf Jahren erhielten sie das rote Halstuch der Jungen Pioniere, die eine Art Pfadfinder der kommunistischen Jugend waren. Die Lehrer prägten den

Kindern das Motto der Pioniere ein: »Seid bereit. Seid allzeit bereit.«

»Ich habe weder das Abzeichen mit Lenins Gesicht noch das rote Halstuch getragen. Ich war ja Baptist. Ich war dazu nicht bereit«, erinnert sich Sipko. »Ich war der Einzige in meiner Klasse. Sie übten Druck auf unseren Lehrer aus. Sie wollten wissen, was sie falsch machten, da sie einen Jungen in der Klasse hätten, der kein Pionier war. Auch den Schulleiter bedrängten sie. Sie waren gezwungen, mich unter Druck zu setzen, um sich selbst zu schützen.«

Als Baptist in Sowjetrussland zu leben bedeutete, ständig ein Außenseiter zu sein. Die Baptisten ertrugen das, weil sie wussten, dass die Wahrheit in Jesus Christus verankert ist, und getrennt von ihm zu leben, hätte bedeutet, mit der Lüge zu leben. Für die Baptisten hätten Kompromisse, die mit der Lüge hätten eingegangen werden müssen, um in Frieden leben zu können, dasselbe bedeutet, wie vor dem Tod in die Knie zu gehen.

»Wenn ich über die Vergangenheit nachdenke und daran, wie unsere Brüder ins Gefängnis gebracht wurden und nie mehr zurückkehrten, dann bin ich mir sicher, dass sie bereits wussten, was auf sie zukam«, sagt der alte Pastor. »Sie verloren jeglichen Status. In der Gesellschaft wurden sie verspottet und verlacht. Manchmal verloren sie sogar ihre Kinder. Nur weil sie Baptisten waren, beschloss der Staat, ihnen die Kinder wegzunehmen und sie in Waisenhäusern unterzubringen. Diese Gläubigen konnten keine Arbeitsplätze finden. Ihre Kinder konnten sich nicht an den Universitäten einschreiben. Und dennoch glaubten sie.«

Die Baptisten standen allein, aber sie standen fest. Wenn man in einem Glauben erzogen wird, der das Wort des Apostels Paulus ernst nimmt, dass es eine Gnade ist, um Christi willen zu leiden, und wenn man, wie die orthodoxe

Familie Kaleda, darauf vorbereitet ist, mit herabgesetzten weltlichen Erfolgserwartungen zu leben, dann wird es leichter, für die Wahrheit einzustehen.

Doppeldenken zurückweisen und für Meinungsfreiheit kämpfen

Das Ehepaar Wladimir Grygorenko und Olga Rusanowa emigrierte 2000 aus der Ukraine in die Vereinigten Staaten. Jetzt leben sie in Texas. Wenn man wie sie in einer Kultur der Lüge aufgewachsen ist, erzählen sie, dann weiß man nicht, dass das Leben auch anders sein kann.

»Die allgemeine Kultur lehrte einen das Doppeldenken«, sagt Grygorenko. »Das war normal.«

»An der Mittelschule und auf dem Gymnasium mussten wir Aufsätze schreiben wie die anderen Schüler«, erzählt Rusanowa. »Aber man konnte nie schreiben, was man über das Thema wirklich dachte. Nie und nimmer. Das Thema konnte durchaus interessant sein, aber man konnte nie die eigene Meinung niederschreiben. Man musste irgendeinen Weg finden, um einen Bezug zum kommunistischen Standpunkt herzustellen.«

Wenn ein Volk sich daran gewöhnt, mit der Lüge zu leben, Autoren zu meiden, die Denkverbote ansprechen, sich nach der offiziellen Version der Geschichte zu richten, dann deformiert das sein Denken, sagt Grygorenko – und es ist sehr schwer, darüber hinwegzukommen. Er ist beunruhigt über die Umfragen, die aufzeigen, dass die Zustimmung zum ersten Zusatzartikel zur Verfassung – der das verfassungsmäßige Recht auf freie Meinungsäußerung garantiert – bei den Amerikanern schwindet, speziell bei den jüngeren Amerikanern, die zunehmend intolerant gegenüber abweichenden Meinungen sind. Grygorenko sieht das als Zeichen, dass die Gesellschaft den faulen Frieden der Konformität den Spannungen, die die Freiheit mit sich bringt, vorzieht. Der freien Meinungsäußerung gegenüber gleichgültig, ja ablehnend eingestellt zu sein, ist für ein freies Volk selbstmörderisch.

»Was wir in diesem Land schützen müssen, ist die Redefreiheit«, sagt Grygorenko, der seit 2019 stolzer amerikanischer Bürger ist. »Der erste Zusatzartikel zur Verfassung ist wichtig. Für uns hatte die sowjetische Verfassung keine Bedeutung. Jeder wusste, dass das nur Worte waren, die keinen Bezug zum realen Leben hatten. In diesem Land hat die Verfassung eine große Bedeutung. Wir haben eine unabhängige Gerichtsbarkeit. Wir müssen sie schützen. Wir brauchen nichts Neues zu erfinden – wir müssen nur den Mut haben, das zu schützen, was wir haben.«

Die Verteidigung des Rechts, frei zu reden und zu schreiben, auch wenn es den Betreffenden teuer zu stehen kommt, ist die Pflicht jedes freien Menschen. Entsprechend äußert sich Mária Wittner, eine Heldin des Ungarischen Volksaufstands gegen die Besatzungsmacht der Russen im Jahr 1956. Ein kommunistisches Gericht verurteilte Wittner, damals erst 20 Jahre alt, zum Tode, doch später wurde das Todesurteil in lebenslange Haft umgewandelt.

»Einmal habe ich zu einem der Wärter im Gefängnis gesagt: ›Sie lügen.‹ Allein deshalb wurde ich wieder vor Gericht angeklagt«, erinnert sich die temperamentvolle Wittner. »Der Staatsanwalt fragte mich: ›Wittner, warum haben Sie den Wärter der Lüge bezichtigt? Warum haben Sie nicht einfach gesagt: Sie sagen nicht die Wahrheit. Ich antwortete: ›Es ist wichtig, klar und deutlich zu reden.‹«

Für ihre Unverfrorenheit wurde Wittner mit einer zusätzlichen Strafe ins Gefängnis zurückgeschickt. Sie musste auf einem Holzgestell ohne Matratze schlafen und erhielt reduzierte Essensrationen. Zu dem Zeitpunkt, als das Urteil aufgehoben und sie entlassen wurde, wog Wittner nur noch knapp 50 Kilogramm. Trotz allem besteht sie darauf, dass ein starker und unverdorbener Geist den Preis eines geschundenen Körpers wert ist.

»Wir leben in einer Welt der Lüge, ob wir es wollen oder nicht. Es ist einfach so. Aber wir sollten uns nicht daran gewöhnen«, sagt sie zu mir, als ich mit ihr am Tisch in einem Vorort von Budapest sitze. »Du wirst von der Lüge umgeben sein, du hast keine Wahl. Pass dich nicht an. Es ist eine individuelle Entscheidung jedes Einzelnen. Ob du in Angst leben willst oder ob du in Seelenfrieden leben willst. Wenn in deiner Seele Frieden herrscht, dann sind deine Gedanken frei und dann wirst du dich auch offen äußern.«

Unter dem harten Totalitarismus haben Dissidenten wie Wittner einen hohen Preis für ihre Freiheit bezahlt, aber die Bedingungen waren klar. Im sanften Totalitarismus ist es schwieriger zu erkennen, was es bedeutet, wenn man gegen sein Gewissen verstößt, doch, wie Mária Wittner betont, kann man sich der Entscheidung nicht entziehen. Wir müssen in einer Welt der Lüge leben, aber wir haben die Wahl, ob diese Welt in uns existiert.

Die Wahrheit zu sagen pflegen, aber mit Vorsicht

Es ist zwar unerlässlich, sich gegen die Anpassung an die Lüge zur Wehr zu setzen, aber der Kampf gegen die Lüge bedeutet nicht, jeden Kompromiss abzulehnen. In jeder Gesellschaft wird es im normalen Leben notwendig sein abzuschätzen, wofür es sich in einem bestimmten Zusammenhang zu kämpfen lohnt. Auch wenn man sich vor Rationalisierung hüten muss, ist Vorsicht nicht mit Feigheit gleichzusetzen.

Als ungarischer Pfadfinder wurde der Vater von Tamás Sályi mit einer Schreibmaschine in Verbindung gebracht, auf der jemand antisowjetische Propaganda getippt hatte. Es war im Jahr 1946 und die Rote Armee hatte Ungarn besetzt. Alle Pfadfinder, die Zugang zu der Schreibmaschine hatten, wurden bestraft – Tod, Exil oder im Fall von Sályis Vater Haft in einem Straflager ohne Anklage.

Im Jahr 1963, Tamás war damals erst sieben Jahre alt, kam er von der Schule nach Hause und erzählte seinem Vater, wie die Sowjetarmee ihr Land befreit hatte.

»Er sagte: ›Junge, setz dich mal‹, erinnert sich Tamás. »Und er begann, von dem Ungarischen Volksaufstand im Jahr 1956 und der sowjetischen Invasion zu erzählen. Er sagte mir die Wahrheit, und als er fertig war, schärfte er mir ein, in der Schule nie darüber zu sprechen.«

Tamás richtet seinen Blick auf den Fußboden seines Budapester Wohnzimmers.

»Wir haben heute so viele Probleme, weil die Väter nie so mit ihren Söhnen gesprochen haben, wie mein Vater es im Jahr 1963 mit mir getan hat.«

Damit will Tamás Sályi ausdrücken, dass die Eltern sehr große Furcht davor hatten, dass ihre Kinder bestraft werden könnten, wenn sie versehentlich die Wahrheit sagten, sodass sie sich entschieden, die Wahrheit über die Geschichte und das Regime ihres Landes ihnen gegenüber zu verschweigen. Sályis Vater jedoch glaubte, obwohl er aus persönlicher Erfahrung wusste, wie bösartig die Kommunisten waren, dass sein Sohn es verdiente, die Wahrheit zu erfahren – doch sollte ihm auch beigebracht werden, wie man damit umgeht.

Judit Pastor, Tamás' Ehefrau und Dozentin für Literatur an einer katholischen Universität, musste miterleben, wie ihr Vater unter der Verfolgung litt – obwohl sein Schicksal noch viel grausamer war. Er verlor seinen Posten als Militärjournalist, weil er sich geweigert hatte, einen Treueeid auf die von den Sowjets nach der Invasion von 1956 eingesetzte Regierung zu schwören.

Im Jahr 1968 besuchte Judits Vater, der empört war über die Verfolgung der ungarischen Minderheit durch die kommunistische Regierung im benachbarten Rumänien, eine Handelsmesse in Budapest, riss ein Plakat des Diktators Nicolae Ceauşescu am rumänischen Stand herunter und trampelte darauf herum. Dafür wurde er zu 18 Monaten Gefängnis verurteilt.

Das hat ihn gebrochen.

»Nach der sowjetischen Methode war es allgemein üblich, politische Häftlinge als geisteskrank abzustempeln und sie entsprechend zu behandeln«, sagt Judit. »Er erhielt 50 Elektroschocks und bekam infolgedessen einen Herzinfarkt, der nie behandelt wurde. Sein Fall war nichts Außergewöhnliches.«

Als Judits Vater freigelassen wurde, war er nur noch ein Schatten seiner selbst. Man erklärte ihn für schizophren, setzte eine Krankenrente für ihn aus und verurteilte ihn damit zu einem Leben am Rand der Gesellschaft. Nach einer Weile ließ sich Judits Mutter von ihm scheiden. Niemand in der Familie sprach darüber. Niemals.

Das Schweigegebot der Familie über das, was man Judits Vater angetan hatte, war für sie eine große Last.

Doch heute spricht sie offen über das, was der Kommunismus ihrem Vater angetan hatte, vor allem auch vor den Universitätsstudenten, die sie unterrichtet. Sie setzt sich überdies dafür ein, dass sein Name posthum rehabilitiert wird. Auch hier geht es darum, die Wahrheit auszusprechen.

»Es war für mich ein ständiger Kampf, die Leute dazu zu bringen, dass sie anerkennen, was meinem Vater widerfahren ist. Die Leute wollen das nicht hören. Sie wollen nichts davon wissen«, sagt sie. »Ob man in Unterdrückung lebt oder nicht, fest steht, dass es in jedem Fall ein fortgesetzter, ständiger Kampf um die Wahrheit ist.«

Für Judit Pastor ist es ein Trost, dass einer ihrer Söhne angefangen hat, sich mit der Sache zu beschäftigen, für die sein Großvater im Prinzip sein Leben hingegeben hat: für das Elend der verfolgten ungarischen Minderheiten. Doch diese Frau, die wegen der mutigen Entscheidung ihres Vaters, für die Wahrheit einzutreten, obwohl ihn das in Gefahr brachte, die Zerstörung ihrer Familie erlebt hatte, sagt, dass es auch viel zu sagen gibt über die passive Opposition.

»Manchmal ist Schweigen ein Akt des Widerstands. Nicht nur indem man sich zu Wort meldet und nachdrücklich für die Wahrheit einsteht, sondern auch indem man schweigt, wenn niemand es von einem erwartet. Auch das bedeutet, für die Wahrheit einzustehen.«

Erkennen, urteilen, handeln

Die Diktatur der Gedanken und der Worte, die von den Progressiven errichtet wird, ist ein Regime, das auf Lügen und Propaganda basiert. Die meisten Konservativen, Christen oder andere, anerkennen dies bis zu einem gewissen Grad, aber zu wenige erkennen die tieferen Auswirkungen der Akzeptanz dieser Lügen. »Political Correctness« ist ein Ärgernis, denn diese Lügen verderben die Fähigkeit, klar über die Realität nachzudenken.

Sobald Sie verstanden haben, dass das System auf Lügen beruht, bestehen Sie, wenn Sie mit diesen Lügen konfrontiert werden, so entschieden wie möglich auf dem, was Sie als wahr und richtig erkannt haben. Weigern Sie sich, Ihre

Kinder von den Medien und Institutionen mit Propaganda überschütten zu lassen. Bringen Sie ihnen bei, wie man Lügen erkennen und sich ihnen widersetzen kann. Tun Sie Ihr Möglichstes, nicht an der Lüge beteiligt zu sein – weder um beruflicher Vorteile willen noch wegen des persönlichen Status oder irgendwelcher sonstigen Gründe. Manchmal werden Sie offen vorgehen müssen, um der Lüge direkt entgegenzutreten. Zu anderen Zeiten werden Sie sie bekämpfen, indem Sie schweigen und die Zustimmung, die die Behörden verlangen, verweigern. Möglicherweise wird es notwendig sein, dass Sie Ihre Stimme erheben, um jemanden zu verteidigen, der von Propagandisten verleumdet wird.

Die Beurteilung, wann und wie man der Lüge begegnen soll, hängt natürlich von individuellen Bedingungen ab. Wie Erzpriester Kaleda sagte, verlangt der Glaube nicht, dass man aktiv nach Gelegenheiten zum Martyrium sucht. Die meisten von uns werden durch die Umstände und die Verantwortung gegenüber ihren Familien gezwungen sein, nicht die Größe eines Solschenizyn zu erreichen. Deshalb sind wir nicht zwangsläufig Feiglinge.

Aber achten Sie darauf, dass aus vorsichtiger Überlegung nicht Rationalisierung wird. Das ist die Basis von *ketman* – und sich dieser Art der Selbstverteidigung auszuliefern wird mit der Zeit Ihre Seele zerstören. Ihre Zustimmung zu den Lügen des Systems könnte für Sie vielleicht Sicherheit bedeuten, aber zu einem unerträglichen Preis. Wenn Sie sich nicht *irgendeine* Situation vorstellen können, in der Sie wie Havels fiktionaler Gemüsehändler handeln würden, um in der Wahrheit zu leben, unabhängig von den Konsequenzen oder vom Preis, den es kosten würde, dann erhebt die Feigheit einen größeren Anspruch auf Ihr Gewissen, als Sie es ahnen.

Die Werte einer Gesellschaft spiegeln sich in den Geschichten wider, die sie über sich selbst und die Menschen, denen sie die Ehre erweist, erzählt. Havels Gemüsehändler ist ein Mythos, der uns eine Lektion erteilt über die Wichtigkeit, die Wahrheit zu bezeugen, unabhängig davon, was dies zur Folge hat. Die Geschichten aus dem wirklichen Leben der Nationalhelden wie von Mária Wittner und von weniger bekannten Helden wie von Pastor Yuri Sipko und Erzpriester Kyrill Kaleda geben dasselbe wieder. All diese Geschichten sind so wichtig, dass man sie immer wieder als Richtschnur für andere erzählen muss, die noch nicht geborenen Generationen inbegriffen. Die Totalitaristen, sowohl die sanften als auch die harten, wissen das. Deshalb bemühen sie sich so sehr, das allgemeine Narrativ zu steuern.

SECHSTES KAPITEL

Das kulturelle Gedächtnis pflegen

Wer die Vergangenheit kontrolliert, kontrolliert die Zukunft: Wer die Gegenwart kontrolliert, kontrolliert die Vergangenheit.

Motto der Partei
1984

Kürzlich erzählte mir eine strahlende, fröhliche 26-jährige Kalifornierin, dass sie sich selbst als Kommunistin sieht. »Dieser Traum, dass alle gleich sind, ist einfach so schön«, sprudelte sie hervor. Als sie mich fragte, woran ich zurzeit arbeite, erzählte ich ihr von den Kämpfen Alexander Ogorodnikows, eines christlichen Dissidenten, der von den Sowjets inhaftiert und gefoltert worden war und den ich vor Kurzem in Moskau interviewt hatte. Sie verstummte.

»Haben Sie denn noch nie etwas vom Gulag gehört?«, fragte ich sie unbefangen.

Natürlich nicht. Niemand hatte ihr davon erzählt. Wir, ihre Eltern und Großeltern, haben bei ihrer Generation versagt. Und wenn sie kein Interesse an der Vergangenheit entwickelt, wird sie diesbezüglich selbst auch versagen.

Sie ist nicht allein. Jedes Jahr führt die vom US-Kongress zu Erziehungs- und Forschungszwecken gegründete gemeinnützige Organisation »Victims of Communism Memorial Foundation« eine Umfrage unter den Amerikanern durch, um ihre allgemeine Einstellung zum Kommunismus, Sozialismus und Marxismus zu ermitteln. 2019 ergab die Umfrage, dass eine erschreckend hohe Anzahl der Amerikaner der Generation, die nach dem Kalten Krieg geboren wurde, den Linksradikalismus positiv beurteilt und dass nur 57 Prozent der Menschen, die zwischen 1974 und 1995 geboren wurden, glauben, dass die Unabhängigkeitserklärung eine bessere Garantie für »Freiheit und Gleichheit« bietet als das Kommunistische Manifest. Diese politische »Religion« hat die Ermordung von vielen Millionen Menschen verursacht. Unzählige weitere wurden inhaftiert und gefoltert, und die Hälfte der Menschheit wurde damals der Verelendung ausgesetzt. Die Bezwingung dieser Ideologie erforderte einen erbitterten Kampf der Verbündeten über Grenzen, Ozeane, politische Parteien und Generationen hinweg – und diese hasserfüllte Ideologie wird nun von unwissenden jungen Menschen romantisiert.[88]

Die Harvard-Studentin Laura Nicolae, deren Eltern die Schrecken des rumänischen Kommunismus ertragen hatten, sprach sich in der Studentenzeitung *Harvard Crimson* im Jahr 2017 gegen die Geschichtsfälschung aus, die an die Studenten an den Ivy-League-Colleges weitergegeben wird sowohl in den Lehrveranstaltungen als auch innerhalb des im Trend liegenden Marxismus der intellektuellen Studentenkultur.

»Auf dem Campus wird der Kommunismus als revolutionäre oder idealistische Ideologie dargestellt und dabei wird seine autoritäre Gewaltherrschaft übersehen«, schreibt sie. »Anstatt unser Verständnis über die Welt zu vertiefen, erhalten wir durch die Lehre an der Hochschule eine Beschreibung einer der destruktivsten Ideologien der Menschheitsgeschichte, die auf ein eindimensionales, bereinigtes Narrativ abgeschwächt ist.«[89]

Die Gräuel des Kommunismus zu vergessen, ist schon schlimm genug. Noch gefährlicher ist die Gewohnheit, die eigene Vergangenheit zu vergessen. Der tschechische Schriftsteller Milan Kundera bemerkt trocken, dass heute niemand die Gulags verteidigen wird, aber die Welt ist voll von gutgläubigen Anhängern falscher utopischer Versprechungen, durch die die Gulags entstehen.

»Wer nicht weiß, was vor seiner Geburt geschehen ist, wird für immer ein Kind bleiben«, sagte Cicero. Das ist der Grund, erklärt Kundera, weshalb es für die Kommunisten so wichtig war, Herz und Verstand der jungen Leute zu erobern. In seinem Roman *Das Buch vom Lachen und Vergessen* erinnert Kundera an eine Rede, die der tschechische Präsident Gustáv Husák vor einer Gruppe Junger Pioniere gehalten hatte. Er beschwor sie, sich weiterhin mit ganzer Kraft vorwärts auf das marxistische Paradies des Friedens, der Gerechtigkeit und der Gleichheit zu bewegen.

> »Kinder, schaut nie zurück«, schrie er [Kunderas Romanfigur Husák]. Und damit meinte er, dass wir der Zukunft niemals erlauben dürfen, unter der Last der Erinnerung zusammenzubrechen.[90]

Ein kollektiver Verlust des historischen Gedächtnisses des Westens – nicht nur der Erinnerung an den Kommunismus, sondern der Erinnerung an unsere gemeinsame kulturelle Vergangenheit – hat zwangsläufig verheerende Auswirkungen auf die Zukunft. Das Vergessen der Gräuel des Kommunismus bedeutet nicht, dass wir in Gefahr sind, genau diese Form des Totalitarismus wieder hervorzurufen. Der Akt des Vergessens selbst macht uns anfällig für den Totalitarismus im Allgemeinen.

Mit anderen Worten: Wir müssen uns nicht nur an den Totalitarismus erinnern, um Widerstand dagegen zu entwickeln. Wir müssen auch im Gedächtnis behalten, wie man sich daran erinnert. Punkt.

Warum die Erinnerung so wichtig ist

Alles an der modernen Gesellschaft ist darauf ausgerichtet, die Erinnerung – historisch, sozial und kulturell – zu erschweren. Die Christen müssen dies begreifen, nicht nur um dem sanften Totalitarismus zu widerstehen, sondern auch um ihren Glauben an die nächsten Generationen weiterzugeben.

Der verstorbene britische Sozialanthropologe Paul Connerton schreibt in seinem Buch *How Societies Remember*, dass es unterschiedliche Arten von Erinnerungen gibt. Das historische Gedächtnis ist eine objektive Erinnerung an vergangene Ereignisse. Das gesellschaftliche Gedächtnis gibt wieder, woran sich ein Volk erinnern will – das heißt, alle zusammen entscheiden, welche Fakten sie in Bezug auf vergangene Ereignisse für wichtig halten. Das kulturelle Gedächtnis besteht aus den Geschichten, Ereignissen, Menschen und anderen Phänomenen, die sich eine Gesellschaft als Bausteine für ihre kollektive Identität auswählt. Die Idole des Volkes, seine Helden, Schurken, Wahrzeichen, die Kunst, Musik, die Feiertage – all das gehört zum kulturellen Gedächtnis eines Landes.

Connerton weist darauf hin, dass »für alle, die an einer Gesellschaftsordnung teilhaben, eine gemeinsame Erinnerung Voraussetzung ist«.[91] Die Erinnerung an die Vergangenheit bestimmt, wie sie die Gegenwart erleben – das heißt, wie sie deren Bedeutung erfassen, wie sie zu verstehen ist und wie sie sich verhalten sollten.

Keine Kultur – und keine Person – kann sich an alles erinnern. Ein kulturelles Gedächtnis ist das Ergebnis eines kollektiven Auswahlverfahrens von Fakten, um eine Geschichte zu gestalten – eine Geschichte, die die Gesellschaft sich selbst erzählt, um sich daran zu erinnern, wer sie ist. Ohne ein kollektives Gedächtnis gibt es keine Kultur, und ohne Kultur gibt es keine Identität.

Je totalitärer ein Regime ist, desto mehr wird es versuchen, die Menschen zu zwingen, ihre kulturellen Erinnerungen zu vergessen. Im Roman *1984* hat Winston Smith die Aufgabe, im Informationsministerium alle Zeitungsberichte über vergangene Ereignisse zu verfälschen, damit ihre bereits zurückliegenden Aussagen den gegenwärtigen Zielen der Partei nicht widersprechen. Darin spiegelt sich laut dem polnischen Intellektuellen und früheren Kommunisten Leszek Kołakowski »die große Ambition des Totalitarismus – die totale Vereinnahmung und Kontrolle der menschlichen Erinnerung«.

»Betrachten wir einmal, was geschieht, wenn dieses Ideal tatsächlich erreicht wurde«, sagt Kołakowski. »Die Menschen erinnern sich nur an das, was ihnen heute als Erinnerung beigebracht wird, und wenn nötig, ändert sich die Substanz ihres Gedächtnisses über Nacht.«[92]

Aus der Geschichte des kommunistischen Totalitarismus wissen wir, dass dies mithilfe eines vollkommenen Informationsmonopols des Staates erreicht werden kann einschließlich der ideologischen Steuerung des Bildungswesens und der Medien. Die Erfahrungen von Laura Nicolae an der Harvard University, an der die kommende Generation der amerikanischen und weltweiten Eliten ausgebildet wird, weist darauf hin, wie dies selbst in freien Ländern erreicht werden kann: indem man diejenigen, die Führungspositionen anstreben, lehrt, was sie im Gedächtnis behalten sollen und was keine Rolle spielt.

Für westliche Konservative ist es nichts Neues, dass die Ideologen, die sowohl bei Lehrveranstaltungen als auch im Pressesaal ihren Einfluss ausüben, das kollektive Gedächtnis manipulieren, um sich der Zukunft zu bemächtigen. Viel weniger ist dem modernen Menschen laut Connerton bewusst, dass die liberal demokratische, kapitalistische Lebensart unbeabsichtigt dasselbe bewirkt.

Das Wesen der Moderne besteht in der Leugnung irgendwelcher transzendenter Handlungen, Strukturen, Beschaffenheiten oder Glaubensvorstellungen, in die sich der Einzelne fügen muss und die für unser Verhalten verbindlich sein sollten. Modern zu sein heißt, frei wählen zu können. *Was* man wählt, ist nicht wichtig, denn die Bedeutung liegt in der Wahl selbst. Es gibt keine eherne Ordnung, keine andere Welt, keine feststehenden Tugenden, keine absolute Wahrheit. Es gibt nur das Hier und Jetzt und die ewige Flamme der menschlichen Begehrlichkeiten. *Volo ergo sum* – »Ich will, also bin ich«.

Das kulturelle Gedächtnis dient der Legitimierung der aktuellen Sozialordnung, sagt Connerton. Deshalb haben Menschen in »niedriger eingestuften Gruppen« – d. h. soziale Minderheiten – es so schwer, ihre kulturellen Erinnerungen zu bewahren. Die Erinnerungen lebendig zu halten bedeutet, gegen die vorherrschende Gesellschaftsordnung zu kämpfen.

Der Kommunismus hatte eine besondere ideologische Vision, die darin bestand, die Traditionen zu zerstören, ebenso das traditionelle Christentum. Außerhalb der kommunistischen Ordnung durfte nichts existieren. In gleicher

Weise werden im heutigen Kapitalismus die kulturellen Erinnerungen der Logik der freien Marktwirtschaft untergeordnet, deren Mechanismen auf die freien individuellen Wünsche der Menschen abgestimmt sind. Für Christen ist es heute schwierig, ihren Glauben an die jungen Menschen weiterzugeben, weil wir uns alle an einen Lebensstil gewöhnt haben, in dem es nur wenige, wenn überhaupt gemeinsame Glaubensüberzeugungen und Gepflogenheiten gibt, die über die Grenzen des Individualismus hinausgehen. Das meinte Kardinal Joseph Ratzinger am Vorabend seiner Wahl zum Papst, als er die »Diktatur des Relativismus« verurteilte.[93]

Connerton weist diejenigen, die die kulturellen Erinnerungen bewahren wollen, darauf hin, dass es nicht ausreicht, die geschichtlichen Informationen an die jungen Leute weiterzugeben. Die von der Tradition getragenen Wahrheiten müssen auch persönlich gelebt werden. Man muss sich also nicht nur mit ihnen befassen, sondern sie müssen im gemeinsamen sozialen Verhalten zum Ausdruck kommen – natürlich in Worten, jedoch noch wichtiger in Taten. Die Gesellschaft braucht »lebendige Vorbilder«[94], Männer und Frauen, die diese Wahrheiten in ihrem täglichen Leben umsetzen. Nur das funktioniert.

Tamás Sályi, der Lehrer aus Budapest, sagt, dass die Ungarn die deutsche Besatzung und anschließend das sowjetische Marionettenregime überstanden haben, doch 30 Jahre Freiheit haben mehr kulturelle Erinnerungen zerstört als die vorangegangenen Zeiten. »Was weder der Nationalsozialismus noch der Kommunismus erreicht haben, hat der Siegeszug des liberalen Kapitalismus fertiggebracht«, meint er.

Die Vorstellung, dass die Vergangenheit und ihre Traditionen einschließlich der Religion eine unerträgliche Belastung für die Freiheit des Einzelnen sei, hat sich für die Ungarn als Gift ausgewirkt, glaubt er. Über die Progressiven von heute sagt Sályi: »Ich denke, sie gehen wirklich davon aus, dass sie dann, wenn sie alle Erinnerungen an die Vergangenheit auslöschen und alle in den Zustand von Neugeborenen versetzen, schreiben können, was immer sie auf dieses unbeschriebene Blatt schreiben wollen. Wenn man es logisch betrachtet, ist es nicht so leicht, Menschen zu manipulieren, die wissen, wer sie sind, weil sie in der Tradition verwurzelt sind.«

Richtig. Deshalb schilderte Hannah Arendt die totalitäre Persönlichkeit auch als »das völlig isolierte menschliche Wesen«. Eine Person, die von der Geschichte abgetrennt ist, steht der Macht praktisch ohnmächtig gegenüber.

Der Kommunismus setzte die unerbittliche Staatsgewalt massiv ein, um die Erinnerungen zu zerstören. In den Vereinigten Staaten lebt Olga Rusanowa, die in Sibirien aufgewachsen war und jetzt eingebürgert ist. Sie sagt: »In der Sowjetunion haben sie alle umgebracht, die sich an die Geschichte erinnern konnten.« Dadurch wurde es für sie einfacher, eine Geschichtsfälschung vorzunehmen, die den Erfordernissen des Regimes entsprach.

Ja, in der Spätphase der Sowjetzeit hatten die Menschen aufgehört, an die Linie des Kommunismus zu glauben. Das bedeutete aber nicht, dass sie erkannten, was wahr war. Der Historiker Orlando Figes beschreibt jene, die erst nach der Oktoberrevolution von 1917 heranwuchsen: »Für jemanden unter 30 Jahren, der nur die sowjetische Welt kennengelernt oder von seiner Familie keine anderen Werte übernommen hat, war es fast unmöglich, aus dem Propagandasystem auszusteigen und dessen politische Prinzipien zu hinterfragen.«[95]

Die Beobachtung von Figes verweist auf eine Quelle des Widerstands: die Familie und die kulturellen Erinnerungen, die sie weitergibt. Paul Connerton betont eine weitere: die Religion.

Beide kommen in meiner Unterhaltung mit Paweł Skibiński zur Sprache, einem der führenden Historiker Polens und Leiter des Warschauer Johannes-Paul-II.-Museums. Wir sprechen darüber, was Karol Wojtyła, der große antikommunistische Papst, uns über den Widerstand gegen den neuen sanften Totalitarismus lehrt.

Als die Nazis in Polen einmarschierten, wussten sie, dass sie das Land durch ihre überlegene Waffengewalt besiegen konnten. Doch Hitlers Plan für Polen sah vor, die Polen als Volk zu zerstören. Um dies zu erreichen, mussten die Nazis zwei Dinge zerstören, die die Identität der Polen ausmachten: ihren gemeinsamen katholischen Glauben und ihr Nationalbewusstsein.

Wojtyła war Mitglied einer Theatergruppe, bevor er 1943 ins Priesterseminar eintrat. Er und seine Kollegen vom Theater wussten, dass das Überleben der polnischen Nation von der Bewahrung ihrer kulturellen Erinnerungen gegen das erzwungene Vergessen abhing. Sie schrieben und spielten Stücke – Wojtyła selbst verfasste drei – über die polnische Nationalgeschichte und den katholischen Glauben. Sie führten diese Stücke im Untergrund heimlich vor Publikum auf. Wenn die Gestapo das entdeckt hätte, wären Schauspieler und Zuschauer ins Gefangenenlager gebracht oder erschossen worden.

Nicht jedes Mitglied des antitotalitären Widerstands hatte eine Waffe. Gegen die deutsche Armee wären Gewehre nutzlos gewesen. Die Bewahrung des kulturellen Gedächtnisses war die stärkste Waffe der Polen, um dem nationalsozialistischen Totalitarismus zu widerstehen und auch dem sowjetischen, der im Anschluss an die deutsche Niederlage über das Land herrschte.

Die einzigen Institutionen, die in Polen dauerhaft Bestand hatten, erklärt Skibiński, waren die Kirche und die Familie. Im 20. Jahrhundert versuchten die beiden totalitaristischen Systeme, die katholische Kirche in Polen für sich einzunehmen und zu zerstören. Der Kommunismus unternahm jegliche Anstrengung, um die Familien auseinanderzubrechen, indem er das Bildungsmonopol für sich in Anspruch nahm und die Jugendlichen ihre Abhängigkeit vom Staat lehrte. Es wurde auch der Versuch unternommen, die jungen Leute von der Kirche fernzuhalten, indem ihnen versprochen wurde, dass der Staat für ihre sexuelle Freiheit Sorge tragen würde.

»Das Problem ist, dass solche Tendenzen jetzt aus dem Westen kommen, zu dem wir immer aufgeschaut und ihn als sicheren Ort betrachtet haben«, sagt er. »Aber nun entwickelt sich bei vielen Polen das Bewusstsein, dass der Westen für uns kein sicherer Ort mehr ist.«

»Was wir jetzt wahrnehmen, ist der Versuch, die letzten erhalten gebliebenen Gemeinschaften dort zu zerstören: die Familie, die Kirche und die Nation. Das verbindet den Liberalismus mit der kommunistischen Theorie.«

Skibiński richtet den Fokus auf die Sprache als Bewahrerin des kulturellen Gedächtnisses. Wir wissen, dass die Kommunisten den Leuten verboten hatten, in unzulässiger Weise über die Geschichte zu reden. Dies ist eine Taktik, die auch die Progressiven von heute einsetzen, besonders an den Universitäten.

Für die Zeitgenossen ist es schwierig, die marxistische Vorgehensweise zu erkennen, die nun zum wiederholten

Male angewandt wird, um die Sprache zu verfälschen, indem bekannte Wörter ausgehöhlt und mit einer neuen, hoch ideologischen Bedeutung versehen werden. Die Propaganda verändert nicht nur unser Denken über Politik und unser derzeitiges Leben, sie bestimmt auch, was für eine Kultur des Erinnerns wert ist.

Ich gehe hier nur auf die Art ein, wie die Liberalen heute neutral oder sogar positiv klingende Wörter wie *Dialog* und *Toleranz* verwenden, um ahnungslose Konservative zum Verstummen zu bringen und letztlich zu besiegen. Und sie versehen andere Wörter oder Ausdrücke mit negativen Assoziationen wie z. B. *Hierarchie* oder *traditionelle Familie.*

Indem er sich an das Leben im Kommunismus erinnert, fährt der Professor fort: »Die Leute, die nur in einer solchen sprachlichen Sphäre lebten und keine andere Redeweise kannten, konnten wirklich an diesen veränderten Wortsinn glauben. Wenn ein Wort derart negativ belastet ist, kann man nicht mehr über das Phänomen diskutieren.«

Es stellt eine Herausforderung dar, den heutigen Studenten, die in der nachkommunistischen Zeit aufgewachsen sind, Wissen zu vermitteln, da sie keine natürliche Immunität gegen den ideologischen Missbrauch der Sprache haben. »Für mich ist das ganz offensichtlich. Ich erkenne diesen falschen Sprachgebrauch. Für unsere Studenten ist es jedoch unmöglich, dies zu begreifen.«

Wie konnten die Menschen unter den Bedingungen des Kommunismus die Realität nicht aus den Augen verlieren? Wie wussten sie nicht nur, woran sie sich erinnerten, sondern auch wie man die Erinnerung bewahrte? Die Antwort war, eigenständige kleine Gemeinschaften zu bilden – besonders Familien und kleine Glaubensgruppen –, in denen es möglich war, aufrichtig zu reden und die Wahrheit zum Ausdruck zu bringen.

»Sie hatten gesellschaftliche Bereiche, in denen die Worte nach ihrer wahren Bedeutung verwendet wurden«, sagt Skibiński. »Für mich ist es weniger wichtig, mich mit einer solchen Weltsicht auseinanderzusetzen« – er meint den Progressismus –, »als vielmehr die Realität zu beschreiben, wie sie ist. Zum Beispiel besteht unsere Aufgabe darin, den Menschen aufzuzeigen, wie eine normale monogame Familie aussieht.«

Um Orwell im Roman *1984* frei wiederzugeben: Nicht indem man ein Streitgespräch gewinnt, trägt man das Erbe der Menschheit weiter, sondern indem man selbst in der Realität verankert bleibt.

Die »Parallel Polis« zum Zufluchtsort machen

Die Familien und religiösen Gemeinschaften waren Rückzugsorte. Dasselbe galt für Weiterbildungsseminare, die im Untergrund abgehalten wurden. All das war Teil eines gemeinsamen Konzepts, das ein prominenter Dissident als »Parallel Polis«[96] bezeichnete.

Während des Kommunismus wurde dem tschechischen Mathematiker und Menschenrechtsaktivisten Václav Benda bewusst, dass es im öffentlichen Leben für Nichtkommunisten keine Möglichkeit gab mitzubestimmen, wie das Land regiert werden sollte. Die Kommunisten hatten eine Monopolstellung in Bezug auf Politik, Medien und Institutionen der tschechischen Öffentlichkeit. Aber Benda wollte nicht akzeptieren, dass Dissidenten keine andere Wahl hatten, als zu resignieren und aufzugeben.

Er entwickelte die Idee einer »Parallel Polis« – einer alternativen Einheit von zivilgesellschaftlichen Strukturen auf allen Ebenen, in denen das gesellschaftliche und intellektuelle Leben ohne offizielle Billigung stattfinden konnte. Die

»Parallel Polis« war quasi ein basisdemokratischer Versuch, sich gegen den Totalitarismus zu wehren, der nach Bendas Worten »die Preisgabe der Vernunft und der Bildung [und] den Verlust der Traditionen und der Erinnerungen«[97] angeordnet hatte.

»Die totalitäre Macht hat die Politik auf alles ausgeweitet, sogar auf den Glauben, das Denken und das Gewissen des Einzelnen«, schreibt er. »Die erste Verantwortung eines Christen und jedes Menschen bedeutet somit, eine solch unangemessene Forderung des politischen Einflussbereichs zurückzuweisen, *ergo* gegen die totalitäre Macht Widerstand zu leisten.«

Ein zentrales Organ dieser Parallel Polis waren die in Privatwohnungen abgehaltenen Seminare. Bei diesen Veranstaltungen hielten Wissenschaftler Vorlesungen über verbotene Sachgebiete – Geschichte, Literatur und andere kulturelle Themen, die wichtig waren, um die kulturellen Erinnerungen zu bewahren. Bendas »Parallel Polis« war nicht nur ein Zusammenschluss von Diskussionsgruppen, die ihre Zeit damit verbrachten, über intellektuelle und künstlerische Themen zu reden. Ihre Triebfeder war vielmehr vorrangig, die Kultur angesichts ihrer Zerstörung zu bewahren und dadurch die Saat der Erneuerung zu kultivieren.

Sir Roger Scruton war einer der Akademiker aus dem Westen, der an diesen Seminaren teilnahm und sogar dabei half, eine Untergrund-Universität zu errichten, die im Geheimen akademische Grade verlieh. Andere prominente westliche Intellektuelle schlossen sich dem Kampf an, unter ihnen der Politikwissenschaftler und Philosoph Charles Taylor und der Literaturwissenschaftler Jacques Derrida. Wie Scruton wurde auch Derrida einmal von der tschechischen Geheimpolizei inhaftiert und zur »unerwünschten Person« erklärt.

Als Scruton und seine britischen Kollegen in den späten 1970er-Jahren begannen, die kommunistische Tschechoslowakei zu besuchen, erzählt mir Scruton in einem Gespräch, waren sie erstaunt festzustellen, dass »die Tschechen entschlossen waren, ihr kulturelles Erbe nicht aufzugeben, weil sie glaubten, dass es die Wahrheit wiedergab, und zwar nicht nur über ihre Geschichte, sondern auch die Wahrheit über ihre Seele, über das, was sie zutiefst waren. Das hatten die Kommunisten ihnen nicht entreißen können.«

Scruton und sein Team merkten, dass die tschechischen Studenten nach Wissen hungerten – und nicht nur nach theoretischem Wissen. Sie wollten lernen und erfahren, wie man vor allem in einer Diktatur der Lüge leben kann. In diesem Sinne findet in Scrutons Roman *Notes from Underground,* der in der Tschechoslowakei der 1980er-Jahre spielt, sein Protagonist, ein junger Mann namens Jan, seinen Weg in die Prager Dissidentenkreise. Sein Mentor erklärt ihm, was er zu erwarten hat:

> »Und er fügte hinzu, dass dort von Zeit zu Zeit besondere Seminare stattfinden würden mit Besuchern aus dem Westen, die uns über die neuesten Forschungsergebnisse informieren und uns helfen sollten, uns zu erinnern. ›Woran zu erinnern?‹, fragte ich. Er schaute mich lange und durchdringend an. ›Uns daran zu erinnern, wer wir sind.‹«[98]

Diese Seminare prägten, was Scruton, der den tschechischen Dissidenten Jan Patočka zitiert, als »die Solidarität der Erschütterten« beschrieb. Sie stellten einen Akt der Verantwortung der älteren dar – derjenigen, die sich immer noch daran erinnerten, wie die Wirklichkeit war – gegenüber der jüngeren Generation. Den offiziellen Institutionen des tschechischen öffentlichen Lebens – unter ihnen die Universitäten an erster Stelle – konnte man nicht mehr vertrauen, dass sie die Wahrheit weitergaben und die kulturellen Erinnerungen vermittelten, die den Tschechen zum Bewusstsein brachten, wer sie waren. Doch diese Aufgabe musste erfüllt werden, sonst würde, wie Milan Hübl sagte, das tschechische Volk verschwinden.

Gemeinsam für künftige Generationen Zeugnis ablegen

Weit im Süden von Moskau befindet sich ein Bereich, der »Schießplatz von Butovo« genannt wurde. Während der Sowjetherrschaft gehörte er dem NKWD, der Geheimpolizei, die ihn für Schießübungen nutzte. Auf dem Höhepunkt von Stalins großem Terror tötete das NKWD zwischen 1937 und 1938 in einem Zeitraum von 14 Monaten insgesamt 20 762 politische Häftlinge auf diesem Platz, die meisten von ihnen mit einem Schuss in den Hinterkopf. Dort wurden sie auch begraben.

Im Jahr 1995, vier Jahre nach dem Zusammenbruch der Sowjetunion, übernahm die russisch-orthodoxe Kirche den »Schießplatz von Butovo«. Heute steht eine kleine Holzkirche auf dem Gelände und in der Nähe eine große weiße Kirche aus Stein, die den Märtyrern der Sowjetzeit gewidmet ist. Der Bereich des Schießplatzes selbst ist heute eine nationale Gedenkstätte, auf dem ein Denkmal für die Toten errichtet wurde. Der Name jedes Einzelnen ist auf zwei Granitplatten zusammen mit dem Todesdatum eingemeißelt.

Am 30. Oktober wird in ganz Russland ein nationaler Gedenktag für die Opfer politischer Repressionen in der Sowjetunion gehalten. Hier auf dem ehemaligen »Schießplatz von Butovo« versammeln sich dann die Menschen aus Russland und lesen die Namen der Ermordeten laut vor. Da stehe ich nun auf der Lichtung, umgeben von kahlen Bäumen, während nasser Schnee auf eine Ansammlung dick eingepackter und ernster Russen fällt, und beobachte dieses Ritual der kollektiven Erinnerung. Nach einer Weile gehen mein Übersetzer Matthew Casserly und ich zu einer Ausstellung im äußeren Bereich des Geländes hinüber, wo die Geschichte des »Schießplatzes von Butovo« in russischer Sprache erzählt wird.

Ein alter Mann mit einer Tellermütze hört Matthew zufällig beim Übersetzen aus dem Russischen zu. Er kommt näher heran, stellt sich als Wladimir Alexandrowitsch vor und fragt, was uns heute nach Butovo geführt hat. Matthew berichtet ihm, dass sein amerikanischer Freund hier ist, um etwas über die Zeit des Kommunismus zu erfahren, weil Menschen, die in den Westen emigriert sind, dort Anzeichen für sein mögliches Wiedererstehen erkennen.

»Was zum Beispiel?«, fragt Wladimir Alexandrowitsch. Ich erzähle ihm von Leuten, die befürchten, ihre Arbeitsstelle zu verlieren, weil sie Widerstand gegen die linke Ideologie leisten.

»Arbeitsstelle verlieren?«, wiederholt er. »Das ist ein schlechtes Zeichen. Es kann wieder geschehen, nicht wahr? Die jungen Leute wissen das nicht, und sie wollen es auch gar nicht wissen. Die Geschichte wiederholt sich immer wieder auf die eine oder andere Weise.«

Matthew und ich gehen zu der großen Blockhütte hinüber, die als Büro des Nationaldenkmals dient. Erzpriester Kyrill Kaleda, der schon früher in diesem Buch erwähnt wurde, gehört der russisch-orthodoxen Kirche an. Er betreut die Gedenkstätte und die nahe gelegene Kirche. Erzpriester Kyrill ist es gelungen, die russischen Behörden zu überzeugen, diesen blutgetränkten Boden zum Ort der Erinnerung und – wie er hofft – der Reue zu machen. Er hat den Vormittag damit verbracht, den Schülern einer nahe gelegenen Schule etwas über die Geschichte dieses Ortes zu erzählen.

Als wir am Küchentisch von Erzpriester Kyrill Platz nehmen, der mit Hering, Salaten, Käse, Brot und anderen Köstlichkeiten beladen ist, um die Pilger mit Essen zu versorgen, erzähle ich dem Erzpriester, was ich gerade von dem alten Mann gehört habe: Butovo könnte sich wieder ereignen.

»Leider hat er recht«, antwortet der Priester. »Ich habe genau beobachtet, dass die Jugendlichen, zu denen ich heute gesprochen habe, nichts von dem wussten, was hier geschehen ist. Als ich begann, über ganz einfache Dinge zu sprechen, konnte ich erkennen, dass sie nichts davon wussten.«

Und das sind junge Leute, die so nahe am »Schießplatz von Butovo« wohnen, dass sie damals bei der großen Säuberung die Geräusche der Gewehrschüsse gehört hätten. Die Zeichen des Massenmordes hat man hier in Granit gemeißelt, damit alle sie sehen können. Doch wenn Erzpriester Kyrill sie nicht in ihren Klassenräumen aufgesucht hätte, um diese Geschichte zu erzählen, hätten die Urenkel der ermordeten Generation keine Erinnerungen an den Massenmord und wären damit auch nicht belastet.

Erzpriester Kyrill war 33 Jahre alt, als die Sowjetunion zerfiel. Dieser Mann, der in der Kultur der offiziellen Lügen aufgewachsen ist und sein Leben für die Bewahrung der historischen Erinnerung an die bolschewistischen Verbrechen einsetzt, betont, dass die Propaganda mit der UdSSR nicht spurlos verschwunden ist.

»Auch wenn viele Informationen zugänglich sind, können wir erkennen, dass auch viel Propaganda verfügbar ist. Denken Sie an das, was jetzt in der Ukraine geschieht«, sagt er und bezieht sich dabei auf den bewaffneten Konflikt zwischen den von Russland unterstützten Separatisten und der Regierung in Kiew.

»Wir haben miterlebt, wie das Fernsehen uns Russen dazu gebracht hat, die Ukrainer nicht mehr als zur Familie gehörig, sondern als unsere Feinde zu betrachten. Dieselben Methoden wie zur Zeit der Kommunisten werden hier angewandt. Heute liegt es in der Verantwortung der Menschen, mehr Informationen ausfindig zu machen als das, was ihnen im Fernsehen geboten wird, und kritisch aufzunehmen, was sie lesen und sehen. Das ist heute anders als früher.«

Er wollte damit sagen, dass das kulturelle Gedächtnis der russischen Menschen an ihre Verbundenheit mit den Ukrainern mithilfe von Propaganda ausgelöscht wird.

Im Laufe unseres Gesprächs kommt eine Frau aus der Kälte herein und setzt sich zu uns an den Tisch. Es ist Marina Nikonowna Suslowa, eine Mitarbeiterin der Moskauer Stadtverwaltung, die für die Rehabilitierung der politischen Gefangenen verantwortlich ist. Sie setzt sich leidenschaftlich dafür ein, die Erinnerung an das Unrecht, das der Kommunismus den Unterdrückten angetan hat, wachzuhalten. Sie wird bei diesem Gespräch sichtlich ungeduldig wegen der Bescheidenheit des Erzpriesters und beteiligt sich nun daran.

»Ohne Ihren Glauben gäbe es diese Gedenkstätte nicht!«, sagt sie mit Nachdruck zu dem Erzpriester. Dann wendet sie sich an mich:

»Erzpriester Kyrill ist eine historische Gestalt in Russland und das wird er auch bleiben, denn durch seinen Glauben wurde er dazu geführt, diese Gedenkstätte zu errichten«, erzählt sie. »Sie wurde vor allem durch seinen Glauben inspiriert. Diese historische Stätte vermittelt nicht nur einen anderen Blick auf die Geschichte, sie vermittelt auch ein anderes Gefühl für die Geschichte. Und sie erzählt die Wahrheit, die erzählt werden muss.«

So ist es – und sie erzählt diese Wahrheit nicht nur mit Worten, sondern auch durch den Ort selbst und seinen Kult.

Die historischen und anderen Erinnerungen sind Waffen kultureller Selbstverteidigung. Die Geschichte ist ja nicht nur das, was in den Lehrbüchern steht. Die Geschichte findet sich auch in den Geschichten, die wir einander erzählen, um auszudrücken, wer wir waren und wer wir sind. Die Geschichte ist in die Sprache eingebettet, die wir benutzen, in die Dinge, die wir herstellen, in die Rituale, die wir einhalten. Geschichte ist Kultur – das Christentum ebenfalls. Der Tradition gleichgültig oder sogar feindlich gegenüberzustehen bedeutet, sich den Mächtigen zu unterwerfen, die eine neue soziale und politische Ordnung als legitimes Recht einführen wollen. Die grundlegende Bedeutung der Erinnerung und die Rolle der Kultur für deren Bewahrung und Weitergabe zu verstehen, ist für das Überleben des Christentums von entscheidender Bedeutung.

Wir müssen unsere Geschichten erzählen – in der Literatur, in Filmen, im Theater und in anderen Medien –, wir müssen die kulturellen Erinnerungen jedoch auch in gemeinschaftlichen Handlungen zum Ausdruck bringen: in der Trauer und bei Feierlichkeiten, bei feierlichen Akten des Gedenkens und in der Festfreude. Die Ansammlung von russischen Menschen, die bei kaltem, nassem Herbstwetter auf dem ehemaligen »Schießplatz von Butovo« standen und die Namen der Ermordeten vorlasen – das war ein ergreifender Akt der kulturellen Erinnerung. Dasselbe gilt auch für die Theateraufführungen Wojtyłas und seiner Truppe hinter verschlossenen Türen im besetzten Polen. Seminare über Literatur, Geschichte, Philosophie und Theologie, von Dissidenten in ihren Wohnungen abgehalten, um einander zu helfen, die Erinnerung daran zu bewahren, wer sie sind – das alles sollten die Christen in unseren nachchristlichen Gesellschaften wiederbeleben. Die klassische christliche Erziehung, sowohl in Institutionen wie auch zu Hause, ist eine großartige Möglichkeit, das kulturelle Gedächtnis wieder lebendig werden zu lassen und es zu bewahren. Über das Akademische hinaus können wir Feste feiern, Wallfahrten unternehmen, Feiertage begehen, Gebetsgottesdienste halten, Konzerte veranstalten, Tanzveranstaltungen abhalten, das traditionelle Kochen erlernen und lehren – jede Art des gemeinschaftlichen Tuns, das die Gemeinschaft mit ihrer sakralen und säkularen Geschichte auf lebendige Weise verbindet, ist ein Akt des Widerstands gegen ein Ethos, das besagt, dass die Vergangenheit keine Rolle spielt.

Auch weniger formelle Alltagsrituale zu Hause sind wichtiger, als man es sich vorstellen kann. Wie Christen über Gott reden und die Geschichten aus der Bibel und der Kirchengeschichte in das häusliche Leben integrieren, ist von immenser Bedeutung, gerade weil diese Dinge so alltäglich sind. Damit trainieren wir das kulturelle Gedächtnis der Kinder und der Eltern. Die Ausdrucksweise, die Christen verwenden – Worte und Metaphern –, ist wichtig, ebenso die Art, wie wir zusammen beten, und die Symbole, die wir verwenden, um die Bedeutung in konkreter Form in Worte zu fassen und von Generation zu Generation weiterzugeben. Wir mögen nicht in der Lage sein, diese Bedeutung einer Welt zu vermitteln, die verrückt geworden ist, aber, wie Orwell wusste, indem wir vernünftig bleiben, während alle anderen verrückt sind, können wir hoffen, das menschliche Erbe weiterzugeben.

SIEBTES KAPITEL

Familien sind Zellen des Widerstands

Die Familie ist der Ort, an dem wir zuerst lernen, andere zu lieben. Wenn wir Glück haben, ist es auch der Ort, an dem wir zuerst lernen, in der Wahrheit zu leben.

Die Lockerung der familiären Bindungen und der traditionellen Verbindlichkeit der Ehe hat dazu geführt, dass die Amerikaner keinen Zufluchtsort bei sich zu Hause haben wie früher die antikommunistischen Dissidenten. Leider unterscheiden die amerikanischen Christen sich nicht sonderlich von den Nichtgläubigen.

Es gibt ein gutes Vorbild für den antitotalitären Widerstand, der in der christlichen Familie begründet war: die Framilie Benda in Prag. Die Bendas sind eine katholische Großfamilie, die sehr unter der Verurteilung ihres Patriarchen Václav im Jahr 1979 zu leiden hatte, als die Tschechoslowakei ihn zu vier Jahren Gefängnis verurteilte, weil er sich aktiv für die Menschenrechte eingesetzt hatte.

Václav Benda und seine Frau Kamila, beide Akademiker, waren die einzigen gläubigen Christen und zugleich hochrangigen Mitglieder der tschechischen Dissidentenbewegung. Damals war es in Prag nicht einfach, als Christ zu leben, und dies nicht nur wegen des atheistischen Regimes. In jener Zeit waren Tschechen und Slowaken in einem Staat zusammengefasst, in kultureller Hinsicht waren sie jedoch unterschiedlich. Die Slowaken waren tief katholisch und heute gehören sie als unabhängige Nation immer noch zu den gläubigsten Ländern Europas. Die Tschechen waren schon lange viel weltlicher eingestellt und obwohl ihr Land in kultureller Hinsicht noch als konservativ im Vergleich zu den anderen Ländern Europas gilt, steht es nach Frankreich an der zweiten Stelle der atheistischsten Nationen.

Die Familie und der totalitäre Staat

»Die katholische Untergrundkirche war hier die Hauptkraft des Widerstands«, erzählt mir eine slowakische Gewährsperson. »Doch dort drüben« – gemeint ist die tschechische Hälfte des ehemaligen kommunistischen Staates – »war der christliche Widerstand die Familie Benda.«

Das trifft nicht ganz zu. Es gab auch noch andere katholische und protestantische tschechische Dissidenten, sogar in der Bürgerrechtsbewegung Charta 77, deren Sprecher Benda war. Doch die rhetorische Übertreibung des slowakischen Gewährsmannes zeigt, welche Wertschätzung diese Prager Familie in den Köpfen und Herzen vieler genoss, die in ihren Ländern den Kommunismus bekämpften.

Václav Benda, Vater von sechs Kindern, war der Überzeugung, dass die Familie das Fundament der Zivilisation ist, die unbedingt unterstützt und geschützt werden muss. Er war sich sehr bewusst, welche Bedrohung der Kommunismus für die Familie darstellte, und er dachte intensiv über die Rolle nach, die die traditionelle Familie einnehmen konnte, um den antikommunistischen christlichen Widerstand aufzubauen. Im Winter 1987/88 schrieb er einen kurzen Essay mit dem Titel »Die Familie und der totalitäre Staat«. Darin erläuterte er seine Grundüberzeugungen und legte dar, was getan werden musste, um den Bestand der Familie zu sichern angesichts einer Regierung und einer Sozialordnung, deren Ziel die Zerstörung der Familie war.[99]

In diesem Essay schrieb Benda: Wir müssen »die gängigen Klischees über die Befreiung« von den traditionellen Verpflichtungen in Ehe und Familie über Bord werfen. Nach dem christlichen Leitbild bieten Ehe und Familie drei Gaben, die Gläubige im Kampf gegen ein totalitäres System dringend benötigen.

> »Die erste ist die fruchtbare Liebesgemeinschaft, in der wir mit unserem Nächsten auf Gedeih und Verderb verbunden sind aufgrund unserer Nähe, nicht aufgrund von Verdiensten, Rechten und Ansprüchen, sondern aufgrund der gegenseitigen Angewiesenheit und der liebevollen gegenseitigen Beziehung – übrigens absolut nicht von der Gleichheitsidee und der Vorstellung eines permanenten Kampfes der Geschlechter beeinflusst.«[100]
> »Die zweite Gabe ist die Freiheit, die uns unbedingt gegeben ist, damit wir als endliche und anscheinend in den Bedingungen der Welt verwurzelte Wesen fähig sind, dauerhafte Entscheidungen von ewiger Tragweite zu treffen; jedes Eheversprechen, das gehalten wird, jede Treue trotz aller Widrigkeiten ist eine radikale Überwindung unserer Endlichkeit, etwas, das uns – und mit uns alle leiblichen Geschöpfe – erhebt, höher als die Engel.«[101]
> »Die dritte Gabe ist die Würde der einzelnen Person innerhalb der Gemeinschaft der Familie: In praktisch allen anderen sozialen Rollen sind wir ersetzbar und können abgelöst werden, zu Recht oder zu Unrecht. Ein solch kaltes Rechtskalkül herrscht jedoch nicht zwischen Ehe-

mann und Ehefrau, zwischen Kindern und Eltern, sondern dort herrscht das Gesetz der Liebe. Selbst wenn die Liebe völlig versagt ... mit all dem, was mit diesem Versagen einhergeht, bleibt der Impuls der gemeinsamen Verantwortung für die gegenseitige Rettung bestehen; und sie hindert uns daran, unwürdige Söhne, untreue Ehefrauen und altersschwache Väter aufzugeben.«[102]

Benda war hinsichtlich der Familie kein Utopist. Er gestand ein, dass Familien allzu menschlich und mit Fehlern und Schwächen behaftet sind. In der Vergangenheit konnte die Familie sich jedoch auf Menschen außerhalb ihres Haushalts verlassen, die sie bei ihrer Aufgabe unterstützten – und aus starken Familien gingen wiederum Bürger hervor, die fähig waren, starke Zivilgesellschaften aufzubauen. Im Kommunismus hingegen war die Familie den direkten, andauernden Angriffen der Regierung ausgesetzt, die in der Souveränität der Familie eine Bedrohung der staatlichen Kontrolle über den Einzelnen sah. Benda schreibt: »Der intellektuelle Terror der Linken erreichte, was er wollte: Ehe und Familie wurden zu extrem problematischen Institutionen.«

Traditionelle Familien, christliche und andere, die heute im liberalen Kapitalismus leben, der dem Kommunismus folgte, wissen nur zu genau, dass der linke Angriff auf die traditionelle Ehe und Familie mit der sexuellen Revolution in den 1960er-Jahren im Westen begann.

Dies setzt sich heute in den gezielten Angriffen der »woken« Linken fort, darunter Professoren der Rechtswissenschaften, die für rechtliche Strukturen plädieren, um die traditionelle Familie als repressive Institution zu zerstören. Bedrohlicheres kommt von politischen Richtlinien, Gesetzen und Gerichtsurteilen, die die elterlichen Rechte in Fällen von Transgender-Minderjährigen einschränken oder aufheben.

Das kommt jedoch nicht allein von der Linken. Mit fortschreitendem Materialismus und Individualismus haben wir ein soziales Ökosystem geschaffen, in dem die Funktion der Familie auf die Hervorbringung von unabhängigen Konsumenten reduziert ist ohne ein Gefühl der Verbundenheit oder eine Verpflichtung zu etwas Wichtigerem als der Erfüllung der eigenen Wünsche. Konservative Eltern erkennen oft schnell die Bedrohung der Werte ihrer Familien durch progressive Ideologen, aber sie können kritiklos die Logik und die Werte des freien Marktes akzeptieren, ganz zu schweigen von der Tatsache, dass sie ihre Kinder unbekümmert den Smartphones und dem Internet ausliefern.

Deshalb sind Václav Bendas Ratschläge für Familien, die unter den Angriffen des totalitären Kommunismus lebten, auch für die heutigen Familien außerordentlich aufschlussreich.

Die moderne Familie wird nicht zusammengehalten, wenn Vater und Mutter die Scheidung als einfache Lösung für eheliche Probleme betrachten. Nach Benda kann eine Familie auch keinen Bestand haben, wenn die Kinder sich über das Konzept der Ehe lustig machen. Wenn Familienmitglieder eine Kultur der »sexuellen Zügellosigkeit, Promiskuität, schnell begonnenen und wieder beendeten Beziehungen und des mangelnden Respekts gegenüber dem Leben« (d. h. Abtreibung) akzeptieren, dann können sie von der Familie nicht erwarten, dass sie so ist, wie eine Familie sein sollte, und sich so verhält, wie sie sich verhalten sollte.

Manchmal kommen solche Dinge in der Familie aufgrund individueller moralischer Fehltritte vor und manchmal sind sie auf äußere Bedingungen zurückzuführen, auf wirtschaftliche wie auch auf gesellschaftliche. Es gibt einige Dinge, die wir kontrollieren können, meint Benda, andere jedoch nicht. Unsere Ideale müssen auf Realismus und auf dem Bewusstsein unserer Grenzen basieren. Die Familien sollen weder »patriarchale Tyrannei noch überdrehte feministische Exzesse« zulassen und auch vermeiden, »die Kinder zu vergöttern« und all ihre Wünsche zu erfüllen.

Und obwohl Benda in seiner Familie eine starke Führungspersönlichkeit war, begriff er, dass der christliche Vater vor allem ein Diener Christi sein muss.

> »Die Familie kann als Gemeinschaft nicht überleben, wenn nicht eines ihrer Mitglieder das Haupt und das Zentrum ist. Die christliche Aussage ist klar und einfach: Christus muss die wahre Mitte sein, und in seinem Dienst haben die einzelnen Mitglieder dieser Gemeinschaft teil am Werk ihrer Erlösung. Man hofft zwar, dass die wohlbegründete Familie auch ohne diese ausgeprägte religiöse Ausrichtung bestehen kann, doch scheint es wesentlich zu sein, sich auf den Dienst an etwas ›Jenseitigem‹ auszurichten, ob wir es nun Liebe, Wahrheit oder irgendetwas anderes nennen.«[103]

Benda sagte, dass das Haus der Familie ein wirkliches Heim sein muss, »d. h. ein Ort, an dem es sich leben lässt, abgegrenzt, geschützt vor der Außenwelt, ein Ort, der Ausgangspunkt für Abenteuer und Erfahrungen ist mit der Gewissheit einer sicheren Rückkehr« – anders ausgedrückt, ein Hafen in einer herzlosen Welt. Das liebevolle, sichere christliche Heim ist ein Ort, in dem Kinder heranwachsen, die fähig sind, in der Familie, in der Pfarrgemeinde, in der Nachbarschaft und tatsächlich auch im Land andere zu lieben und ihnen zu dienen. Die Familie existiert nicht nur für sich allein, sondern an erster Stelle für Gott und dann für die Gemeinschaft im weiteren Sinne – als eine Familie unter anderen Familien.

Wenn eine Nation und ihre Bürger von einem totalitären System in Beschlag genommen werden, dann müssen die Christen und ihre Familien ebenso stark gegen die totalitäre Welt vorgehen, wie diese gegen sie vorgeht. Das lehrte der Patriarch der Benda-Familie und dementsprechend lebten er und seine Familie.

Benda überlebte und erlebte den Zusammenbruch des Kommunismus im Jahr 1989 und sein Freund und enger Mitarbeiter Václav Havel wurde der erste Präsident einer freien Tschechoslowakei (unter seiner Führung geschah auch die friedliche Trennung Tschechiens von der Slowakei). Bis zu seinem Tod 1999 blieb Benda in der Politik aktiv. Seine Witwe Kamila lebt heute noch in der Prager Wohnung, die voller Bücherregalen ist, in der sie und ihr Mann während des Kommunismus Seminare für Dissidenten abhielten.

Ein Benda-Ratgeber für Kindererziehung

Das erste Mal habe ich Kamila im Frühling 2018 in ihrer Prager Wohnung besucht, um ihrem verstorbenen Ehemann die letzte Ehre zu erweisen. Seine Ideen haben mein eigenes Buchprojekt *Die Benedikt-Option* beeinflusst, dessen Ziel es ist, in der nachchristlichen Kultur des Westens den Aufbau starker christlicher Gemeinschaften zu fördern. Kamila hatte an diesem Abend einige ihrer erwachsenen Kinder und Enkel eingeladen. Wir fanden uns im Wohnzimmer ihrer Wohnung ein, in dem Buchregale mit Tausenden Büchern vom Fußboden bis zur Decke reichten, an den Wänden hingen eingerahmte Fotos der Familie und ein riesiges Gipskreuz.

An diesem Sonntagabend erfuhr ich, dass Václav und Kamila nicht nur Kinder großgezogen hatten, die ihren christlichen Glauben während der kommunistischen Verfolgung bewahrt hatten, sondern dass die Nachkommenschaft auch nach dem Kommunismus gläubig blieb, obwohl sich die überwältigende Mehrheit ihrer tschechischen Zeitgenossen von Gott abgewandt hatte. Überdies sind auch alle Enkelkinder der Benda-Familie praktizierende Katholiken.

Ihre Wohnung liegt in der Nähe des ehemaligen Hauptquartiers der StB (Státní bezpečnost), der Geheimpolizei während der kommunistischen Ära. Während der Diktatur kamen manchmal Leute, die zum Verhör vorgeladen waren, bei den Bendas vorbei, um sich beraten zu lassen, wie sie das, was auf sie zukam, aushalten konnten, ohne daran zu zerbrechen, und um Mut zu schöpfen. Und dieselben Leute suchten nach der Tortur wieder diese Wohnung auf, um getröstet zu werden. Was die Familie Benda für diejenigen, die Widerstand leisteten, tat, war mehr als christliche Gastfreundschaft.

Bei diesem ersten Besuch und bei zwei darauffolgenden Treffen mit Mitgliedern der Familie Benda wollte ich unbedingt erfahren, wie Václav und Kamila ihre Familie angeleitet hatten, um die innere Stärke bei ihren Kindern zu entwickeln, nicht nur als gläubige Katholiken, sondern auch als junge Leute, die die Bedeutung der Aufgabe ihrer Eltern verstanden und auch die Opfer, die dies zwangsläufig mit sich bringen würde. Hier der Rat, den sie gaben.

Vorbildliche Zivilcourage

»Unsere Eltern waren für uns Helden«, sagt Patrik. »Mein Vater war der Sheriff aus dem Western *Zwölf Uhr mittags*.«

Václav brachte seinen Kindern bei, wie sie ihre Umwelt besser deuten und Menschen und Ereignisse im Sinne von »richtig« und »falsch« einordnen konnten. Er ließ nicht zu, dass sie in Unwissenheit oder Gleichgültigkeit abdrifteten. Die Schlacht, in die sie durch die Geschichte hineingezogen wurden, war zu wichtig.

Zum Beispiel erklärte Václav seinen Kindern, dass es Dinge gibt, die gefährlicher sind als der Verlust politischer Freiheitsrechte.

»Unser Vater machte uns klar, dass es einen Unterschied gibt zwischen einer Diktatur und dem Totalitarismus«, sagt Marek. »Eine Diktatur kann euch das Leben schwer machen, aber sie will nicht eure Seele verschlingen. Totalitäre Regime wollen jedoch eure Seelen. Das müssen wir wissen, um das schützen zu können, was für uns Christen am wichtigsten ist.«

Indem er das Verhalten seiner Brüder in der Pubertät wahrnahm, erkannte Patrik, wie stark die moralische Autorität seines Vaters innerhalb der Familie war. Rebellion gegen Autoritäten ist normal für Kinder in diesem Alter, doch die Kinder von Dissidenten konnten sich diesen Luxus nicht leisten.

»Alle Auseinandersetzungen innerhalb der Familie mussten übergangen werden, damit wir gegen die äußere Bedrohung durch den Kommunismus standhalten konnten«, erklärt Patrik. »Als mein Vater meinem Bruder Martin sagte, dass er in der Öffentlichkeit keinen Alkohol trinken dürfte, bis er achtzehn war, erklärte er ihm, dass durch diese Regel die ganze Familie vor dem Regime geschützt wird. ›Du darfst das nicht tun‹, sagte er zu Martin, ›weil es uns alle in Gefahr bringen könnte.‹«

Anstatt dies nun als schwere Last zu empfinden, sahen die Benda-Kinder darin eine Möglichkeit, einer Sache zu dienen, die größer war als sie selbst.

»Durch den Film *Zwölf Uhr mittags* wurde uns der Weg aufgezeigt, wie wir gegen das Böse kämpfen können«, sagt

Marek Benda. »Darin bitten alle Bewohner den Sheriff, die Kleinstadt zu verlassen, damit die Probleme mit den Banditen aufhörten. Der Sheriff gibt zunächst nach, kommt jedoch trotzdem zurück, weil seine Tugendhaftigkeit und Ehre es nicht zulassen, die Stadt zu verlassen. Er sucht nach Unterstützern, aber niemand ist dazu bereit. Doch am Ende hilft ihm seine Frau. Irgendwie war das die Geschichte unserer Familie. So haben unsere Eltern gehandelt.«

»Sie sollten jedoch nicht denken, dass unser Vater von Natur aus ein Held war«, warnt Martin Benda. Eines Abends, als Kamila verspätet nach Hause kam, hielt Václav am Fenster Wache und beobachtete nervös die Straße, die zur Wohnung führte, da er befürchtete, dass seine Frau von der Geheimpolizei verhaftet worden war.

»Das war der Moment, in dem ich begann, meinen Vater noch mehr zu bewundern«, sagt Martin. »Da sah ich, dass er ganz menschlich reagierte. Er hatte Angst, aber er wollte nicht, dass die Angst ihn bezwang.«

Für die moralische Vorstellungskraft das Gute auswählen

Den Western *Zwölf Uhr mittags* und ähnliche Filme mit den Kindern anzuschauen war für Václav und Kamila nicht die einzige Möglichkeit, ihre Kinder auf den Widerstand als Christen vorzubereiteten. Trotz der Inanspruchnahme durch ihre Lehrtätigkeit an der Universität nahm Kamila sich die Zeit, ihren Kindern täglich zwei bis drei Stunden lang vorzulesen.

»Jeden Tag?«, frage ich fassungslos.

»Jeden Tag«, bestätigt sie.

Sie las ihnen Märchen, Sagen, Abenteuergeschichten und sogar die eine oder andere klassische Gruselgeschichte vor. Mehr als jeder andere Roman entwickelte sich allerdings

Der Herr der Ringe von J. R. R. Tolkien zum Eckpfeiler der gemeinsamen Vorstellungskraft der Familie.

»Warum Tolkien?«, frage ich.

»Weil wir wussten, dass Mordor ganz real war. Wir spürten, dass diese Geschichte« – die der Hobbits und anderer, die dem bösen Sauron widerstanden – »auch unsere Geschichte war. Tolkiens Drachen sind realer als eine Menge Dinge, die es in dieser Welt gibt.«

»Mama hat uns *Der Herr der Ringe* wohl sechsmal vorgelesen«, erinnert sich Philip Benda. »Da geht es um den Osten gegen den Westen. Die Elben auf der einen und die Zwerge auf der anderen Seite. Und wenn man das Buch kennt, versteht man, dass man zuerst gegen das Reich des Bösen kämpfen muss. Aber das ist noch nicht das Ende des Krieges. Danach mussten die Probleme zu Hause, im Auenland, gelöst werden.«

So bereitete Tolkien die Benda-Kinder darauf vor, gegen den Kommunismus Widerstand zu leisten, aber auch auf die Vorstellung, dass mit dem Fall des Kommunismus ihr Streben nach dem Guten und Wahren noch nicht zu Ende sein würde. Nach dem Zusammenbruch des Kommunismus fanden sie Möglichkeiten, zum moralischen Wiederaufbau ihres Landes beizutragen.

Patrik betont, dass es am wichtigsten ist, Kinder mit Geschichten in Berührung zu bringen, die ihnen helfen, den Unterschied zwischen Wahrheit und Unwahrheit zu erkennen, und sie zu lehren, genau dies auch im wirklichen Leben wahrzunehmen.

»Durch das Vorlesen von Büchern oder das Spielen mit Figuren hat meine Mama immer unsere Vorstellungskraft angeregt und unterstützt«, sagt er. »Sie hat uns auch gelehrt, dass die Vorstellungskraft etwas ist, was ganz und gar uns gehört, was man uns nicht wegnehmen kann. Dies hat uns auch von den anderen unterschieden.«

Habt keine Angst, von der Gesellschaft als merkwürdig betrachtet zu werden

»In unseren Schulklassen unterschieden wir uns von unseren Mitschülern, wir waren anders durch unseren Glauben, aber auch durch unsere Kleidung«, sagt Patrik. »Wir hatten eine größere Vielfalt an Kleidungsstücken, weil wir von unserer Tante Kleidungsstücke erhielten und auch von anderen Leuten. Wir waren nicht traurig, weil wir anders waren, da wir dieses Außergewöhnliche als Wert betrachteten und nicht als etwas Schlechtes.«

Auf diese Weise haben ihre Eltern sie, laut den Benda-Kindern, gegen die Seuche der kommunistischen Ideologie, die überall verbreitet war, immunisiert. Sie haben sie so erzogen, dass sie begriffen, dass sie als Christen in der totalitären Gesellschaft nicht mitmachen sollten, um dort zurechtzukommen. Václav und Kamila war das Risiko klar, dass, falls sie dieses Gefühl des Andersseins ihren Kindern nicht stark vermittelten, sie sie an die Propaganda und die weitverbreitete Angepasstheit an das totalitäre System verlieren würden.

»Manchmal war es wirklich schwer«, denkt Patrik zurück. »Wir waren arm und wir spürten die Ungleichheit. Es war ganz unmöglich, etwas Modisches zu kaufen und irgendeinen Trend mitzumachen, der gerade modern war. Auch Spielzeug zum Sammeln, das jedes Kind besaß, hatten wir nicht. Manchmal war es schwer, aber es machte uns stärker.«

Einmal erhielt Kamila einen Brief von ihrem Ehemann, der im Gefängnis war. Darin teilte er ihr mit, dass die Regierung die Möglichkeit in Erwägung ziehe, ihn vorzeitig zu entlassen, wenn er bereit wäre, mit seiner Familie in den Westen zu emigrieren.

»Ich schrieb ihm zurück, dass es besser wäre, weiterhin im Gefängnis zu bleiben, um für das kämpfen zu können, was wir für wahr und richtig halten«, erzählt sie mir.

Bedenken Sie: Diese Frau zog sechs Kinder in einem totalitären kommunistischen Staat allein auf. Doch sie bekräftigte ihre eigene Bereitschaft, ein materiell komfortableres und politisch freies Leben für ihre Kinder für ein höheres Ziel zu opfern.

Wenn man sich nicht so verhält, weil man glaubt, es den Kindern dadurch leichter zu machen, könnte sich dies als starker Bumerang erweisen.

»Wir haben Leute gekannt, die um ihrer Kinder willen nachgegeben haben«, sagt Patrik. »Sie wollten ihren Kindern eine bessere Ausbildung ermöglichen, indem sie ihre Werte aufs Spiel setzten und in die Kommunistische Partei eintraten. Doch letztlich wurden sie von sich selbst und von ihren eigenen Kindern entfremdet. Ich habe das gesehen, als ich 1989 während der Samtenen Revolution an der Hochschule war. Einige Schüler haben ihre Eltern regelrecht gehasst, weil sie diese Kompromisse um ihretwillen eingegangen sind.«

Heute sind Dr. Bendas Kinder und Enkelkinder im Besitz der Briefe, die er ihrer Mutter und Großmutter aus dem Gefängnis geschrieben hat. Sie sind ein schriftliches Zeugnis dafür, wie ihm als politischem Häftling sein tiefer Glaube half, die Gefangenschaft zu überstehen. Diese Briefe sind ein Glaubensbuch für seine Nachkommen, weil sie anschaulich machen, dass sie nicht aus der Feder einer Heiligenfigur aus Gips stammen, sondern von einem Helden aus Fleisch und Blut.

»In einem seiner Briefe berichtet er, wie ihm seine Gefangenschaft neue Einsichten in das Evangelium ermöglichte«, berichtet Patrik. »Er spricht davon, dass Jesus in seiner Passion sagte: ›Nicht mein Wille, sondern Dein Wille soll geschehen, Vater.‹ Der Brief meines Vaters zeigt, dass er daran glaubte, selbst Zeugnis abzulegen, indem er die Verfolgung erlitt. Das half uns allen, das Beispiel unseres Herrn zu verstehen.«

»Vater glaubte, obwohl die Dinge schlecht standen und er leiden musste und die positiven Auswirkungen seines Tuns nicht erkennen konnte, dass es einen guten Gott gibt, der letztlich den Kampf gewinnen wird«, fügt Marketa hinzu, eine der Töchter Bendas. »Gottes Wille setzt sich letztlich durch, selbst wenn ich es in meinem Leben nicht erleben werde. Deshalb ist mein Leiden nicht sinnlos, weil ich Teil eines größeren Kampfes bin, der am Schluss siegreich sein wird. Das hat uns unser Vater durch sein Leben gezeigt.«

»Aber Vater glaubte, dass der Kommunismus fallen würde und dass er das noch erleben würde«, fügt Patrik hinzu.

»Das ist wahr«, bestätigt Kamila. »Doch er war auch überzeugt, dass es seine Aufgabe war, das kommunistischen Regime zu Fall zu bringen. Er war immer im Gespräch mit Gott und fragte ihn, welches der richtige Weg sei. Er hat sich immer bemüht, die richtigen Werte zu erkennen und nach ihnen zu leben.«

»Das ist etwas sehr Wichtiges in Bezug auf meinen Vater«, sagt Marketa. »Er war überzeugt, vor Gott Rechenschaft ablegen zu müssen, nicht vor den Menschen. Es war ihm nicht so wichtig, wenn andere Leute nicht verstanden, warum er sich so verhielt und nicht anders. Sein Handeln geschah vor dem Angesicht Gottes. Und die Bibel gab ihm Kraft, denn sie ist voll von Geschichten über Propheten und andere Menschen, die die Grenzen des für Menschen Verständlichen oder Nachvollziehbaren überschritten haben, um dem Herrn zu gehorchen.«

Die Menschen lehren, dass sie Teil einer umfassenderen Bewegung sind

Die Bendas waren Gründungsmitglieder der Charta 77, der wichtigsten tschechoslowakischen Bürgerrechtsbewegung. Die Charta 77 war ein 1977 von mehr als zweihundert Künstlern, Intellektuellen und anderen Menschen unterzeichnetes Dokument, in dem das kommunistische Regime aufgefordert wurde, die Menschenrechte zu beachten. Einige der Unterzeichner, darunter der Dramatiker und künftige Präsident Václav Havel und Václav Benda, landeten dafür im Gefängnis.

»Wir bezogen unsere Kinder in den Kampf mit ein«, erzählt Kamila. »Sie hatten das Gefühl, dass wir alle einer Gruppe angehören und ein gemeinsames Ziel verfolgen. Sie wurden in dem Bewusstsein erzogen, für eine gute Sache zu kämpfen, für die Gerechtigkeit.«

Es ging nicht nur darum, die richtigen Ansichten und Gefühle zu haben. Für den Widerstand nahmen die Benda-Kinder auch Risiken auf sich.

»Manchmal, wenn wir etwas Vertrauliches weitergeben wollten, sandten wir es durch eines unserer Kinder, denn es war weniger wahrscheinlich, dass sie festgenommen würden«, erinnert sich Kamila. »Sie lernten auch, kleine Papierstücke mit Botschaften hinunterzuschlucken, wenn sie in Gefahr waren, verhaftet zu werden.«

Die aktive Teilnahme an einer breiteren Bewegung für Freiheit, Demokratie und Menschenrechte prägte die Benda-Kinder auch in anderer Hinsicht. Obwohl Václav und Kamila Benda ihre katholischen Überzeugungen in der Familie kompromisslos vertraten, zeigten sie ihren Kindern durch ihr Beispiel, wie wichtig die Zusammenarbeit mit guten und anständigen Menschen außerhalb der moralischen und theologischen Gemeinschaft der Kirche ist.

Patrik erinnert mich daran, dass seine Familie sich als einzige Christen an der Bewegung in Prag beteiligt hatte. Alle anderen älteren Mitglieder der Charta 77 waren weltlich eingestellt. Obwohl die meisten von ihnen auf die eine oder andere Art entschieden antikommunistisch waren, bezeichnete einer von ihnen, Petr Uhl, sich selbst als »revolutionären Marxisten«, doch er gehörte zu denjenigen, die glaubten, dass ein marxistischer Staat ohne Menschenrechte die Mühe des Kampfes nicht wert war.

»In der Charta 77 waren Leute von ganz unterschiedlichen Weltanschauungen und Ideen vereinigt«, erklärt Patrik. »Da waren zum Beispiel einerseits Sozialdemokraten und andererseits strenggläubige Katholiken. Für mich als Kind war es ganz normal, in einer Gemeinschaft von Menschen mit sehr unterschiedlichen Meinungen aufzuwachsen. Das ließ die Blase um mich herum zerplatzen.«

Diese Lektion der Wertschätzung der Vielfalt innerhalb einer größeren Einheitlichkeit gemeinsamer Ziele müssen die Christen auch heute aufgreifen und übernehmen.

»Wenn wir betrachten, was sich heute in Amerika ereignet, stellen wir fest, dass ihr zwischen den Menschen Mauern aufbaut und zwischen ihnen eine Kluft entstehen lasst«, sagt er. »Was uns betrifft, so waren wir immer zum Gespräch bereit, indem wir mit der anderen Seite redeten, um die Errichtung von Mauern zwischen den Menschen zu vermeiden. Wissen Sie, es ist viel leichter, jemanden zu indoktrinieren, der von Mauern umgeben ist.«

Gastfreundschaft praktizieren und anderen helfen

Laut Kamila bedeutet das Gebot Christi, den Nächsten zu lieben, sich für jede verfolgte Person einzusetzen, nicht nur für nur Kirchgänger. Sie erwähnt die Menschen, die auf dem Weg zum Verhör bei ihnen in der Wohnung vorbeikamen. Kamila war für sie wie eine Herbergsmutter, die mit ihnen Strategien besprach, wie sie die oft sehr harten polizeilichen Vernehmungen durchstehen konnten, ohne Informationen preiszugeben.

Bis zu 20 Personen kamen täglich in Bendas Wohnung auf der Suche nach Ratschlägen, Trost und Gemeinschaft. Und nachdem die Polizei die Verdächtigten wieder entlassen hatte, kehrten sie oft zur Wohnung der Bendas zurück. Ob sie nun das Verhör überstanden hatten, ohne etwas zu verraten, oder unter Zwang Informationen preisgegeben hatten – es war Kamila, die ihnen eine Tasse Tee und ein Glas Wein anbot und ihnen Mut zusprach.

»Mama sagte zu ihnen: ›Es ist in Ordnung, das nächste Mal machst du es besser‹«, erzählt Patrik. Der Kreis der Dissidenten war zu klein und zu zerbrechlich, um sich trotz ihrer Misserfolge, Frustrationen und Enttäuschungen gegeneinander aufzubringen.

Nun sprechen Kamila und ich erneut über die Seminare, die in der Zeit des Kommunismus in Bendas Wohnung stattgefunden haben. Diese Praxis wurde von ihren erwachsenen Kindern übernommen. Heute veranstaltet Marketa ähnliche Versammlungen in der Wohnung ihrer Familie.

»Sie nennt diese Abendveranstaltungen ›Abende mit Käse‹ wegen ihres Spitznamens«, erklärt Marketas Nichte Klara. »Sie nennen sie nämlich ›Maus‹. Sie lädt Leute ein, die sie von der Universität oder von ihrer Arbeit kennt und sie reden über das, was sie tun.«

Patrik, der ebenfalls Gäste einlädt, erzählt, dass sie einmal im Monat zusammen einen Film anschauen und dazu Leute einladen, die sich danach darüber unterhalten. Natürlich kann jeder alles, was ihm gefällt, bei sich zu Hause anschauen, sagt er, aber es ist doch etwas Besonderes, sich über das Gesehene mit anderen auszutauschen und darüber zu sprechen.

»Ich denke, eines der wichtigen Dinge dabei ist, dass die Leute gerne zusammenkommen wollen, aber wenn es keinen Inhalt gibt, über den man reden kann, dann geht das Interesse leicht verloren«, sagt Klara, Patriks Tochter im Teenager-Alter. »Wenn man einen Film gemeinsam anschaut, dann kann das Gespräch zunächst damit beginnen. Und am Schluss unterhalten wir uns über die Prüfungen zur Hochschulreife und wie sehr wir sie nicht mögen. Das ist großartig, wichtig ist jedoch, dass wir mit etwas Konkretem beginnen.«

Ich erwähne Václav Bendas bekannte Idee, dass es in einer Gesellschaft von atomisierten Individuen, wie es in der damaligen kommunistischen Tschechoslowakei der Fall war, für normale Leute wichtig ist, sich zu treffen und sich daran zu erinnern, dass sie am Leben sind. In einer Zeit, in der die Menschen vergessen haben, wie man sich als Nachbarn verhält, ist schon ein gemeinsames Essen oder ein Film, den man zusammen anschaut, ein politischer Akt. Nach meiner Meinung ist dies eine Möglichkeit, sich gegen die Einsamkeit und Isolierung zu wehren, die es dem Totalitarismus ermöglichen, seine Herrschaft über die Menschen auszuüben.

Das ist richtig, sagt Patrik. Aber es trifft auch zu, dass die älteren Mitglieder der Gemeinschaft, indem sie sich über die Filme unterhalten, die kulturellen Erinnerungen an die Jüngeren weitergeben können.

»Ich habe mit einigen Leuten, die 20 Jahre jünger waren als ich, die Erfahrung gemacht, dass sie einen Film großartig und interessant fanden, jedoch nicht wussten, dass es eine Neuverfilmung einer älteren Aufnahme war«, erzählt er. »Deshalb zeigen wir nicht nur neue Filme, sondern auch ältere. Zwischen den verschiedenen Zeiten hin und her zu springen, hilft den jungen Leuten, den kulturellen Zusammenhang zu verstehen, in dem die Filme gedreht wurden. Es ist wirklich wichtig, dass die Jüngeren von dem Wissen und der Erfahrung der Älteren lernen.«

Für die Familie Benda aus Prag besteht das erste Ziel darin, Gott zu dienen, und danach die Nächsten zu unterstützen. Entsprechend haben sie sich unter dem Kommunismus verhalten und dies setzen sie auch im nachchristlichen Liberalismus fort. Das ist ihre Familientradition.

Die soziale Bedeutung der Familie

Die Bendas waren nicht die einzige Familie, die gegen den Kommunismus Widerstand geleistet hat. Bei vielen Gesprächen in Ländern des ehemaligen Ostblocks habe ich Geschichten darüber gehört, wie die christliche Familie die natürliche Basis des Widerstands gegen den Kommunismus bildete.

In Russland erwartet man, hauptsächlich orthodoxe Christen vorzufinden, doch es gibt dort auch Baptisten, wenn es auch nur wenige sind. Bis zur zweiten Hälfte des 19. Jahrhunderts gab es in Russland überhaupt keine Baptisten und selbst heute leben in diesem riesigen Land mit 145 Millionen Menschen nur etwa 76 000 Baptisten. Ein freundlicher weißhaariger Pastor namens Yuri Sipko war einst

Vorsitzender der Russischen Union der Evangelischen Christen-Baptisten seines Landes.

Es war eine schwierige Aufgabe, selbst noch nach dem Zusammenbruch des sowjetischen Regimes. Baptisten werden in Russland marginalisiert und wurden zeitweise verfolgt, sogar von Andersgläubigen. Im Kommunismus hatten sie jedoch nicht nur mit der Ächtung durch Mitchristen zu kämpfen, sondern wurden wie alle Glaubensgemeinschaften von der sowjetischen Regierung schwer angegriffen. Die kommunistische Propaganda stellte die Baptisten als Mitglieder einer gefährlichen, primitiven Sekte dar. Sipko, der 1952 in eine Familie von zwölf Kindern geboren wurde, erzählt, dass seine Eltern den Samen des Mutes in sein Herz eingepflanzt hatten.

»Mein Vater war der Pastor unserer Gemeinde. Auf alle erdenkliche Weise wurde er unter Druck gesetzt«, erinnert sich Sipko. »Als Kind wusste ich nur, dass ich einmal so sein wollte wie mein Vater. Ich sah, dass er sich ganz allein mit Würde und Mut gegen all seine Feinde behaupten konnte.«

Als Yuri noch ein Junge war, wurde sein Vater wegen seiner Predigten von den Sowjets zu fünf Jahren Gefängnis verurteilt. Seine Mutter stand, zusammen mit einigen anderen Müttern der Gemeinde, allein vor der Aufgabe, ihre Kinder großzuziehen. Diese Mütter haben ihren Kindern aus der Bibel vorgelesen, mit ihnen gebetet, mit ihnen geweint und sie gelehrt, wofür es sich zu leben lohnt.

Eines Tages wurde Yuris Mutter aufgefordert, zu einem Gespräch in die Schule zu kommen. Der Lehrer war verärgert, weil das Kind sich weigerte, den vom Staat angeordneten Unterricht in Atheismus und Materialismus zu akzeptieren. Yuris Lehrer wollte wissen, zu welcher Sekte Frau Sipko gehörte und weshalb sie ihre Kinder einen solchen

Unsinn lehrte. Der Junge beobachtete seine Mutter, deren Ehemann wegen seines Glaubens im Gefängnis war, um zu sehen, wie sie auf diese Zurechtweisung durch eine Autoritätsperson reagieren würde.

»Sie nahm ihre Bibel heraus und begann zu lesen«, erinnert er sich lächelnd. »Es macht mich heute noch glücklich, wenn ich daran denke. Der Lehrer rief mich zu sich und sagte: ›Dies ist *unser* Junge. Er lernt *unsere* Lektionen.‹ Aber unter dem Schutz meiner Mutter fand ich den Mut zu sagen: ›Nein, ich glaube an Gott.‹ Für den Lehrer war es ein Fiasko.«

Auf konsequentere Weise stürzten die polnischen Behörden sich kopfüber in ein ähnliches Fiasko, als sie Pfarrer Jerzy Popiełuszko, den Kaplan der polnischen Stahlarbeiter und Unterstützer der Gewerkschaft »Solidarność«, umbrachten. Trotz zahlreicher Todesdrohungen bezog der Priester aus Warschau gegen das kriminelle Regime Stellung. Im Jahr 1984 wurde er durch den Staatssicherheitsdienst zusammengeschlagen und in einem Stausee ertränkt.

Pfarrer Jerzy war ein mittelmäßiger Seminarist und ein unauffälliger Priester gewesen – bis die Gewerkschaft »Solidarność« sich gegen die kommunistische Brutalität erhob und er dadurch zu seiner Bestimmung herangeführt wurde.

Paweł Kęska, der Leiter des Popiełuszko-Museums in der Warschauer Pfarrei des Märtyrerpriesters, berichtet von fast einer Million Trauergästen, die zu Pfarrer Popiełuszkos Beerdigung kamen. Und dann erzählt er mir von der Kindheit des Priesters, der in einfachen Verhältnissen aufgewachsen war und nun als Nationalheld verehrt wird und der in der katholischen Kirche nach seiner Seligsprechung auch heiliggesprochen werden soll.

Kęska erzählt, dass die verarmte Landgemeinde, in der Pfarrer Jerzy geboren wurde, nichts Besonderes war. Vor

Kurzem war er erst anlässlich einer Wallfahrt mit einer Studentengruppe dort gewesen.

»Das Dorf ist total gewöhnlich – da gibt es nichts Spirituelles«, berichtet Kęska. »In dem Haus, in dem Pfarrer Jerzy gelebt hat, gibt es ein Zimmer, das sich von den anderen unterscheidet, da es eine Art Museum ist, doch die Gegenstände darin sind alle von einer dicken Staubschicht bedeckt. An der Wand steht ein kleiner Tisch mit einer Art Plastikdecke. Darauf ein kleines Blatt Papier, auf dem in der Handschrift von Jerzys Bruder zu lesen ist: ›Jeden Tag haben wir neben diesem Tisch mit unserer Mutter gebetet.‹ Zu sehen ist auch ein Foto der Mutter, einer alten, müden Frau. Auf der anderen Seite dieses Blattes ist ein Reliquienschrein abgebildet mit den Reliquien von Pfarrer Jerzy.«

Pfarrer Jerzy beendete sein kurzes Leben als Nationalheld des christlichen Widerstands gegen den Kommunismus, von Millionen geliebt wegen seiner Treue zu Gott und wegen seiner Bereitschaft, sein Leben aufs Spiel zu setzen, um sich gegen die Ungerechtigkeit zu wehren, die anderen angetan wurde. All das begann in einem kleinen Haus in einem langweiligen, armen Dorf mitten im Nirgendwo, im Schoß einer Familie, die gemeinsam betete.

»Und darin liegt die Antwort«, schließt Kęska, »die ganze Stärke dieses Mannes und was wir heute für unsere Identität brauchen.«

»Es ist kein Zufall, dass jede Diktatur stets versucht, die Familie zu zerstören, denn in der Familie bekommt man die Kraft, um kämpfen zu können«, sagt Mária Komáromi, eine katholische Lehrerin aus Budapest. »Du hast das Gefühl, dass sie dir den Rücken freihalten, sodass du in die Welt hinausgehen und dich allem stellen kannst. Das trifft heute noch genauso zu wie zu Zeiten des Kommunismus.«

Auf meinen Reisen in den Osten haben die Menschen, die den Kommunismus überstanden haben, mir gegenüber immer wieder betont, wie viel schwieriger es heute ist, die Bedrohungen für den Glauben und die Familie zu erkennen, als es unter dem Kommunismus war. Umso notwendiger ist es, dagegen vorzugehen – und zwar mit Disziplin, weniger auf der Basis von Sentimentalität als vielmehr mit einer entschiedenen, starken christlichen Nächstenliebe, die allein Bestand hat.

Tertullian, einer der frühen Kirchenlehrer, der seine Schriften unter der Christenverfolgung verfasste, sagte bekanntlich, dass die Bereitschaft der Märtyrer zum Leiden – sogar bis in den Tod – in die Herzen der Menschen die Liebe zu Gott einpflanzt. Das mag richtig sein, aber wie die Familiengeschichten der Bendas, Sipkos, Popiełuszkos und so vieler anderer, die den Kommunismus überstanden haben, zeigen, ist die Liebe der Mütter und Väter der Samen der Kirche.

Erkennen, urteilen, handeln

Im aufkommenden sanften Totalitarismus werden die Christen sich viel konzentrierter und ernsthafter um das Familienleben kümmern müssen. Die traditionelle christliche Familie ist nicht nur eine gute Idee – sie ist auch in einer Zeit der Verfolgung eine Überlebensstrategie für den Glauben. Die Christen sollten das Familienleben nicht mehr für selbstverständlich halten, sondern es achtsamer und disziplinierter angehen. Wir können nicht einfach wie alle anderen Familien leben, außer dass wir sonntags zur Kirche gehen. Es wird nicht ausreichen, korrekte theologische Überzeugungen und die richtigen Absichten zu haben.

Christliche Eltern müssen sich im Lauf der Entwicklung der Familie bewusst gegen die herrschende Kultur stellen. Die Tage, in denen man leben konnte wie alle anderen in der Hoffnung, dass alles für unsere Kinder gut ausgehen würde, sind vorbei.

Das Modell der Familie Benda setzt Eltern voraus, die ihr Urteilsvermögen umsichtig nutzen. Zum Beispiel haben die Bendas sich nicht völlig aus der gängigen Kultur zurückgezogen, sondern klug ausgewählt, was ihre Kinder davon aufnehmen sollten. Wenn man das Heim der Familie Benda besucht, dann kommt man nicht an einen Ort, der einer spartanischen Kaserne gleicht, sondern in eine Wohnung, die von Büchern, Kunst und Leben erfüllt ist. Die Familie Benda war der Ansicht, dass sie offen für die guten Dinge sein konnte, die in der Welt um sie herum vorhanden waren, weil sie innerhalb der Familie ein diszipliniertes moralisches, intellektuelles und geistliches Leben führten.

Und sie verhielten sich offen gegenüber der Welt. Václav Benda war überzeugt davon, dass die Familie nicht für sich allein lebt, sondern im Dienst für etwas, das sie übersteigt. Wer bei Kamila einen Besuch macht, sitzt auf Stühlen und Sofas, die ziemlich abgewetzt sind vom jahrelangen Empfang der Gäste, die sie einlud, damit sie an der Freude des christlichen Lebens ihrer Familie teilhaben konnten. Zwar mussten sie sorgfältig abwägen, wen sie in ihr Heim einließen und worüber sie sich dann unterhielten, aber Václav und Kamila Benda hatten keinen Zweifel, dass ihre Rolle als Christen nicht darin bestand, die Fensterläden zu schließen und sich zu verbergen, wie so viele tschechische Christen es taten, sondern für die Kirche und die Menschen einen aktiven Dienst zu leisten. Für jene, die Václav überlebten – Kamila und ihre Kinder und Enkelkinder –, gilt dies auch heute noch.

Wie wir in einem der nächsten Kapitel erfahren werden, war die Gemeinschaft kleiner Gruppen entscheidend für den Aufbau eines wirksamen christlichen Widerstands gegen den Totalitarismus. Eine Wahrheit, die die Familie Benda und andere Familien, die das Bewusstsein antikommunistischer Dissidenten prägten, bezeugen, ist folgende: Wenn man die Kirche, die Gemeinschaft und sein Land lieben und ihnen dienen will, muss man zuerst lernen, seine eigene Familie zu lieben und ihr zu dienen.

ACHTES KAPITEL

Religion als Fundament des Widerstands

Nicht jeder antikommunistische Dissident war Christ, und nicht jeder Christ, der unter dem kommunistischen Totalitarismus lebte, leistete Widerstand. Aber eines ist interessant: Bei jedem einzelnen Christen aus den früheren kommunistischen Ländern, den ich für dieses Buch interviewt habe, konnte ich ein Gefühl von tiefem inneren Frieden feststellen – einem Frieden, den sie alle ihrem Glauben zuschreiben. Er gab ihnen einen festen Halt, aufgrund dessen sie standhalten konnten.

Sie hatten allen Grund, sich ständig zu ärgern über das, was man ihnen, ihren Familien, ihren Kirchen und ihren Ländern angetan hatte. Wenn sie es taten, so zeigten sie es nicht. Ein ehemaliger politischer Gefangener in Russland sagte mir, dass die Christen »einen goldenen Traum brauchten – etwas, wofür sie lebten, eine Vorstellung von Hoffnung. Man kann nicht einfach gegen alles Schlechte sein. Man muss sich für etwas Gutes entscheiden. Sonst kann man wirklich deprimiert und verrückt werden.«

Das ist das Kernstück dessen, was die Religion zum antitotalitären Widerstand beiträgt: einen Grund zu sterben – was so viel heißt, wie einen Grund zu leben mit allem, was auch immer das Regime jemandem an Leid zufügt, und nicht nur zu leben, sondern voranzuschreiten.

Das soll nicht heißen, dass der *einzige* Wert des Christentums in seiner Brauchbarkeit für Antikommunisten liegt. Jede gegensätzliche Überzeugung, mit der leidenschaftlichen Intensität des religiösen Glaubens vertreten, könnte diesem Zweck dienen. Man muss jedoch zugestehen: Die jungen Bolschewiken aus der Zarenzeit ertrugen ihre erbärmliche sibirische Verbannung wie Sieger, weil sie ihre Prinzipien mit religiöser Inbrunst vertraten. Die wichtige Lehre, die man daraus entnehmen kann, ist, dass ein Glaubensbekenntnis, das man nicht als Ausdruck seiner subjektiven Gefühle, sondern als Beschreibung der objektiven Realität betrachtet, ein unschätzbares Gut ist. Es vermittelt, wie man die Wahrheit von Lügen unterscheiden kann. Und für jene, deren Glaubensbekenntnis das Christentum ist, ist der Glaube angesichts des allgegenwärtigen Hasses und der Grausamkeit der Beweis, dass die tatsächliche Wahrheit, die wirkliche Realität die ewige Liebe Gottes ist.

Die geistlichen Übungen des Häftling Krčméry

In der totalitären Tschechoslowakei erwies sich der Anhänger Kolakovićs, Silvester Krčméry, als einer der wichtigsten Schüler und Organisatoren des Priesters. Jahre des Bibelstudiums, der Anbetung und der persönlichen spirituellen Übungen unter Leitung von Pater Kolaković bereiteten den jungen Arzt auf einen langen Gefängnisaufenthalt vor, der 1951 mit seiner Verhaftung begann.

Die Basis für seinen Widerstand war seine feste Überzeugung, dass »es nichts Schöneres geben kann, als mein Leben für Gott hinzugeben«. Als Krčméry dieser Gedanke im Polizeiauto in den Sinn kam – wenige Minuten nach seiner Verhaftung –, brach er in Lachen aus. Diejenigen, die ihn gefangen genommen hatten, fanden das nicht lustig. Aber Krčméry rettete sein geistliches Leben, indem er sich weigerte, in Selbstmitleid zu verfallen, und lernte, alles, was auch immer die Polizisten ihm bei der Vernehmung antaten, als Hilfe für seine eigene Erlösung zu betrachten.

Im Gefängnis war er allen möglichen Folterungen und Demütigungen ausgesetzt, doch Krčméry blieb geistig gesund und hoffnungsvoll, indem er diszipliniert seinen Glauben lebte und andere evangelisierte.

In seinen Memoiren *This Saved Us* erinnert sich Krčméry, dass er nach wiederholten Schlägen, Folterungen und Verhören erkannte, dass die einzige Möglichkeit, die bevorstehende Tortur zu überstehen, darin liege, sich vollständig auf den Glauben zu verlassen, nicht auf die Vernunft. Er schreibt, er habe beschlossen, »wie Petrus zu sein, die Augen zu schließen und mich in die See zu stürzen«.

> »In meinem Fall hieß es, in physische und spirituelle Unsicherheit einzutauchen, in einen Abgrund, in dem nur der Glaube an Gott Sicherheit garantieren konnte. Materielle Dinge, die die Menschen als Sicherheiten betrachten, erwiesen sich als flüchtig und illusorisch, während der Glaube, der der Welt als vergänglich erscheint, das verlässlichste und kraftvollste Fundament war.
> Je mehr ich mich auf den Glauben verließ, desto stärker wurde ich.«[104]

Sein persönliches Übungsprogramm umfasste auch das Auswendiglernen von Abschnitten aus dem Neuen Testament, das ein neuer Häftling ins Gefängnis geschmuggelt hatte. Die Schrifttexte, die Krčméry schon vor Beginn der

Verfolgung gelernt hatte, erwiesen sich hinter Gittern als kraftvolle Hilfe.

»Texte aus dem Neuen Testament auswendig zu lernen war eine ausgezeichnete Vorbereitung auf kritische Zeiten und auf die Zeit im Gefängnis«, schreibt er. »Die schönsten und wichtigsten Texte, die die Menschheit von Gott empfangen hat, enthalten einen unbezahlbaren Schatz, den ›weder Motte noch Wurm zerstören und keine Diebe stehlen‹ können (Mt 6,20).«

»Die Heilige Schrift sich im Gedächtnis einzuprägen bildete eine starke Grundlage für das Leben im Gefängnis«, meint der Arzt.

»Wenn sich unser geistliches Leben intensiviert, werden die Dinge tatsächlich klarer und das Wesen Gottes wird leichter verständlich«, schreibt er. »Manchmal reicht ein Wort oder Satz aus der Schrift, um einen Menschen mit einem besonderen Licht zu erfüllen. Eine Einsicht oder ein neues Verständnis wird deutlich, dringt in das Innere ein und bleibt dort manchmal wochen- oder sogar monatelang.«[105]

Krčméry strukturierte seine Tage und Wochen, indem er die Messgebete der katholischen Messe sprach, manchmal auch die der orthodoxen Göttlichen Liturgie. Er betete für bestimmte Menschen und Gruppen einschließlich für diejenigen, die ihn verhaftet hatten. Auf diese Weise strukturierte er die bedrückende Endlosigkeit der Zeit, vor allem in Phasen der Einzelhaft. Krčméry und seine Mitgefangenen waren immer wieder erstaunt darüber, dass Schläge und Verhöre leichter zu ertragen waren als die scheinbar endlosen Zeiten des Wartens.

Der Gefangene hielt tiefe, anhaltende Meditationen, in denen er intensiv über sein eigenes Leben und seine Sünden nachdachte und einen Geist der Reue empfand. An einem gewissen Punkt fragte sich Krčméry, ob er mit diesen tagelangen geistlichen Übungen seine Zeit nicht vergeudete und seine emotionale und psychische Bürde noch schwerer machte.

»Ich versuchte, einige Tage ganz ohne Programm zu leben, aber das funktionierte nicht«, erinnert er sich. »Wenn ich daran dachte, den ganzen Tag nur dahinzuvegetieren und einfach nur auszuruhen, gerade dann gab es die meisten Krisen.«

Zusammen mit anderen Häftlingen sang Krčméry Kirchenlieder und betete Litaneien für das, was sie für ihren Alltag brauchten, auch um den Geist der Demut und der Bereitschaft, alles um Christi willen zu ertragen. Diese Brüderlichkeit war ein integraler Bestandteil des christlichen Widerstands. Pater Kolaković hatte die »Familie« gelehrt, sich über die Kirchengrenzen hinweg mit anderen Christen zu verbrüdern. Gefangenschaft und Folter ließen dies zu einer konkreten Wirklichkeit werden.

»Im Gefängnis nahm niemand irgendwelche konfessionellen Unterschiede wahr«, schreibt Krčméry.

Dieser Grundsatz findet sich auch im Zeugnis des lutherischen Pastors Richard Wurmbrand und anderer ehemaliger Gefangener der Kommunisten. Das ist kein falscher Ökumenismus, der behauptet, dass alle Religionen im Wesentlichen gleich sind. Vielmehr ist gegenseitige Anerkennung gemeint. In der Verfolgung ist diese von Jan Patočka proklamierte »Solidarität der Zerschlagenen« lebensnotwendig für das geistige Überleben.

Silvester Krčméry wurde 1964 aus dem Gefängnis entlassen. Die nächsten 25 Jahre setzte er seine Arbeit für den antikommunistischen Widerstand fort. Zusammen mit anderen Veteranen der Untergrundkirche war er der Hauptorganisator der Kerzendemonstration des Jahres 1988 in

Bratislava, der slowakischen Hauptstadt. Es war die erste Massendemonstration nach fast zwei Jahrzehnten. Sie diente als Katalysator für die Samtene Revolution von 1989, die die Freiheit und Demokratie zurückbrachte.

Die Macht der machtlosen Kirche

Patrick Parkinson ist evangelikaler Christ und Dekan einer der führenden juristischen Fakultäten in Australien. Als Student lebte er in den frühen 1980er-Jahren in Bratislava und erlebte aus eigener Erfahrung die spirituelle Kraft der Untergrundkirche. In einer Welt der Hoffnungslosigkeit boten diese Gläubigen etwas Seltenes und Kostbares: echte Hoffnung, für die sie ihr Leben und ihre Freiheit riskierten.

»In jener Zeit schenkte die Kirche den Menschen eine alternative Weltsicht«, erzählt Professor Parkinson. »Besonders meine jungen katholischen Freunde an der Universität bewiesen großen Mut und Glauben. Ihr Hauptauftrag lautete, jeden Tag in der Bibel zu lesen und jeden Tag um neun Uhr abends für die leidende Kirche zu beten. Sie riskierten viel, um sich in kleinen Bibel- und Gebetskreisen zu treffen, denn die Kontrollen waren sehr streng. Doch Gott beschützte sie auf wunderbare Weise.«

Beinahe vier Jahrzehnte später blickt Parkinson nun auf die jungen slowakischen Christen seiner Jugendzeit, um in unserer eigenen dunklen und schwierigen Zeit Hoffnung zu schöpfen. »Es gab damals eine Sehnsucht nach Gott, als ich dort war, die ich in nicht geringem Maße der enormen Desillusionierung über den Kommunismus zuschrieb«, sagt er. »Die Desillusionierung über den Materialismus kann noch einige Generationen dauern.«

Wenn es so weit ist, werden die Christen, die mit ihren Worten und Taten eine echte Alternative zum hedonistischen Materialismus darstellen, Leuchttürme sein, die den Verlorenen und vom Sturm Getriebenen Orientierung geben.

Dmitrij Dudko, gestorben im Jahr 2004, war russisch-orthodoxer Priester, der mit erstaunlichem Mut den sowjetischen Behörden um des Evangeliums willen die Stirn bot. Anfang der 1970er-Jahre war Dmitrij einer der bekanntesten christlichen Dissidenten in der UdSSR. Vor seiner Priesterweihe verbrachte er acht Jahre im Gulag, weil er ein kritisches Gedicht über Stalin geschrieben und ein anderer Seminarist ihn verraten hatte. Er wurde zwar schließlich zum Priester geweiht, blieb aber unter der strengen Überwachung durch den KGB.

Der Priester Dmitrij war tief betroffen von der geistlichen Verwüstung und dem daraus resultierenden Alkoholismus mit seinen verheerenden Folgen für die Sowjetunion. Deshalb wurde er in seiner Verkündigung immer kühner. Er begann, in seiner Moskauer Pfarrkirche mutige Predigten zu halten, Homilien, die die christliche Lehre auf die Probleme des realen Lebens anwandten. Es sprach sich herum, dass es da einen Priester gab, der keine Angst hatte, über die wirklichen Leiden der Menschen zu sprechen. Die Menschen kamen in Scharen, um diesen prophetischen Geistlichen zu hören. Als die institutionelle Kirche, die unter KGB-Kontrolle stand, dem Priester Dmitrij untersagte, Predigten dazu zu nutzen, die Gemeinden aufzuwiegeln, setzte er seine Vorträge zu Hause fort.

In dem 2014 erschienenen Buch über den Priester Dmitrij mit dem Titel *The Last Man in Russia* zitiert der Journalist Oliver Bullough einen Atheisten, der sagte, nachdem er den Priester predigen gehört hatte: »Die Unmoral der sowjetischen Gesellschaft, ihre Unmenschlichkeit und Korruption, das Fehlen eines Moralkodex oder glaubwürdiger Ideale bedeutet, dass die Lehre Christi denen, die sie erreicht, wie ein leuchtender Kontrast erscheint. Sie unterstreicht den Wert der einzelnen Person, der Menschlichkeit, des Verzeihens, der Freundlichkeit und der Liebe.«[106]

Ein anderer Zeuge sagt: »Wenn der Priester Dmitrij unsere Fragen öffentlich beantwortete, war es wie ein Schluck Wasser.« Der Priester betonte vor seinem Publikum, dass es die Hoffnung kultivieren müsse, dass es morgen besser sein kann, dass es das Leiden annehmen und es durch Liebe in Heilung verwandeln solle. Bullough schreibt, dass 1973, als Pfarrer Dmitrijs Vorträge in ganz Moskau bekannt wurden, dieser Priester Atheisten, Intellektuelle, Christen aller Denominationen und sogar Juden und Marxisten anzog.

Warum kamen sie? Weil sie in einem totalitären System lebten, das darauf bestand, alle Antworten auf die Fragen des täglichen Lebens geben zu können. Aber die Menschen waren äußerst unglücklich und verloren und von Schmerzen gepeinigt. Sie wussten, dass das alles eine Lüge war, weil sie innerhalb dieser finsteren Lüge lebten. Sie wurden von Menschen angezogen, die ganz offenbar im Licht der Wahrheit lebten.

Alexander Ogorodnikow war ein gefeierter sowjetischer Jugendführer, der, nachdem er seine Illusionen über den Kommunismus verloren hatte, sich mit Leidenschaft dem Dienst an der Kirche widmete, indem er unabhängige Diskussionsgruppen gründete. Bei unserem Treffen in Moskau erzählt er mir, dass bei einem seiner Seminare ein älterer Schriftsteller erschien, der dort saß und den jungen Christen zuhörte, wie sie über den Glauben sprachen. Diese jungen Christen waren ursprünglich Atheisten gewesen und stammten aus guten sowjetischen Familien. Der Besucher sagte kein Wort.

»Schließlich stand er auf und erklärte, dass er der Sohn eines hohen Offiziers des Zaren sei. Er sagte: ›Brüder, ihr habt keine Ahnung, was ihr da tut. Wenn auch nur zehn von euch 1917 in Sankt Petersburg gewesen wären, hätte die Revolution nicht stattgefunden‹«, erinnert sich Ogorodnikow.

»Dieser Mann hatte schon den Gulag hinter sich«, fuhr er fort. »Er fühlte sich bei uns willkommen. Wir hatten eine wahrhaftig, wahrhaftig brüderliche Atmosphäre in den Seminaren. Sie waren wie ein Lagerfeuer, zu dem die Menschen kommen konnten, um ihre eingefrorenen orthodoxen Herzen zu erwärmen. Das war das Blut, das in unseren Adern floss. Das war unser Glaubensbekenntnis.«

Viktor Popkow war einer dieser desillusionierten jungen Sowjets, die damals ihren Weg in die sehr kleine christliche Bewegung gefunden hatten. Ich sitze mit Popkow, einem orthodoxen Christen, in einer Küche im Zentrum von Moskau. In den frühen 1970er-Jahren war Popkow nicht am Glauben interessiert. »Ich lebte in einem Sumpf und versuchte, ein kleines Stück trockenes Land zu finden, auf dem ich überleben konnte«, erklärt er.

Nichts war im Leben unter dem Kommunismus unverfälscht. Die staatliche Kontrolle wurde mit allen Mitteln durchgesetzt. Die Lektüre des Buches *Der Fremde* veranlasste Popkow, die Gemeinschaft mit Christen zu suchen. *Der Fremde* war der berühmte Roman des französischen Existenzialisten Albert Camus aus dem Jahr 1942. Obwohl Camus Atheist war, fühlte sich der junge Russe, der in einem atheistischen Staat lebte, durch das Buch gedrängt, sich auf die Suche nach Christus zu machen.

»Für mich stellte sich die Frage: Was ist der Sinn des Lebens?«, erzählt er mir. »Wenn es Christus wirklich gibt, was heißt das dann für mich? Das war der Punkt, an dem ich mich vom sowjetischen Leben verabschiedet habe. Und ich kenne eine Menge Leute, die ähnliche Argumente für ihren Weggang gefunden haben.«

Ganz allmählich fühlte sich Popkow von der Kirche angezogen. Der örtliche orthodoxe Priester wollte allerdings nicht mit ihm reden. Wenn die Regierung herausfand, dass er mit einem potenziellen Konvertiten gesprochen hatte, hätte das seine Entlassung bedeuten können. Es kam ihm in Moskau jedoch zu Ohren, dass es Gruppen gab, die sich trafen, um über das Christentum zu sprechen. Leider ist davon auszugehen, dass der KGB üblicherweise auch davon gehört hatte, da die Nachricht zu Popkow durchgesickert war.

»Wenn du trotzdem zu den Treffen gegangen bist, setzte der KGB die Eltern und Lehrer unter Druck, um dich vom Glauben abzubringen«, erinnert sich Popkow. »Das war schwer zu ertragen, aber zugleich machte man Erfahrungen mit einem ganz anderen Leben. Mit dieser Glaubenserfahrung und in der Begegnung mit Christus erhielt man ein neues Bewusstsein, das dazu führte, dass man um nichts in der Welt zu dem zurückkehren wollte, wo man einmal gestanden hatte. Man war bereit, alles zu ertragen, was sie einem zumuteten.«

»Darauf kann man sich tatsächlich nicht vorbereiten«, fährt er fort. »In einer lebendigen Beziehung mit Christus zu leben ist genauso, wie sich zu verlieben. Man fühlt plötzlich etwas, was man vorher noch nicht erlebt hat, und man ist bereit, etwas zu tun, was man vorher noch nie getan hat.«

Für Viktor Popkow bedeutete das jahrelange Schikanen der Geheimpolizei, die 1980 mit einer Gefängnisstrafe ihren Höhepunkt erreichten.

»Das klingt vielleicht hart«, sagt er. »Aber die Grundsätze und die Dinge, zu denen man sich bekennt – man muss bereit sein, dafür zu sterben. Nur dann hat man die Kraft zum Widerstand. Einen anderen Weg sehe ich nicht.«

Diese Wahrheit verkündete der rumänisch-orthodoxe Priester Gheorghe Calciu der Jugend von Bukarest in einer seiner Fastenpredigten aus einer Predigtreihe, die ihm eine zweite Haftstrafe einbrachte:

> »Geh, junger Mann, und erzähle allen diese gute Nachricht. Lass das Licht deines engelgleichen Angesichts im Licht der Auferstehung leuchten – für heute hat der Engel in dir … die Welt in dir überwunden. Erzähle denen, die bisher deine göttliche Seele unterdrückt haben: ›Ich glaube an die Auferstehung‹, und du wirst sehen, wie sie sich vor Angst winden, weil dein Glaube sie besiegt hat. Sie werden sich ärgern und dir verzweifelt zurufen: ›Diese Erde ist dein Paradies und deine Instinkte sind dein Himmel.‹
>
> Halte nicht inne auf deinem Weg, geh voran, leuchtend und rein, und gib das Licht der Auferstehung am ersten der Sonntage an alle weiter. Du, mein Freund, bist der einzigartige Träger deiner Vergöttlichung in Jesus Christus, und zusammen mit dir erhebst du das gesamte rumänische Volk zur Höhe seiner eigenen Auferstehung. Vom Tod zum Leben und von der Erde zum Himmel.«[107]

Kurz nach dieser Predigt verurteilte die rumänische Diktatur den Priester Gheorghe zu einer zehnjährigen Haftstrafe. Er verbüßte fünf Jahre, dann wurde er vorzeitig entlassen und vom Regime in die Vereinigten Staaten ausgewiesen.

Das Zigarettenwunder

Wenn Sie glauben, dass Gott existiert, dann müssen Sie auch glauben, dass Wunder möglich sind. Die Christen leben in diesem Glauben, aber manchmal sendet Gott eine Botschaft, um uns daran zu erinnern, dass er da ist und uns nicht verlassen hat. Beim Tee in der Lobby eines Moskauer Hotels erzählt Alexander Ogorodnikow eine äußerst unwahrscheinliche Begebenheit, die ihm bei der Einweisung in ein sowjetisches Gefängnis widerfuhr – und die ihm deutlich machte, dass Gott ihn zu einem höheren Zweck in diese Gruft menschlichen Elends geführt hatte.

»Als sie mich in eine Zelle brachten, in der bereits andere Häftlinge untergebracht waren, sagte ich: ›Der Friede sei mit euch!‹ Einer der Häftlinge fragte mich, ob ich Christ sei. Ich bejahte. Er sagte, ich solle es beweisen. Ein anderer Häftling meinte: ›Wir sind hier der Abschaum der Welt. Wir haben noch nicht einmal Zigaretten. Wenn dein Gott uns Zigaretten gibt, dann glauben wir alle an ihn.‹«

Ogorodnikow sagte zu den Mitgefangenen, dass der Leib der Tempel des Heiligen Geistes ist und dass Rauchen ihn verschmutzt. Aber, fuhr er fort, Gott liebt euch so sehr, dass ich glaube, er würde euch sogar Zigaretten als Zeichen seiner Barmherzigkeit geben. Ogorodnikow bat sie aufzustehen und gemeinsam dafür zu beten. Alle lachten, aber sie standen respektvoll auf, als er zu beten begann.

»Die Zelle war sehr überfüllt, doch es wurde ganz still. Wir beteten eine Viertelstunde, dann sagte ich zu ihnen, dass das Gebet beendet sei und sie sich hinsetzen könnten. Im gleichen Augenblick öffnete der Wärter die Zellentür und warf eine Packung Zigaretten in die Zelle.«

»Und das ist wirklich geschehen!?«, frage ich erstaunt.

»Das ist wirklich geschehen«, antwortet er. »Es war unglaublich. Das war das Zeichen, für das ich gebetet hatte. Die Gefangenen riefen: ›Gott existiert! Er existiert!‹ Und in dem Moment wusste ich, dass Gott auch zu mir sprach. Er sagte mir, dass ich hier in diesem Gefängnis einen Auftrag hatte.«

Alexander Ogorodnikow begann also sein verborgenes Leben hinter den Mauern des sowjetischen Gefängnissystems zu führen. Aber für Gott war er nicht verborgen. Und aus diesem Grund, so erfuhr dieser christliche Dissident, zeigte sich Gott durch seine Treue denen, die zum Tod durch Erschießen verurteilt waren und verzweifelt nach einem Zeichen der Hoffnung suchten. Ogorodnikows Beziehung zu Gott war für diese unglücklichen Menschen der einzige Rettungsanker.

Erkennen, urteilen, handeln

Eine Zeit schmerzhafter Prüfung, sogar Verfolgung steht bevor. Lauwarme oder oberflächliche Christen werden den Glauben nicht unbeschadet bewahren können. Heute müssen die Christen sich stark mit der Bibel und der Tradition der Kirche befassen und sich selbst darüber klar werden, wie und warum die heutige nachchristliche Welt mit ihrer Selbstbezogenheit, ihrem Streben nach Glück, ihrer Ablehnung der sakralen Ordnung und transzendenter Werte eine Konkurrenzreligion zum echten Christentum ist. Wir sollten auch erkennen, wie viele weltliche Werte bereits in das Leben und die Glaubenspraxis der Christen übernommen wurden.

Dann müssen wir entscheiden, inwieweit die Wege der Welt und ihre Anforderungen im Widerspruch zu dem stehen, was Christus von seinen Jüngern verlangt. Sind wir Bewunderer oder Jünger? Wie sollen wir Gewissheit darüber erlangen?

Wir werden erkennen, wenn wir als Christen handeln – oder es unterlassen, so zu handeln –, wenn es uns teuer zu stehen kommt, treu zu sein. Es können zunächst kleine Dinge sein, die auf dem Spiel stehen: die Mannschaftsaufstellung im Sportverein, weil wir am Sonntagmorgen nicht spielen wollen, oder der Respekt unserer Kameraden, weil wir an einer politischen Parade nicht teilnehmen wollen. Aber die Forderungen, die man an uns stellt, werden größer, und die Konsequenzen, wenn wir uns diesen Forderungen nicht fügen, werden heftiger. Pater Kolaković hatte seine »Familie« schon darüber in Kenntnis gesetzt – und in gewisser Weise sagt er uns heute dasselbe.

Wir dienen einem Gott, der alle Dinge für einen bestimmten Zweck geschaffen hat. In der Bibel und speziell in den Evangelien hat er uns aufgezeigt, wer wir sind und wie wir in Harmonie mit der heiligen Ordnung leben sollen, die er erschaffen hat. Er möchte keine Bewunderer, sondern Nachfolger. In Jesus Christus, der zweiten Person der Heiligsten Dreifaltigkeit, litt Gott mit der Menschheit, um die Menschheit zu erlösen. Er ruft uns auf, an seiner Passion um unseretwillen und um der Welt willen teilzuhaben. Er verheißt uns nichts anderes als das Kreuz. Nicht Glück, sondern die Freude der Seligkeit. Nicht materiellen Reichtum, sondern die Stärke des Geistes. Nicht sexuelle Freiheit als erotische Enthemmung, sondern sexuelle Freiheit innerhalb der liebevollen, beidseitig opferbereiten Hingabe. Nicht Macht, sondern Liebe, nicht Selbstbestimmung, sondern Gehorsam.

Dies ist die kompromisslose Konkurrenzreligion, die die nachchristliche Welt nicht lange tolerieren wird. Derjenige, der nicht absolut fest mit dem traditionellen Christentum verbunden ist, wird durch die Welt besiegt werden. Doch wenn man diese unerschütterliche Bindung hat, dann ist dies der sichere Fels, an dem die Welt scheitern wird. Und wenn sich diese Felsgesteine miteinander verbinden, dann bilden sie eine Mauer der Solidarität, die der Feind nur sehr schwer zerstören kann.

NEUNTES KAPITEL

Solidarisch zusammenstehen

Jetzt siehst du zum ersten Mal Menschen,
die nicht deine Feinde sind. Jetzt siehst du zum ersten Mal andere,
die am Leben sind, die auf dem gleichen Weg wie du sind
und denen du mit dem freudigen Wort »wir« begegnen kannst.

Alexander Solschenizyn
bei der Ankunft in seiner ersten Gefängniszelle
im Archipel Gulag[108]

Das Haus gleicht allen anderen Häusern an dieser unauffälligen Straße in der Vorstadt von Bratislava. Wir gehen durch den rückwärtigen Garten, vorbei an den Gartenmöbeln und dem Spielzeug der Kinder. Ján Šimulčik, ein slowakischer Historiker, der der Untergrundkirche angehörte, klopft an die Tür. Er hat mit der Frau, die hier mit ihrem Mann und ihren Kindern lebt, den Termin vereinbart, um seinem amerikanischen Besucher zu zeigen, was dieses Haus von allen anderen in der Nachbarschaft unterscheidet.

In den 1980er-Jahren war es das Hauptquartier für den Druck und die Verteilung der christlichen Samisdat-Schriften – der Untergrundliteratur, die das kommunistische Regime verboten hatte. Šimulčik, der jetzt ungefähr 50 Jahre alt ist, gehörte als Student der Widerstandsbewegung an. Damals lebte ein katholischer Priester, der sich als Arbeiter ausgab, im Geheimen in dem Haus. Šimulčik und einige andere katholische Studenten kamen zu gewissen vereinbarten Zeiten hierher, um die Samisdat-Schriften einzupacken und für die Verteilung vorzubereiten.

Šimulčik führt mich eine bröckelnde Betontreppe hinunter in das Untergeschoß. Es ist einfach, feucht und ein bisschen kühl wie alle anderen Keller auf der Welt. »Was hat er im Sinn?«, frage ich mich.

Dann schiebt der Wissenschaftler eine Bodenplatte beiseite, die ich überhaupt nicht bemerkt hatte. Im Kellerboden befindet sich eine Öffnung, die groß genug ist, damit eine Person sich hindurchzwängen kann, und in die Betonwand sind Eisensprossen eingelassen. Šimulčik dreht sich um, steigt in das Loch hinab und gibt mir ein Zeichen, ihm zu folgen.

Unten befindet sich ein kurzer Tunnel. Gebückt versuche ich, den engen Raum zu passieren, und folge Šimulčik über die eisernen Sprossen in den Ausgangsschacht. Wir kommen in einen winzigen Raum, nicht viel größer als eine kleine Abstellkammer. An der Wand steht ein Tisch, darauf eine Offset-Druckmaschine aus dem Jahr 1980.

In diesem verborgenen Raum unter dem Haus und hinter einer geheimen Kellerwand, nur durch einen Geheimtunnel zugänglich, druckten christliche Dissidenten das Neue Testament, Gebetbücher und Auszüge aus dem Katechismus, die für die geheime Verteilung in der gesamten kommunistischen Slowakei bestimmt waren. Der Drucker war ein Geschenk evangelikaler Christen aus den Niederlanden, die ihn in Einzelteilen ins Land geschmuggelt hatten und die ein zweites Team schickten, das ihn in diesem Untergrundraum wieder zusammensetzte.

Nach dem Zusammenbruch des Kommunismus im Jahr 1989 war die Arbeit beendet und der Undercover-Priester zog aus dem Haus aus. Doch die nachfolgenden Hauseigentümer ließen den geheimen Raum unverändert bestehen, um daran zu erinnern, welche Anstrengungen notwendig waren, um unter dem Joch des Totalitarismus den Glauben zu bewahren.

»An meiner Universität arbeitete ein Mann, der die Aufzüge reparierte«, erzählt Šimulčik, als wir in dem Raum stehen, in dem die Köpfe beinahe die Decke berühren. »Seine Hände waren oft schmutzig. Ich dachte, das käme vom Schmierfett und dem Schmutz bei der Reparatur der Aufzüge. Aber tatsächlich rührte es von der Tinte her, die er benutzte, um die Samisdat-Texte zu drucken. Seine Arbeitsstelle war die perfekte Tarnung.«

Als Student wusste Šimulčik, dass der Aufzugmechaniker etwas mit dem christlichen Untergrund zu tun hatte, aber er wusste nicht genau, was. Das war so geplant. Der Untergrund gab solche Informationen nur an jene weiter, die unbedingt über diese Kenntnisse verfügen mussten. Somit konnten die von der Geheimpolizei Verhafteten die Operationen nicht gefährden, wenn sie im Verhör zusammenbrachen. Šimulčik erfuhr erst nach dem Fall des Kommunismus, dass in all den Jahren, in denen er oben in diesem Haus Texte für den Samisdat zusammenstellte, der Aufzugmechaniker unten stundenlang in dem gruftähnlichen Raum saß und unter großer Gefährdung seiner eigenen Freiheit die Worte des Lebens druckte.

Tatsächlich wäre jeder, der an dem christlichen Samisdat-Projekt beteiligt war, ins Gefängnis gekommen, wenn die Geheimpolizei das Netzwerk jemals entdeckt hätte. Während Šimulčik mir die komplexen Zusammenhänge der Operation entschlüsselt, betont er die außerordentlichen Risiken, die die Christen im Untergrund auf sich nahmen, um diese Schriften veröffentlichen zu können. »Warum haben Sie mitgemacht?«, frage ich. »Sie hätten alles verlieren können.«

»Wenn Sie diese Frage stellen, fragen Sie tatsächlich danach, welche Bedeutung die Untergrundkirche hatte«, antwortet Šimulčik. »Es war eine kleine Gemeinschaft. Nur in solch kleinen Gemeinschaften konnten sich die Leute frei fühlen.«

Und er fährt fort:

> »Wenn man mit seinen Freunden in diesen Gemeinschaften zusammen war, fühlte man sich frei. Man wusste, dass draußen der Totalitarismus herrschte. Er kontrollierte alles und unterdrückte die Menschen. Leute wie ich, die sich nach Wissen und Freiheit sehnten und mehr über unseren Glauben wissen wollten, waren von diesen kleinen Gemeinschaften abhängig. Sie waren gut organisiert, und wir hatten starke Leiter. Das war der einzige Ort, an dem man das finden konnte. Zuerst nahm ich daran teil, weil ich persönliche Freiheit erfahren wollte, aber es hatte auch mit Christus zu tun. Nachdem wir in diesen Gemeinschaften den Geschmack von Freiheit gespürt hatten, wuchs in uns allmählich der Wunsch, die Freiheit für alle zu erkämpfen.«

Šimulčik erzählt mir, dass er und die kleine Zelle, die aus weiteren jungen katholischen Männern bestand, alle Angst hatten. Man hätte verrückt sein müssen, wenn man sich nicht gefürchtet hätte.

»Die Frage stellte sich, wer wird gewinnen: die Angst oder der Mut? Anfangs war es meistens die Angst. Aber wenn man einmal die Freiheit erfahren hatte – man konnte das spüren, man *spürte* die Freiheit durch das, was man tat –, dann wuchs auch der Mut. Wir haben das alles gemeinsam erfahren. Wir haben uns gegenseitig unterstützt, um nach und nach mutiger zu werden und größere Dinge zu unternehmen, beispielsweise die Organisation der Kerzendemonstration.«

»Mit diesem Mut entwickelte sich auch unser Verantwortungsbewusstsein und unser Bedürfnis, andere Menschen zu unterstützen«, fährt der Historiker fort. »Wir konnten die Ergebnisse unserer Arbeit sehen. Wir konnten diese Samisdat-Bücher in Händen halten und wir bemerkten, dass die Leute sie wirklich lasen und daraus lernten. Wir betrachteten das, was wir taten, als Dienst für Gott und als Dienst für die Menschen. Aber es hat Jahre gedauert, bis wir die Frucht unserer Arbeit sahen und bis wir erkennen konnten, dass unsere Gemeinschaften wuchsen.«

Kleine Gemeinschaften können einsame Menschen auffangen

František Mikloško, inzwischen in den Siebzigern, war eine der zentralen Führungsgestalten der zweiten Bewegung der slowakischen Untergrundkirche. Als wir uns zum Mittagessen in einem Restaurant in Bratislava treffen, ist er schnell bereit, der heutigen Generation von Christen seinen Rat anzubieten. Seiner Meinung nach stehen sie heute ganz anderen Herausforderungen gegenüber als er in ihrem Alter.

»Wenn ich heute zu jungen Leuten spreche, sage ich ihnen, dass sie es in gewisser Hinsicht schwerer haben, als wir es damals hatten. Es ist schwieriger, den Feind zu benennen. Ich weise sie darauf hin, dass es äußerst wichtig ist, sich selbst treu zu bleiben, treu gegenüber seinem eigenen

Gewissen, aber auch in Gemeinschaft mit anderen Gleichgesinnten zu sein, mit Menschen, die den Glauben teilen. Wir wurden durch die kleinen Gemeinschaften gerettet.«

Mikloško, in seiner Jugend ein enger Mitarbeiter des Untergrundbischofs Ján Chryzostom Korec, schreibt diesem heimlichen Bischof, der nach dem Fall des Kommunismus von Papst Johannes Paul II. zum Kardinal ernannt wurde, das Verdienst zu, die Wichtigkeit kleiner Gemeinschaften betont zu haben.

»Er wies uns darauf hin, dass sie – die Kommunisten – uns alles wegnehmen können. Sie können uns den Samisdat wegnehmen. Sie können uns die Möglichkeit nehmen, öffentlich über uns zu sprechen. Aber wir können nicht zulassen, dass sie uns unsere kleinen Gemeinschaften wegnehmen.«

Mikloško begann sein Studium 1966 in Bratislava und traf dort die kurz zuvor freigelassenen Häftlinge Krčméry und Jukl. Er gehörte zu der ersten kleinen Gemeinschaft, die die beiden Kolaković-Schüler an der Universität gegründet hatten. Christen wie Krčméry und Jukl gaben nicht nur ihre Erfahrungen im christlichen Widerstand an eine neue Generation weiter, sondern auch ihr eigenes Zeugnis. Wie Elektromagneten übten sie eine starke Anziehungskraft auf junge Idealisten aus.

»Es ist wie in der Bibel im Gleichnis von den zehn Gerechten«, sagt Mikloško. »Ganz sicher gab es in der Slowakei viel mehr als zehn Gerechte. Aber zehn hätten schon genügt. Man kann ein ganzes Land auf zehn Gerechten aufbauen, die wie Pfeiler, wie Monumente, wirken.«

Diese ersten Konvertiten verbreiteten die Nachricht über die Gemeinschaft in anderen Städten der Slowakei, genau wie die Generation Kolaković es getan hatte. Schon bald gab es Hunderte junge Gläubige, die sich durch Gebet, Treffen, Samisdat und gegenseitige Verbundenheit stützten.

»Schließlich lud mich die Geheimpolizei im Jahr 1988 vor und sagte: ›Herr Mikloško, das war's. Wenn Sie mit Ihrem Treiben nicht aufhören, zwingen Sie uns zum Handeln.‹ Aber inzwischen gab es so viele Leute, die teilnahmen, und das Netzwerk war so groß, dass sie es nicht mehr unterbinden konnten. Wenn dies in den 1970er-Jahren geschehen wäre, hätten sie möglicherweise Erfolg gehabt. Aber wir haben uns immer an unser Ziel erinnert, unsere kleine Gruppe in eine solch große Gruppe umzuwandeln, dass sie uns nicht mehr stoppen konnten«, fährt Mikloško fort. »Gott sei Dank hatten wir Leiter, die uns Geduld lehrten.«

»Die meisten von uns hatten Angst, aber unter uns gab es auch Leute, die wirklich absolut furchtlos vorgingen. Ich denke an Silvo Krčméry, Vlado Jukl, Bischof Korec, aber es gab noch Hunderte, ja Tausende andere«, sagt der Historiker Ján Šimulčik. »Junge Leute wie ich sahen ihr Beispiel und konnten dadurch selbst mutiger werden. Die Lektion daraus heißt: Wenn du *siehst,* wie jemand mutig handelt, wirst du ebenfalls mutig handeln.«

In vielen Kirchen mit traditioneller Liturgie befindet sich die Gemeinde in der Osternacht in völliger Dunkelheit, wobei die Menschen nicht angezündete Kerzen in der Hand halten. Der Priester entzündet an der Flamme der Osterkerze einige dünne Wachskerzen der Gläubigen. Diese wenden sich an die Umstehenden und zünden deren Kerzen an. In Minutenschnelle erhellen die Lichter vieler Kerzen, Hunderte, in Kathedralen vielleicht sogar Tausende, den Raum, der zuvor einer Grabkammer glich. Das ist das Licht, das der Verkündigung der Auferstehung vorangeht.

Und so organisierten die Leiter der Untergrundkirche, die geistigen Enkel von Pater Kolaković, im Jahr 1988 die Kerzendemonstration in Bratislava – die größte Protestkundgebung in der Tschechoslowakei seit den 1960er-Jahren. Die Polizei setzte Wasserwerfer ein, um Tausende Christen auseinanderzutreiben, die sich friedlich auf dem zentralen Platz der Stadt versammelt hatten, um für Bürgerrechte und Religionsfreiheit zu beten. Aber es war für die Kommunisten zu spät: Das Momentum war aufseiten dieser Leute. Innerhalb von zwei Jahren war der Kommunismus überwunden.

»Ich bin im Vergleich zu allen modernen europäischen Politikern am schnellsten aufgestiegen«, scherzt der slowakische Anwalt Ján Čarnogurský, der ehemals politischer Häftling und einer der Leiter der Kerzendemonstration war. »Ich wurde aus dem Gefängnis entlassen und zwei Wochen später saß ich zusammen mit Václav Havel am Tisch und verhandelte mit den Kommunisten über die Machtübergabe.«

Kleine Gruppen können pastorale Rettungsanker sein

Pater Kolakovićs Intuition, die katholischen Laien als Basis des Widerstands aufzubauen, erwies sich als Geniestreich.

»Die offizielle anerkannte katholische Kirche war streng auf die Kirchen begrenzt«, erzählt Ján Čarnogurský, der Dissidenten vor Gericht verteidigt hatte. »Wenn Pastoren dabei ertappt wurden, wie sie in die Wohnung von jemandem gingen und dort zum Beispiel beteten, wurden sie zu einer Haftstrafe verurteilt. Denn das war ein Verstoß gegen das Strafgesetzbuch. Es dauerte wahrscheinlich zwanzig Jahre, bis die katholische Kirche herausfand, wie man den Glauben unter diesen Bedingungen bewahren konnte, doch die Untergrundkirche bewerkstelligte es.«

In der Sowjetunion lernten und praktizierten die Evangelikalen diese Überlebensstrategien Jahrzehnte früher. Der

Baptistenpastor Yuri Sipko, inzwischen 68 Jahre alt, erinnert sich an die Welt, in die er hineingeboren wurde – eine Welt, in der seine Eltern und deren Freunde schon seit geraumer Zeit unter Stalins gnadenloser Kirchenverfolgung gelebt hatten.

»Der schlimmste Schlag richtete sich zunächst gegen die Prediger und Pastoren. Diese wurden inhaftiert. Andere Männer standen auf und traten an ihre Stelle«, erzählt Sipko. »Dann nahmen sie ihnen ihre Gebetshäuser weg. Zu diesem Zeitpunkt begannen sie, kleine Gruppen zu bilden – Menschen, die nahe beieinander wohnten, versammelten sich in kleinen Gruppen. Es gab dabei keine förmliche Struktur mehr mit Pastoren und Diakonen. Sie waren einfach Brüder und Schwestern, die zusammen die Bibel lasen, beteten und sangen.«

»Als sie meinen Vater ins Gefängnis steckten, blieb meine Mutter allein zurück«, fährt er fort. »Eine Reihe anderer Glaubensschwestern war auch ohne ihre Ehemänner zurückgelassen worden. Wir kamen alle zusammen. Wir fanden die Bibel, die sie versteckt hatten. Die Frauen lasen uns allen aus der Bibel vor. Sie sagten uns, wie man leben sollte, was wir zu erhoffen hatten. Sie beteten zusammen und weinten!«

Diese kleinen Gruppen erhielten das Gemeindeleben in der Baptistenkirche jahrzehntelang, bis Gorbatschow den letzten evangelikalen politischen Häftling schließlich aus der Haft entließ.

»60 Jahre Terror, die den Glauben nicht auslöschen konnten«, sagt der Pastor nachdenklich. »Besonders durch die kleinen Gruppen wurde er gerettet. Es gab keine Literatur, keine Organisation, die für die Lehre zuständig gewesen wäre, und selbst die Ausübung als solche war verboten. Die Gläubigen schrieben Bibeltexte handschriftlich ab.

Selbst auch die Lieder, die wir sangen. Ich erinnere mich sogar daran, dass ich diese Hefte für mich selbst abgeschrieben habe. Aber sie bewahrten den wahren Glauben.«

Bei einer dampfenden Tasse Schwarztee denkt der Pastor zurück, spürbar bewegt.

»Viele von uns hatten nicht einmal eine Bibel. Schon allein die Möglichkeit, in einer Gruppe zu sein, in der jemand den anderen aus der Bibel vorlas, war höchst motivierend. Das war unsere kleine Nische der Freiheit. Ob man damals in der Fabrik arbeitete, auf der Straße oder wo auch immer sich aufhielt, alles war ja gottlos.

Heute ist es leicht, in Russland eine Bibel zu bekommen oder an einem Gottesdienst teilzunehmen, es ist leicht, im Internet religiöse Unterweisung zu finden. Trotzdem ist unter den heutigen Christen etwas verloren gegangen«, sagt der alte Pastor – »etwas, was diesen kleinen Gruppen ganz wichtig war.«

Sipko fährt fort:

> »Das Christentum ist im Leben der Menschen zu einer zweitrangigen Grundlage geworden, es ist nicht mehr die wichtigste Grundlage. Jetzt dreht sich alles um Karriere, materiellen Erfolg, gesellschaftliches Ansehen. Als die Menschen sich damals in diesen kleinen Gruppen trafen, war Christus die Mitte, sein Wort wurde gelesen, interpretiert und auf das eigene Leben angewandt. Wie soll ich mich als Christ verhalten? Zusammen mit meinen Brüdern und Schwestern habe ich mein eigenes christliches Verhalten überprüft.«

Wie er sagt, gaben die kleinen Gruppen nicht nur Gelegenheit, Verantwortung zu übernehmen, sondern sie vermittelten den Gläubigen auch eine greifbare Verbindung zum größeren Leib Christi. »Das war so schön. Das war wahres Christentum.«

Es ist erstaunlich, Sipko sagen zu hören, dass es heute in Russland Evangelikale gibt, die zu einer Lebensweise zurückgekehrt sind, die ihre Vorfahren unter dem Kommunismus praktiziert hatten, obwohl es seit dem Untergang der Sowjetunion im Jahr 1991 sehr viel mehr Freiheit gibt (in Bezug auf Religion und alles andere). »Sie haben ein ganz klares Verständnis davon, dass ihr Glaube an Christus bedeutet, diese säkulare Welt zurückweisen zu müssen«, sagt er. »Selbst unter den heutigen freien Bedingungen müssen wir im Untergrund leben.«

Obwohl es unwahrscheinlich ist, dass amerikanische Christen bedroht sein werden, wenn sie den Gottesdienst besuchen, ist es nicht nur möglich, sondern ziemlich wahrscheinlich, dass die institutionellen Kirchen und ihre Amtsträger der Herausforderung, ihre Gemeinden zu einem wirksamen Widerstand zu erziehen, weiterhin nicht gewachsen sein werden. Hier könnten starke, engagierte kleine Gruppen nach dem Vorbild jener Gruppen aus der Sowjetzeit unverzichtbar werden.

Kleine Gruppen sind nichts Neues. In den Vereinigten Staaten treffen sich evangelikale und charismatische Gemeinden schon lange außerhalb der offiziellen Gottesdienste in kleinen Gruppen zum Gebet und zur Ausrichtung auf die Jüngerschaft. Die Erfahrungen der Kirche unter dem Kommunismus und ein aufmerksames Wahrnehmen der Zeichen der Zeit sagen uns, dass alle Christen – unabhängig davon, welcher Kirche sie angehören – damit beginnen sollten, solche Zellen zu bilden – nicht nur um das geistliche Leben ihrer Mitglieder zu vertiefen, sondern um den aktiven Widerstand einzuüben.

Solidarität nicht ausschließlich unter Christen

So wichtig es für die Christen ist, die Bindungen untereinander zu stärken, so sollten sie doch nicht vernachlässigen, Freundschaften mit Menschen guten Willens außerhalb der Kirchen zu pflegen. Im tschechischen Teil der Tschechoslowakei mussten die christlichen Dissidenten engen Kontakt zu säkularen Dissidenten halten, weil es in den Widerstandskreisen so wenige Gläubige gab.

Der Anwalt Ján Čarnogurský formuliert es folgendermaßen: »Im Allgemeinen gab es nicht viele Menschen, die bereit waren, sich dem Kommunismus zu widersetzen. Man musste Verbündete suchen, wo man sie finden konnte. Die Geheimpolizei versuchte, die weltlichen Liberalen und die Christen voneinander fernzuhalten, und sie wollte auch die Tschechen und die Slowaken voneinander trennen. Das gelang ihnen jedoch nicht, weil die Leiter der Bewegung sich mit den Leitern der anderen Kreise angefreundet hatten.«

In der slowakischen Region nahm František Mikloško Kontakt mit den Liberalen auf, nicht weil er dies tun musste, sondern weil er es sich wirklich wünschte.

»Bis heute bereichert der Kontakt mit der säkularen liberalen Welt tatsächlich meine eigenen Ansichten«, sagt er. »Es ist für mich wichtig, meinen Zufluchtsort, mein Zuhause, zu haben und mir darüber bewusst zu sein, wo ich stehe. Ich kenne meine Werte. Aber ich muss in Kontakt mit der liberalen Welt bleiben, denn sonst droht die Gefahr der Verkümmerung.«

Mikloškos enge Verbindung zu säkularen liberalen Schriftstellern und Künstlern half ihm, die Welt jenseits kirchlicher Kreise zu verstehen und kritisch über sich selbst und andere christliche Aktivitäten nachzudenken. Und er meint, dass liberale Künstler das Wesen des Kommunismus besser wahrnehmen und beschreiben konnten als die Christen – eine Fähigkeit, die allen half, während der Gewaltherrschaft zu überleben, ja sogar zu wachsen.

»In der Zeit des Kommunismus teilten die weltlichen Liberalen mit den Christen die Überzeugung, dass der Kommunismus eine destruktive Lüge war. Heute dagegen«, füge ich zu Mikloškos Aussage hinzu, »scheinen die meisten Liberalen zu denken, dass die Art des Drucks, dem gläubige Menschen ausgesetzt sind, gerechtfertigt, ja sogar notwendig ist, obwohl dieser nicht liberal ist.«

»Bedenken Sie«, antwortet er, »dass überzeugte Liberale von uns etwas lernen müssen, und das können sie nur, wenn wir mit ihnen in Kontakt bleiben. Mein ganzes Leben habe ich im Umfeld der Liberalen verbracht«, sagt Mikloško. »Diese Leute gelangten in ihrem Leben an einen Punkt, an dem sie über etwas Tieferes sprechen wollten. Sie merkten selbst, dass sie auf der Suche waren und jemanden brauchten, mit dem sie reden konnten. Wir Christen müssen in der Welt präsent sein, damit wir da sind, wenn es zu diesem Punkt kommt.«

In der Zeit des Kommunismus bat ein bekannter liberaler Intellektueller, von dem jeder wusste, dass er Atheist war, Mikloško leise, ihn mit zur Kirche zu nehmen. »Er sagte zu mir: ›Ich habe zu Hause zu beten versucht, aber es hat nicht richtig funktioniert.‹ Er wollte es nun in der Kirche versuchen und er sagte zu mir: ›Ich werde versuchen, alles so zu machen wie du es machst, und dann werden wir sehen, ob es klappt.‹«

Für christliche Aktivisten gilt: Sei freundlich zu anderen, denn du weißt nie, wann du sie brauchen wirst oder sie dich brauchen werden.

Wie soll man sich in einer Welt verhalten, in der man nicht sicher weiß, wer vertrauenswürdig ist? Eine Antwort darauf lautet, sich in Kreise von Vertrauten zurückziehen. Eine andere – zugegebenermaßen riskante – Antwort besteht darin, sich darüber keine Sorgen zu machen und trotzdem freundlich zu sein.

»Pfarrer Jerzy wusste, dass die gesamte Gesellschaft von kommunistischen Agenten unterwandert war. Auch der Priester in seiner Nachbarschaft war ein Agent der Kommunisten. Der Priester, der seinen Tod direkt hier in der Kirche verkündete, war ein kommunistischer Agent«, erzählt Paweł Kęska, der Kurator des Popiełuszko-Museums. »Aber Pfarrer Jerzy hat etwas Wichtiges gesagt: ›Du darfst dir keine Gedanken darüber machen, wer ein Agent ist und wer nicht. Denn wenn man das tut, zerstört man die Gemeinschaft.‹«

Kęska erzählt eine Geschichte von einem Fremden, der zu Pfarrer Jerzy kam und ihm ein Paket brachte. Er blieb schließlich drei Jahre lang bei Pfarrer Jerzy bis zu seinem Tod. Er war Atheist, aber mit der Zeit begann er, sich für den Glauben zu interessieren. Einmal stellte er Pfarrer Jerzy eine Frage über die Bibel. Pfarrer Jerzy antwortete ihm, doch für ihn war er als Mensch wichtig, nicht als potenzieller Konvertit.

»Wenn es ums Überleben geht, ist das Wichtigste vermutlich die schlichte Aufrichtigkeit, indem man die Menschen nicht evangelisiert, sondern echte Beziehungen zueinander aufbaut – nicht indem man prüft, ob jemand gut oder schlecht ist oder ihn nach seiner Ideologie beurteilt«, so Kęska. »Jerzy wurde permanent von der Geheimpolizei beobachtet, die unmittelbar vor seinem Haus parkte. In diesen eisigen Wintern brachte er ihnen heißen Tee, damit sie sich aufwärmen konnten. Weil sie Menschen waren, einfach so.«

Wachtang Mikeladse ist ein bekannter Dokumentarfilmer aus Georgien. Er ist schon in fortgeschrittenem Alter, aber immer noch vom Flair der Bühne aus alten Zeiten erfüllt. Der Besuch bei ihm in seiner Moskauer Wohnung bedeutet mehr, als mit einigen Gläsern georgischen Weinbrand anzustoßen und sentimentale Trinksprüche auszubringen. Er nimmt den amerikanischen Gast auch mit in eine Welt von beinahe unfassbarem Leiden hinein.

Mikeladses Vater Ewgeni war ein berühmter Orchesterdirigent in Tiflis, als er auf irgendeine Art und Weise mit Stalin in Konflikt geriet. 1937 wurde er verhaftet, gefoltert und vom NKWD, der Vorgängerorganisation des KGB, erschossen. Wachtang, damals 15 Jahre alt, und seine 17-jährige Schwester wurden aufgrund eines Gesetzes verhaftet, das die Bestrafung der Familienangehörigen von »Vaterlandsverrätern« vorsah.

Während unseres langen, emotionalen Gesprächs erwähnte Wachtang die Scham, die er noch immer mit sich herumträgt, aber er verriet noch nicht den Grund, bis er zum Schluss unter Tränen von der Nacht erzählte, als die Geheimpolizei die beiden Teenager abholte.

»Als sie meine Schwester und mich verhafteten, waren wir total verängstigt«, erzählt er. »Sie brachten uns hinten auf der Ladefläche eines Lastwagens unter. Meine Tante setzten sie zusammen mit einem Soldaten in die Fahrerkabine. Als sie aus dem Gebäude herauskamen und auf den Lastwagen stiegen, standen die Menschen draußen im Hof dicht beieinander. Alle schauten zu und weinten.«

»Als wir losfuhren, saßen meine Schwester und ich uns gegenüber und schauten uns an. Auf beiden Seiten saß ein Soldat neben uns. Und als wir weiterfuhren, schlossen sich uns auf der Fernstraße wie aus dem Nichts weitere Lkws an. Es wurde eine lange Karawane von Verhafteten. Als uns bewusst wurde, dass all diese Laster voller Häftlinge waren, schaute meine Schwester mich an und lächelte und ich lächelte zurück. Wir realisierten, dass wir zumindest nicht allein waren.«

Nun flossen die Tränen in Strömen. Der alte Mann murmelte: »Ich schäme mich, dass ich mich in dem Augenblick freute.«

So schmerzlich diese Erinnerung für Mikeladse, der damals viele Jahre im Gulag zubringen sollte, auch ist, zeigt sie auch die Bedeutung der Kameradschaft inmitten der Schwierigkeiten. Der Erzpriester Kyrill Kaleda erzählt eine Geschichte vom heiligen Alexej Metschew, einem Moskauer Priester, der 1923 starb. Sehr früh in seinem Leben war seine Frau an einer Krankheit gestorben und hinterließ sechs Kinder, die er allein aufziehen musste. Völlig verlassen und wie gelähmt suchte Vater Alexej Rat bei Johannes von Kronstadt, einem bekannten russisch-orthodoxen Priester, der nach seinem Tod im Jahr 1909 heiliggesprochen wurde. Erzpriester Johannes gab dem trauernden Priester den Rat: »Verbinde deine Trauer mit der Trauer anderer Menschen, dann wird sie für dich leichter zu ertragen sein.«

Der Priester Alexej hielt sich an diesen Rat. Im Lauf seines Lebens wurde er zu einem allseits bekannten Hirten, geistlichen Begleiter und Ratgeber für die Gebrochenen. Als er 1923 starb, erlaubte das bolschewistische Regime Bischof Tichon, dem Patriarchen von Moskau, das Gefängnis zu verlassen, damit er den Begräbnisgottesdienst des Erzpriesters Alexej feiern konnte. Sergej, der Sohn des Erzpriesters Alexej, wurde ebenfalls Priester. 1944 wurde er wegen seines Glaubens von den Sowjets im Gefängnis erschossen. Vater und Sohn sind nun beide kanonisierte Heilige. Ihre Ikone hängt bei mir im Wohnzimmer über dem Kamin.

Die Dozentin Mária Komáromi nimmt unter den Studenten ihres Instituts an der Universität eine große Einsamkeit wahr. Sie denkt an die kommunistischen Jahre zurück, als sie und ihr verstorbener Mann in ihrer Budapester Wohnung Treffen mit jungen Christen in kleinen Gruppen abhielten. Diese Stunden unterstützten die jungen Leute in ihrem Kampf sehr stark. Vielleicht könnte etwas Ähnliches auch heute eine Hilfe sein.

»Der erste Schritt ist zweifellos, sich diese Einsamkeit einzugestehen«, meint sie. »Die Tatsache, dass die jungen Leute über die sozialen Medien viele Freunde haben, verschleiert das Problem. Deshalb müssen wir dieser Einsamkeit entgegenwirken. Das kann durch die Bildung kleiner Gemeinschaften geschehen, die sich im Grunde aus allen möglichen Anlässen bilden könnten.«

Sir Roger Scruton, der den tschechischen Verbündeten beim Aufbau des intellektuellen Widerstands half, betont, wie wichtig es heute ist, dass Dissidenten kleine Gruppen bilden und sich dafür einsetzen – nicht nur kirchliche Gruppen, sondern Vereine, Chorgemeinschaften, Sportvereine etc. Wichtig dabei ist, etwas zu finden, das die Aufmerksamkeit des Einzelnen von sich ablenkt, um den eigenen Wert in der Beziehung zu anderen zu entdecken und zu lernen, wie man die Disziplin aufbringt, die sich aus der Verantwortlichkeit für andere und das gemeinsame Ziel ergibt. Tatsächlich setzte sich Václav Benda, obwohl er selbst Christ war, mit aller Kraft dafür ein, seine tschechischen Mitbürger, unabhängig von der Konfession, zu welchem Zweck auch immer zusammenzubringen – und wenn es nur darum ging, der Angst und Atomisierung zu trotzen, auf die das totalitäre Regime sich stützte, um seine Herrschaft auszuüben.

Komáromi stimmt zu, dass wir an irgendeiner Stelle mit unserer Auflehnung gegen die heutige Atomisierung der Gesellschaft beginnen müssen. Der Einzelne, der sich der Maschinerie entgegenstellt, wird untergehen.

Jetzt organisieren, solange es noch möglich ist

Zofia Romaszewska ist eine der echten Heldinnen des modernen Polen. Sie und ihr verstorbener Mann Zbigniew waren als Akademiker in der Gewerkschaft »Solidarność« aktiv. Das Ehepaar schloss sich dem Kampf um Freiheit und Menschenrechte in den 1960er-Jahren an, indem es seine Wohnung für Treffen der Dissidenten zur Verfügung stellte. Als das kommunistische Regime 1980 das Kriegsrecht ausrief, um die Gewerkschaft »Solidarność« zu zerstören, tauchten Zofia Romaszewska und ihr Mann unter und gründeten das Untergrundradio von »Solidarność«. Sie wurde schließlich verhaftet, doch nach einigen Monaten begnadigt.

Mit ihren 80 Jahren hat Zofia Romaszewska, die große Dame des antikommunistischen Widerstands, bis heute das Feuer und die Zähigkeit der Straßenkämpfer in sich bewahrt. Nachdem wir uns fünf Minuten in ihrer Warschauer Wohnung unterhalten haben, ist mir klar geworden, dass jeder Kommissar, der es mit einem solchen Heißsporn wie dieser Frau zu tun bekam, keine Chance hatte, sich gegen sie durchzusetzen.

Romaszewska wird leidenschaftlich, wenn es um das Thema »Solidarität« geht. Sie sieht die Gefahr des sanften Totalitarismus schnell heraufziehen und drängt die jungen Leute, sich vom Internet zu lösen und sich persönlich zu treffen, um den Weg des Widerstands einzuschlagen.

»Nach meinem Verständnis ist das im Moment der Kern, das Wichtigste von allem: Gemeinschaften und Netzwerke von Gemeinschaften zu bilden«, sagt sie. »Es können alle möglichen Arten von Gemeinschaften sein, die man sich vorstellen kann. Wichtig ist, dass die Mitglieder dieser Gemeinschaften sich gegenseitig unterstützen, unabhängig davon, was kommt. Man muss nicht unbedingt darauf vorbereitet sein, sein Leben für die anderen hinzugeben, aber man muss unbedingt etwas Gemeinsames haben und Dinge gemeinsam tun.

Erkennen, urteilen, handeln

Die Atomisierung in der gegenwärtigen Zeit hat die meisten von uns anfällig gemacht für Demoralisierung – und damit für Manipulation. Die Christen bilden da keine Ausnahme. Bei den Gläubigen schleicht sich leicht das Gefühl ein, ganz allein zu sein, selbst wenn sie zum Gottesdienst versammelt sind. Doch der Mangel an Solidarität unter den Christen und ihre Kapitulation vor der sozialen Desintegration als neuer Normalität erleichtern es denjenigen, die an der Macht sind und die uns nicht ausstehen können, uns zu kontrollieren.

Wir müssen dringend die Ketten der Einsamkeit abwerfen und zu der Freiheit finden, die uns in der Verbundenheit mit anderen erwartet. Das Zeugnis der antikommunistischen Dissidenten ist klar: Nur in der Solidarität mit anderen finden wir die spirituelle und gemeinschaftliche Kraft zum Widerstand. Je länger wir in einer Zeit der Freiheit isoliert bleiben, desto schwerer wird es sein, in Zeiten der Verfolgung zueinanderzufinden. Wir dürfen unsere Brüder und Schwestern nicht als Last betrachten, sondern als Segen für unsere eigene Befreiung von Einsamkeit, Misstrauen und Ablehnung.

Die Beurteilung der Kriterien für eine Kameradschaft ist riskant, wenn das Vertrauen in die falsche Person dich ins Gefängnis bringen kann. Manche, wie Pfarrer Popiełuszko, blieben allen gegenüber offen, aber die meisten christlichen Dissidenten lernten, äußerst vorsichtig zu sein. Denn es stand ja nicht nur ihre eigene Sicherheit auf dem Spiel, sondern die der gesamten kirchlichen Bewegung. Diese Grenzen muss man entsprechend den besonderen Umständen ziehen. Wie Pater Kolakovićs Beispiel lehrt, sollten die Christen sich über die Mechanismen von gut funktionierenden Untergrundzellen und Netzwerken informieren, solange sie dies noch in aller Freiheit tun können.

Die Christen müssen aktiv werden, um geschwisterliche Beziehungen nicht nur untereinander und über die Grenzen von Denominationen und Nationen hinweg aufzubauen, sondern auch mit Menschen guten Willens, die anderen Konfessionen oder Religionen oder keiner Religion angehören. Wenn ihre Seelen recht geordnet sind, dienen die Gläubigen nicht nur dem Wohl der Kirche, sondern sie verbreiten den Segen Gottes unter allen Menschen.

Leiter der kleinen Gruppen müssen bereit und fähig sein, katechetische, geistliche und organisatorische Aufgaben wahrzunehmen, die normalerweise von kirchlichen Amtsträgern übernommen werden, die möglicherweise nach geltendem Recht daran gehindert oder auf andere Weise beeinträchtigt sind, ihre eigentlichen Aufgaben zu erfüllen.

Schließlich sorgt die Kameradschaft in den kleinen Gruppen für eine gute Moral, wenn die Gläubigen durch Verachtung und Strafen hart getroffen werden. Die jungen Christen Moskaus erinnern sich an die 1970er-Jahre, in denen sie zusammen Gottesdienste feierten, beteten und sich gegenseitig aufbauten, als die glücklichste Zeit ihres Lebens. Sie wurden vom Gewicht des sowjetischen Staates niedergebeugt, aber sie wurden nicht gebrochen, weil Gott mit ihnen war – und eben auch ihre Brüder und Schwestern in Christus.

Wenn die Liebe der Baustein war, der die Gemeinschaft zusammenhielt, dann war es nun das geteilte Leiden, das die Verbundenheit verstärkte und konkret werden ließ. Das Leiden war gleichsam die Prüfung. Die Liebe, wie uns der Apostel Paulus sagt, erträgt alles. Und das ist das Problem beim sanften Totalitarismus: Er verführt jene – sogar Christen –, die die Fähigkeit verloren haben, dauerhaft zu lieben in guten wie in schlechten Zeiten. Sie glauben, dass sie lieben, aber es ist lediglich ein Begehren. Sie glauben, dass sie Jesus folgen, aber in Wirklichkeit bewundern sie ihn nur.

Jeder von uns denkt, er wäre nicht so. Aber wenn wir die große Lüge unserer therapeutischen Kultur akzeptiert haben, nach der das persönliche Glück das größte Gut von allem ist, dann werden wir beim ersten Anzeichen von Schwierigkeiten kapitulieren.

ZEHNTES KAPITEL

Das Geschenk des Leidens

Ich fahre mit einer Bekannten Anfang 30 in Budapest mit der Straßenbahn zum Interview zu einer älteren Frau, die während der kommunistischen Ära stark unter Verfolgung zu leiden hatte. Während wir die Straßen entlangrumpeln, erzählt mir die Bekannte, wie schwer es ist, gegenüber gleichaltrigen Freunden Dinge anzusprechen, mit denen sie als Ehefrau und Mutter von kleinen Kindern zu kämpfen hat.

Ihre Schwierigkeiten sind völlig normal für eine junge Frau, die sich in die Rolle der Mutter und Ehefrau einleben muss. Doch nach der in ihrer Generation vorherrschenden Meinung sind Schwierigkeiten im Leben eine Bedrohung für das eigene Wohlergehen und sollten deshalb vermieden werden. Streiten sie und ihr Mann manchmal miteinander? Dann sollte sie ihn verlassen. Wird sie durch ihre Kinder gestört oder geärgert? Dann sollte sie sie in einer Kindertagesstätte unterbringen. Sie macht sich Sorgen darüber, dass ihre Freunde nicht begreifen, dass Leiden ein normaler Teil des Lebens ist – sogar Teil eines guten Lebens, da es uns lehrt, geduldig, freundlich und liebevoll zu sein. Sie möchte nicht, dass ihre Freunde ihr Ratschläge geben, wie sie ihre

Probleme vermeiden kann, sondern sie möchte nur, dass sie ihr helfen, ihre Schwierigkeiten durchzustehen.

Ich erzähle meiner Bekannten, dass dies auch die Auseinandersetzung ist, die John Savage mit dem Controller im Weltstaat am Ende von Huxleys Roman *Schöne neue Welt* führt. John Savage, erkläre ich meiner Freundin, ist ein Außenseiter in einer Welt, in der Leiden und sogar bloßes Unglücklichsein als unerträgliche Bedrängnis gelten und somit verpönt sind. Er kämpft um sein Recht, unglücklich zu sein. – »Und du«, sage ich zu ihr, »verhalte dich genauso.«

Als wir aus der Straßenbahn aussteigen und zu unserem Treffen gehen, sprechen wir über die Ironie der sozialen Kehrtwende, die das nachkommunistische Ungarn überrollt hat. Wie alle anderen Christen, die ich bisher interviewt habe, ist auch bei der Frau, die ich gleich treffen werde, durch das Leid, das das kommunistische Regime ihr aufgebürdet hat, ihre Liebe zu Gott und zu den verfolgten Glaubensgeschwistern vertieft worden. Nun sind die Kinder der letzten kommunistischen Generation, die in Freiheit und relativem Wohlstand leben, einer subtileren, raffinierteren Tyrannei zum Opfer gefallen, die besagt, dass alles, was ihnen Schwierigkeiten macht, eine Form von Unterdrückung ist. Für diese jungen Menschen, die um die Jahrtausendwende geboren sind, ist Unglücklichsein Sklaverei und Freiheit ist die Befreiung von der Last nicht gewählter Verpflichtungen.

Obwohl diese dekadenten Gefühlsregungen schockierend sein mögen, weil sie in einem nachkommunistischen Land auftauchen, beschränken sie sich in Ungarn keineswegs auf junge Menschen. Eine Umfrage von 2019 durch *NBC News/Wall Street Journal* ergab, dass lediglich eine klare Minderheit junger erwachsener Amerikaner der Meinung ist, dass Religion, Patriotismus und Kinder zu bekommen ein wichtiger Teil des Lebens seien, während fast vier von fünf meinten, »Selbstverwirklichung« sei der Schlüssel zu einem guten Leben.[109] Ebenso stellte der Religionssoziologe Christian Smith in seiner Studie über diese Generation fest, dass die meisten von ihnen glauben, dass die Gesellschaft nicht mehr sei als »eine Ansammlung von autonomen Individuen, die das Leben genießen wollen«.

Dies sind Leute, die einen »rosa Polizeistaat« begrüßen würden. Dies ist die Generation, die den sanften Totalitarismus bereitwillig annehmen würde. Dies sind die jungen Kirchenbesucher, die nur über eine geringe Widerstandsfähigkeit verfügen, weil ihnen beigebracht wurde, dass ein gutes Leben frei von Leiden sei. Wenn man sie überhaupt im Glauben unterwiesen hat, dann war es ein Christentum ohne Tränen.

Leiden als Zeugnis für die Wahrheit

Obwohl, wie gesagt, der Totalitarismus, mit dem wir es heute zu tun haben, sehr viel mehr an Huxley als an Orwell erinnert, erteilen beide Bücher eine Lektion über Leiden und Wahrheit – und das tun auch die Überlebenden, die die Knute des Kommunismus zu spüren bekamen.

Es ist wichtig, dass wir uns diese Lehren zu Herzen nehmen. In nächster Zeit werden die amerikanischen Christen gezwungen sein, persönlichen Leiden für den Glauben die Stirn zu bieten, wie es die meisten zuvor noch nie erlebt haben (die offensichtliche Ausnahme sind die afro-amerikanischen Christen). Außerdem kann nicht häufig genug betont werden, dass der frühere Totalitarismus die Gesellschaften durch die Angst vor Leid beherrschte. Die neue Form des Totalitarismus wird die Menschen vorrangig dadurch beherrschen, dass er die Menschen aufgrund ihrer Genussfreude und ihrer Angst vor Unannehmlichkeiten manipuliert.

Wir sollten soziale oder berufliche Ausgrenzung nicht in einen Topf werfen mit Gefangenenlagern und den Kugeln des Exekutionskommandos – Letzteres war für antikommunistische Dissidenten nur allzu real. Doch wir sollten wissen: Wenn wir Gläubigen von heute nicht fähig und willens sind, in den relativ kleinen Prüfungen, denen wir jetzt ausgesetzt sind, treu zu bleiben, gibt es keinen Grund zu der Annahme, dass wir imstande sein werden, in Zukunft eine ernsthafte Verfolgung zu ertragen.

»Ohne die Bereitschaft zu leiden, sogar für Christus zu sterben, ist es nur Heuchelei. Es ist nur die Suche nach Wohlbefinden«, sagt Yuri Sipko, der russische Baptistenpastor. »Wenn ich Glaubensgeschwister treffe, vor allem junge Leute, dann fordere ich sie auf, drei Werte zu benennen, für die der Betreffende zu sterben bereit ist. Da sieht man die Grenze zwischen denjenigen, die es mit ihrem Glauben ernst nehmen, und denjenigen, die das nicht tun.«

Wenn Sipko an die kommunistische Vergangenheit denkt, an Christen, die ins Gefangenenlager gebracht wurden und nie zurückgekehrt sind, an jene, die in der Welt lächerlich gemacht wurden, ihre Arbeit verloren haben und denen in manchen Fällen wegen ihres Glaubens sogar die Kinder weggenommen wurden, dann weiß er, was ihnen die Kraft gab, das zu ertragen. Ihre Fähigkeit, all dies um Christi willen zu erleiden, gibt Zeugnis für die Realität ihres unsichtbaren Gottes.

»Man muss ihn auf eine solche Weise bezeugen und verehren, damit die Menschen erkennen, dass diese Welt eine Lüge ist«, sagt der alte Pastor. »Das ist hart ausgedrückt, aber so offenbart sich der Mensch als Ebenbild Gottes.«

Mária Komáromi unterrichtet an einer katholischen Schule in Budapest. Sie und ihr verstorbener Ehemann János waren während der kommunistischen Herrschaft religiöse Dissidenten und ertrugen vieles, um den Glauben lebendig zu erhalten.

»Man muss für die Wahrheit leiden, denn dadurch ist man authentisch. Dadurch wird diese Wahrheit glaubwürdig. Wenn ich nicht zum Leiden bereit bin, könnte meine Wahrheit genauso gut nur eine Ideologie sein«, sagt sie.

Komáromi führt weiter aus:

> »Leiden gehört zum Leben eines jeden Menschen. Wir wissen nicht, warum wir leiden. Aber unser Leiden ist wie ein Siegel. Wenn man dieses Siegel seinen Handlungen aufdrückt, dann kann man interessanterweise feststellen, dass die Leute sich Gedanken über die Wahrheit machen, die man vertritt – darüber, dass man vielleicht recht hat in Bezug auf Gott. In gewissem Sinn ist es ein Geheimnis, weil der Böse uns überzeugen will, dass es ein Leben ohne Leiden gibt. Zuerst muss man es überstehen, dann kann man versuchen, den Wert des Leidens weiterzuvermitteln, denn das Leiden hat einen Wert.«

Reichtum, Erfolg und Status sind kein echter Schutz vor dem Leiden, meint Komáromi. Schau auf die vielen Menschen, die alles haben, was die Welt zu bieten hat, die jedoch trotzdem einem selbstzerstörerischen Verhalten erliegen, sogar bis zum Suizid. Christen müssen das Leiden annehmen, weil Jesus selbst so gehandelt hat und weil ihnen im Glauben versprochen wurde, dass die Teilhabe an Jesu Leiden sie im nächsten Leben zur Verherrlichung führen wird. Aber manchmal, fügt Komáromi hinzu, kann man schon in diesem Leben Auswirkungen erkennen.

»Nachdem bei uns das erste Kind zur Welt gekommen war, folgten danach noch mehrere Kinder«, sagt sie, deren Kinder inzwischen alle erwachsen sind. »Als wir damals alle Kinder willkommen hießen, behandelte man uns wie Idioten. Doch jetzt hat sich die Situation umgekehrt und die Leute beneiden uns um unsere große Familie. Auf lange Sicht gibt es also eine Art Bestätigung.«

Mária Wittner, inzwischen in den Achtzigern, wird von ihren Landsleuten als Nationalheldin betrachtet wegen ihres Kampfes gegen die Sowjets, als sie 1956 in Ungarn einfielen. Sie war damals noch ein Teenager. Kurz nachdem sie 20 Jahre alt geworden war, ließ das kommunistische Regime sie verhaften und ein Jahr später wurde sie zum Tod verurteilt. Ihre Strafe wurde später wegen ihres jugendlichen Alters herabgesetzt. Aber sie musste in den acht Monaten im Todestrakt furchtbaren Kummer und Schmerz aushalten.

»Es fanden jeden Tag oder jeden zweiten Tag Hinrichtungen durch Erhängen statt«, erzählt sie mir. »Die Menschen, die zur Hinrichtung geführt wurden, sagten jeweils laut ihren Namen und hinterließen eine Art Botschaft durch ihre letzten Worte. Manche sangen die Nationalhymne, andere lobten ihr Heimatland, es gab auch solche, die sagten: ›Rächt mich!‹«

An manchen Tagen wurden mehrere Menschen durch Erhängen hingerichtet, bis zu sieben pro Tag. Wittners Freundin Katharina wurde ebenfalls zum Tod verurteilt. Sie verbrachten die letzte Nacht zusammen in der Zelle und sagten einander nach Sonnenaufgang ein letztes Lebewohl. Wittner erzählt:

> »Die Wachen holten sie ab. Das Letzte, was ich von ihr sah, war, dass sie sich aufrichtete und mit kerzengeradem Rücken fortging. Die Tür schloss sich und ich blieb

allein zurück. Ich begann, an die Tür zu trommeln, und rief: ›Bringt sie zurück!‹ Obwohl ich genau wusste, dass das nicht geschehen würde. Dann fiel ich in Ohnmacht. Als ich wieder zu mir kam, habe ich mir geschworen, niemals zu schweigen über das, was ich gesehen habe, und dass ich darüber Zeugnis ablegen werde, wenn ich die Gelegenheit dazu bekommen werde.«

Sie glaubt, dass ihr Leben verschont blieb, damit sie den Menschen erzählen kann, was die Kommunisten mit Leuten wie ihr gemacht haben.

»Ich habe viel über die Angst als solche nachgedacht«, sagt sie. »Was ist Angst? Wenn jemand Angst hat, kann man ihn dazu bringen, die schlimmsten Dinge zu tun. Wenn jemand keine Angst hat, freien Herzens Nein zu sagen, dann können sie ihm nichts anhaben.«

Die alte Frau schaut mich über den Küchentisch hinweg mit einem durchdringenden Blick an: »Am Ende sind diejenigen, die Angst haben, immer schlechter gestellt als die Mutigen.«

Bewunderer oder Jünger

Der Filmproduzent Terrence Malick thematisiert diesen Konflikt in seinem Meisterwerk *Ein verborgenes Leben* aus dem Jahr 2019, vielleicht die beste filmische Umsetzung sowohl des Evangeliums als auch des inneren Dramas des Widerstands gegen den Totalitarismus, und zwar als Zusammenprall rivalisierender Kulte: des Nationalsozialismus gegen den Katholizismus.

Der Film erzählt die Lebensgeschichte des katholischen Bauern Franz Jägerstätter aus Österreich, der aus Gewissensgründen den Kriegsdienst in der Armee der Nationalsozialisten verweigert hat, weil er nicht bereit war, den Eid auf Adolf Hitler zu schwören. Das wäre für ihn ein Akt des Götzendienstes gewesen. Die Nazis inhaftieren Jägerstätter und richten ihn 1943 wegen Wehrkraftzersetzung hin. Papst Benedikt XVI. hat ihn im Jahr 2007 als Märtyrer seliggesprochen.

In dem Film schließen sich fast alle Bauern des kleinen Dorfes in den Alpen widerstandslos dem Nationalsozialismus an. Manche mit Begeisterung. Andere haben zwar heimliche Zweifel, aber zu viel Angst, sie zu äußern. Selbst der Ortspfarrer sagt zu Franz, dass es für seine Frau und die Kinder besser wäre, wenn er den Mund halten und sich anpassen würde. Franz und seine Frau Franzi sind die Einzigen, die begreifen, wie schlimm der Nazi-Totalitarismus ist, und die bereit sind, für ihre Überzeugung Zeugnis abzulegen und zu leiden.

In dem Film *Ein verborgenes Leben* wird unmissverständlich aufgezeigt, dass der Ursprung ihres Widerstands in ihrem tiefen katholischen Glauben lag. Doch alle anderen im Dorf sind auch katholisch – und dennoch passen sie sich der Welt der Nazis an. Weshalb erkannten, urteilten und handelten die Jägerstätters so, jedoch nicht ein einziger der anderen Christen im Dorf?

Die Antwort ergibt sich aus einem Gespräch zwischen Franz und einem alten Künstler, der die Wände der Dorfkirche mit Bildern aus der Bibel bemalt. Der Künstler beklagt sich über seine Unfähigkeit, Christus wahrhaft darzustellen. Seine Bilder trösten die Gläubigen, doch sie führen sie nicht zu Reue und Umkehr. Da sagt der Maler: »Wir schaffen Bewunderer, aber keine Jünger.«

Malick, der auch das Drehbuch zum Film schrieb und Philosophie studiert hat, bezog sich bei dieser Unterscheidung mit ziemlicher Sicherheit auf den christlichen Existenzialphilosophen des 19. Jahrhunderts, Søren Kierkegaard. Dieser schrieb, dass Jesus keine Philosophie verkündet habe, sondern eine Lebensweise.

> »Christus verstand das Dasein als Jünger als ein Leben in innerster und tiefster Harmonie mit dem, was er über sich selbst sagte. Christus nahm für sich in Anspruch, der Weg, die Wahrheit und das Leben zu sein (Joh 14,6). Deshalb konnte er sich nie zufriedengeben mit Anhängern, die seine Lehre nur oberflächlich annahmen – vor allem nicht mit denjenigen, die sie in ihrem Leben ignorierten oder die Dinge einfach ihren gewohnten Gang gehen ließen. Sein ganzes irdisches Leben war von Anfang bis Ende einzig dazu bestimmt, Nachfolger zu gewinnen und Bewunderer auszuschließen.«[110]

Bewunderer lieben es, mit Jesus in Verbindung gebracht zu werden, aber wenn Schwierigkeiten auftauchen, wenden sie sich entweder ganz vom Herrn ab oder sie versuchen, auf Distanz zu ihm zu gehen. Der Bewunderer möchte die Annehmlichkeit und den Vorteil haben, der sich daraus ergibt, Christ zu sein. Doch wenn die Zeiten sich ändern und Jesus zum Skandal oder zu Schlimmerem wird, dann räumt der Bewunderer das Feld. Kierkegaard schreibt:

> »Der Bewunderer bringt nie echte Opfer. Er geht immer auf Nummer sicher. Obwohl er in Worten, Formulierungen, Liedern geradezu unermüdlich ist, Christus zu würdigen, verzichtet er auf nichts. Er will sein Leben nicht verändern und in seinem Leben nicht verwirklichen, was er angeblich so bewundert. Ganz anders der Nachfolger. Nein, nein. Der Nachfolger strebt mit aller Kraft danach, in seinem Leben zu verwirklichen, was er be-

wundert. Ziemlich bemerkenswert ist schließlich, dass er, obwohl er unter ›christlichen Leuten‹ lebt, sich in der gleichen Gefahr befindet wie damals, als es gefährlich war, sich offen zu Christus zu bekennen.«[111]

Der Nachfolger erkennt den Preis der Jüngerschaft und ist bereit, ihn zu übernehmen. Das bedeutet nicht, dass er immer verpflichtet ist, sich den größten Gefahren auszusetzen oder Schuld als Bewunderer auf sich zu nehmen. Aber es bedeutet, wenn die Gestapo oder der KGB in seinem Dorf erscheint und verlangt, sich vor dem Hakenkreuz oder vor Hammer und Sichel zu verneigen, dass der Nachfolger das Kreuzzeichen macht und mit Furcht und Zittern auf Golgota zugeht.

Leiden ohne Bitterkeit

Dies ist eines der schwersten Gebote Christi:

> Euch aber, die ihr zuhört, sage ich: Liebt eure Feinde; tut denen Gutes, die euch hassen! Segnet die, die euch verfolgen; betet für die, die euch beschimpfen! (Lk 6,27f.).

Vielen von uns fällt es schwer, gegenüber einem Verkäufer nachsichtig zu sein, der uns unhöflich behandelt, oder gegenüber jemandem, der uns im Straßenverkehr ausbremst. Wenige von uns wären in der Lage, jemanden gernzuhaben, der dafür verantwortlich ist, dass wir unseren Arbeitsplatz verloren haben, oder noch schlimmer, dass wir in unserem Berufsstand auf der Schwarzen Liste stehen. Selten sind die Menschen, die in ihrem Herzen Liebe für denjenigen empfinden können, der sie ausgeraubt oder vergewaltigt hat.

Aber dann gleichen die meisten von uns nicht Silvester Krčméry.

Sie werden sich erinnern, dass Krčméry, der 2013 gestorben ist, eine der wichtigsten Gestalten des katholischen Widerstands gegen den Kommunismus in der Slowakei war. Bei seiner Gerichtsverhandlung bezeichneten ihn die kommunistischen Ankläger schließlich als Lügner, weil er gesagt hatte, dass es in der Tschechoslowakei keine Religionsfreiheit gebe. *Aber Sie dürfen doch in die Kirche gehen, um dort zu beten, oder?*, spotteten sie – eine spitze, boshafte Bemerkung, die die progressiven US-Amerikaner heutzutage Konservativen an den Kopf werfen, die sich für Religionsfreiheit einsetzen.

Krčméry wehrte sich, indem er den Vorwurf an sie zurückgab. Er sagte, dass Jesus sich nicht mit dem bloßen Kirchenbesuch zufriedengibt, sondern sich Gläubige wünscht, die ihr Leben zu jeder Zeit und an jedem Ort für Christus einsetzen. Das genau hatte Krčméry bei Pater Kolaković gelernt und das hatte auch die Aufmerksamkeit der Geheimpolizei auf ihn gelenkt.

»Hab keine Angst und handle immer so, wie du glaubst, dass Christus an deiner Stelle und in dieser speziellen Situation handeln würde«, hatte Pater Kolaković seine Schüler gelehrt. Als die Geheimpolizei Krčméry festnahm, lachte er, weil er begriff, dass er soeben das Geschenk erhalten hatte, für Christus zu leiden.

Im Gefängnis verweigerte man ihm die Bibel und er war dankbar, dass er die vergangenen Jahre in Freiheit genutzt hatte, die Heilige Schrift auswendig zu lernen. Wie andere politische Gefangene wurde Krčméry wiederholt gefoltert. Er war darauf vorbereitet worden, wie er sich gegen die Gehirnwäsche wehren konnte. Doch letztlich vertraute er allein auf den Glauben, der ihm half, seinen Weg weiterzugehen. Je mehr er sich in seiner Schwäche dem Herrn hingab, desto größer wurde seine spirituelle Kraft.

Der junge Arzt beschloss, sein Leiden mit Christi Leiden zu vereinen und seine Schmerzen Gott als Geschenk aufzuopfern für andere verfolgte Menschen. Er glaubte, dass der Herr diese Prüfung für ihn aus einem bestimmten Grund zuließ – aber angesichts seiner Qualen musste er sich immer wieder selbst davon überzeugen.

»Deshalb habe ich fortwährend wiederholt: ›Ich bin wirklich Gottes Tester, Gottes Labor. Ich gehe durch all dies hindurch und kann dadurch anderen und der Kirche helfen.‹«[112]

Krčméry beschloss, dass er sich als nützlich erweisen wollte. Er entdeckte, dass einfache Akte der Solidarität mit seinen Leidensgenossen, die er erbrachte und empfing, wichtiger waren, als er es sich hätte vorstellen können. In diesem kommunistischen Gefängnis wurde das Gebot »Einer trage des anderen Last« sehr konkret und real. »Ein Bruder, der in schweren Zeiten half, war einem im Leiden näher als die engsten Verwandten und Freunde, die draußen waren, und das hielt oft dauerhaft an«, schreibt er. Dieser katholische Laie lebte aus der Wahrheit, die der orthodoxe Priester Johannes von Kronstadt an den verwitweten Priester Alexej Metschew weitergegeben hatte: seinen Kummer mit dem der anderen zu verbinden, dadurch würde es für ihn leichter werden, ihn zu ertragen.

Folter, Entbehrung, Isolierung – all das hätte Silvo Krčméry zugrunde richten, ihn mit Hass erfüllen oder zumindest ihn zu Fall bringen können. Doch aus dem Protokoll seines Prozesses von 1954 geht hervor, dass es ihn besserte, läuterte und im Herrn stärker machte. In seinem Schlusswort verkündete Krčméry vor Gericht standhaft:

»Gott gab mir alles, was ich besitze, und nun, da ich seinetwegen verfolgt werde und gerufen bin, meinen Glauben an Ihn zu bekennen, sollte ich jetzt vorgeben, dass ich nicht glaube? Sollte ich meinen Glauben verbergen? Sollte ich den Herrn verleugnen?«[113]

Er tadelte seine kommunistischen Verfolger, indem er erklärte: »Wir lassen uns nicht zum Hass, zur Rebellion oder gar zur Klage verleiten … Darin liegt unsere Stärke und Überlegenheit.«

Es sollte zehn Jahre dauern, bis Silvester Krčméry das Gefängnis wieder von außen sah. Den Rest seines Lebens verbrachte er damit, von seinem Haus in Bratislava aus zu evangelisieren und sich um die Kranken, speziell die Suchtkranken, zu kümmern. Der Mann, der gesagt hatte, dass die Ablehnung des Hasses die Stärke der verfolgten Christen sei, hat auch selbst nach dem Fall des Kommunismus keine Vergeltung gesucht.

»Sei gesegnet, Gefängnis«: das Leiden als Geschenk annehmen

»Segnet, die euch verfolgen«, lehrte Jesus. Man kann der Rache leichter widerstehen, wenn man diese Geisteshaltung verwirklicht. In seinem Meisterwerk *Der Archipel Gulag* beschreibt Alexander Solschenizyn, wie er und seine Mithäftlinge geschlagen, gedemütigt, der Freiheit beraubt, von Läusen befallen zu einem Leben im Schmutz und bei eisigen Temperaturen gezwungen wurden und viele andere entsetzliche Dinge ertragen mussten, die dem Beschluss der grotesken Manifestation des Kommunismus entsprangen, den Himmel auf Erden zu schaffen. Daher schockiert in diesem epochalen Werk nichts mehr als die folgenden Zeilen:

»Und deshalb blicke ich auf die Jahre meiner Gefangenschaft zurück und sage, manchmal zum Erstaunen der Menschen in meiner Umgebung: ›Sei gesegnet, Gefängnis, dass du in meinem Leben gewesen bist!‹«[114]

Nach Solschenizyns kühner Behauptung hat das Leiden ihn geläutert und ihn lieben gelehrt. Nur aus der Erfahrung des intensiven Leidens begann dieser Gefangene, den Sinn des Lebens zu verstehen und zum ersten Mal in sich das Gute zu verspüren.

Um es klar zu sagen: Im Evangelium steht nicht, dass die Christen aufgefordert sind, das Leiden zu suchen. Das Wort Gottes ist keine Verordnung von Masochismus. Aber das Leben Christi und das Beispiel der alttestamentlichen Propheten zwingen die Gläubigen, das unerforschliche Geheimnis zu akzeptieren, dass das Leiden, richtig angenommen, ein Geschenk sein kann.

Der russisch-orthodoxe Priester Kyrill Kaleda, der die Kirche betreut, die den Märtyrern der bolschewistischen Verfolgung gewidmet ist, legt eine ausgewogene Sicht des Leidens im Leben eines Christen dar.

»Das Kreuz auf sich zu nehmen und zu tragen, wird immer schwer sein. Wir können ganz klar sagen, dass die aktuelle Ideologie des Komforts von ihrem Wesen her antichristlich ist«, sagt Erzpriester Kyrill. »Aber wir sollten auch darauf hinweisen, dass die Kirche nicht ein einziges Mal ihre Gläubigen aufgerufen hat, das Leiden zu suchen, ja sie warnt sogar davor, das zu tun. Aber wenn jemand sich in einer Situation des Leidens befindet, dann sollte er das Leiden mutig ertragen.«

Alexander Ogorodnikow, dem Sie bereits in einem früheren Kapitel begegnet sind, ist einer der berühmtesten Dissidenten der späten Sowjetzeit. Er wurde in eine kommunistische Familie geboren und war Leiter der »Komsomol«-Jugendbewegung. Durch seine Begeisterung zog er die Aufmerksamkeit des KGB auf sich, der ihn als potenzielles neues Mitglied betrachtete. Als er Mitte 20 war, konvertierte er jedoch zum Christentum. Sein Einsatz für die Religionsfreiheit trug ihm 1978 eine Gefängnisstrafe ein. Neun Jahre später wurde er freigelassen, nachdem US-Präsident Ronald Reagan und die britische Premierministerin Margaret Thatcher sich beim sowjetischen Regierungschef Michail Gorbatschow für ihn eingesetzt hatten.

Ogorodnikow, inzwischen fast 70 Jahre alt, ist schweigsam und gesammelt. Sein Gesicht ist teilweise gelähmt infolge der Schläge, die er im Gulag ertragen musste. Es ist eine Sache, in einem Buch über die Folter in sowjetischen Gefangenenlagern zu lesen. Etwas ganz anderes ist es, den Bericht eines Mannes zu vernehmen, der sie selbst durchmachen musste. Später hörte ich von meinem Übersetzer, dass Ogorodnikow beunruhigt war, mich in meinem Hotel zu treffen, dem Hotel Metropol, weil einige der Zimmer zu Zeiten des Kommunismus dem KGB als Versteck gedient hatten.

Obwohl er nicht zum Tod verurteilt worden war, beschlossen die sowjetischen Behörden, Ogorodnikow eine Lektion zu erteilen, indem sie ihn im Todestrakt eines der schlimmsten Gefängnisse der UdSSR unterbrachten – einer Einrichtung, in die laut Aussage einer der Personen, die Ogorodnikow gefangen genommen hatten, Menschen geschickt wurden, die gebrochen werden sollten, »um sie Tropfen für Tropfen ausbluten zu lassen«.

»Als ich in die Zelle kam und diejenigen anschaute, die sich dort befanden, sagte ich zu ihnen: ›Hört Brüder, ich wurde hierhergeschickt, um euch zu helfen, dem Tod zu begegnen, nicht als Verbrecher, sondern als Menschen mit einer Seele, die ihrem Schöpfer, Gott dem Vater, begegnen werden‹«, erzählt er mir. »Angesichts der Tatsache, dass sie die Leute immer am frühen Morgen zur Erschießung abholten, konnten viele von ihnen nicht schlafen. Sie warteten auf den Schlag gegen die Tür, um zu erfahren, wer herausgerufen wurde. Deshalb war es ganz natürlich, dass sie nicht schlafen konnten. Genauso wenig konnte ich es. Ich habe ihnen geholfen, diese Nächte des Schreckens in Nächte der Hoffnung zu verwandeln.«

Der junge Christ, der damals noch keine 30 Jahre alt war, sagte zu diesen hartgesottenen Kriminellen, dass er zwar kein Priester, aber trotzdem bereit sei, ihre Beichte zu hören.

»Ich sagte zu ihnen, dass ich ihnen nicht die Lossprechung geben könne, aber dass ich, wenn ich nach dem Sterben zum Herrn komme, Zeugnis ablegen werde für ihre Reue«, erzählt er. »Wenn ich Ihnen ihre Beichten beschreiben wollte, müsste ich Dostojewski sein. Ich habe selbst keine Worte dafür. Ich sagte ihnen, dass Gott barmherzig ist und dass sie, indem sie die Taten eingestehen, die sie begangen haben, und dies bereuen, gereinigt und geläutert werden. Sie werden alle über kurz oder lang erschossen werden, aber zumindest werden sie mit einem reinen Gewissen sterben.«

Als die Gefängnisleitung merkte, dass die Unterbringung in der Zelle mit den schlimmsten Verbrechern Ogorodnikow nicht dazu brachte, seine Vergehen gegen den Sowjetstaat zu bereuen, brachten sie ihn in Isolationshaft.

»Eines Nachts war ich allein im Raum«, erinnert er sich. »Ich spürte ganz deutlich, dass mich jemand mitten in der Nacht weckte. Es geschah auf sanfte Weise, war jedoch ganz deutlich spürbar.

Er fährt fort:

»Als ich aufwachte, hatte ich eine ganz klare Vision. Ich konnte den Korridor des Gefängnisses sehen. Ich konnte die Person sehen, die in Ketten aus der Zelle geholt wurde, doch sah ich sie nur von hinten, aber ich wusste genau, wer es war. Da begriff ich, dass Gott einen Engel geschickt hatte, um mich aufzuwecken, damit ich den Mann, der zum Erschießen abgeholt wurde, im Gebet begleiten konnte.

›Wer bin ich, dass mir dies gezeigt wird?‹, fragte ich Gott. Dann wurde mir klar, dass ich das ganze Ausmaß der Liebe Gottes sah. Ich begriff, dass die Gebete dieses Gefangenen und meine eigenen erhört worden waren und dass er Vergebung erlangt hatte. Ich brach in Tränen aus. Dieses Aufwecken geschah nicht bei allen Gefangenen, nur bei einigen.«

Ogorodnikow deutete dies als Zeichen, dass nicht alle Gefangenen, mit denen er gebetet hatte, aufrichtige Reue empfunden hatten. Während er weiterhin in Isolationshaft dahinvegetierte, setzte sich dieses mystische Erwachen fort, bei dem eine unsichtbare Kraft ihn mit einer sanften Berührung anstieß und aufweckte. Die gleiche Art der Vision spielte sich auch vor seinen offenen Augen ab: das Bild von Wachen, die einen gefesselten Gefangenen zur Hinrichtung führten.

Nachdem dies mehrmals geschehen war, fragte Ogorodnikow sich, warum er in diesen Visionen im Wachzustand nicht die Gesichter der verurteilten Häftlinge sehen durfte. Dieses Rätsel konnte er erst später in einem anderen Gefängnis lösen, indem er es als eine göttliche Offenbarung betrachtete.

In diesem kleinen Gefängnis war Ogorodnikow der einzige Häftling und er wurde von einem einzigen Wärter bewacht, der offensichtlich Rentner war und die Nachtschicht übernehmen durfte, weil er einsam und allein war.

Eines Nachts kam er in Ogorodnikows Zelle mit einem irren Gesichtsausdruck. »Sie kommen nachts«, sagte der alte Mann zu dem Gefangenen. Seltsame Worte, aber Ogorodnikow begriff, dass der alte Mann von etwas an den Rand des Wahnsinns getrieben wurde und dass er das aussprechen musste. Ogorodnikow drängte ihn, darüber zu reden. Der von Geistern heimgesuchte Gefängniswärter erzählte Folgendes:

> »Als ich als junger Wärter in einem anderen Gefängnis tätig war, führten sie 20 oder 30 Priester aus dem Gefängnis nach draußen. Sie banden sie zusammen vor einen Schlitten, den die Priester ziehen mussten. Sie ließen sie den Schlitten in einen Wald ziehen. Den ganzen Tag ließen sie sie laufen, bis sie zu einem Sumpf kamen. Dann haben sie sie in zwei Reihen aufgestellt, eine Reihe hinter der anderen. Ich war bei den Wachen, die um die Gefangenen herumstanden.
>
> Einer der KGB-Leute ging zum ersten Priester und fragte ihn ganz ruhig und leise: ›Gibt es einen Gott?‹ Der Priester sagte Ja. Sie schossen ihm in die Stirn, sodass das Gehirn den Priester hinter ihm traf und ihn befleckte. Ruhig lud er seine Pistole, ging zum nächsten Priester und fragte: ›Existiert Gott?‹
>
> ›Ja, er existiert.‹ Der KGB-Mann erschoss den Priester auf dieselbe Weise. Wir haben ihnen nicht die Augen verbunden. Sie sahen alles, was mit ihnen geschehen würde.«

Ogorodnikow kämpft mit den Tränen, als er seine Geschichte zu Ende erzählt. Mit vor Erschütterung brechender Stimme sagt der ehemalige Gefangene: »Nicht einer dieser Priester hat Christus verleugnet.«

Der alte Mann kam freiwillig, um Ogorodnikow nach Sonnenuntergang Gesellschaft zu leisten, weil ihn die Erinnerung an die Gesichter der Priester vor ihrer Hinrichtung in der Nacht verfolgte. Durch die Begegnung mit diesem gebrochenen Gefängniswärter verstand Ogorodnikow, warum er in seinen mystischen Visionen die Gesichter der Verurteilten nicht hatte sehen können. Auch ihn hätte der Schrecken in den Wahnsinn getrieben. Er sollte sich mit dem Wissen begnügen, dass die Tatsache, dass er da war und das Evangelium an sie weitergegeben hatte, für diese armen Seelen, die ein schreckliches Leben hinter sich hatten, bedeutete, für immer im Himmel zu sein.

Erwarte das Schlimmste, sei barmherzig mit den Gebrochenen

Wenn man eine solche Erfahrung nicht selbst gemacht hat, kann man nur schwer verstehen, wie sehr Folter und Isolationshaft den Menschen psychisch destabilisieren können. Im *Archipel Gulag* bittet Solschenizyn seine Leser dringend, mit den Gefangenen barmherzig zu sein, die unter der Folter zusammengebrochen sind. Er sagt, dass dies mit fast allen irgendwann geschah. Wenn man es nicht selbst durchgemacht hat, schreibt er, kann man sich nicht vorstellen, wie groß der Druck ist, irgendetwas zu sagen, was die physische und psychische Qual beendet.

In seinem Leben als politischer Gefangener im kommunistischen Rumänien bezeugt der verstorbene lutherische Pastor Richard Wurmbrand diese beiden Wahrheiten.

Rumänien, das die Sowjettruppen am Ende des Zweiten Weltkriegs besetzten, war ein tiefreligiöses Land. Nachdem die rumänischen Stalinisten im Jahr 1947 als Diktatoren die Kontrolle übernommen hatten, begann eine der grausamsten antichristlichen Verfolgungen in der Geschichte des Kommunismus sowjetischer Prägung.

Von 1949 bis 1951 führte der Staat das »Piteşti-Experiment« durch. Das Piteşti-Gefängnis wurde als Fabrik zur Umgestaltung der menschlichen Seele errichtet. Seine Leiter unterwarfen politische Gefangene, Geistliche eingeschlossen, irrsinnigen Foltermethoden, um sie psychologisch völlig zu zerstören und aus ihnen vollkommen gehorsame Bürger der Volksrepublik zu machen.

Wurmbrand war von 1948 bis zu seiner Befreiung und Entlassung ins westliche Exil im Jahr 1964 Häftling in Piteşti. In seiner Zeugenaussage vor einem Ausschuss des US-Senats im Jahr 1966 sprach Wurmbrand darüber, dass die Kommunisten Knochen brachen, glühende Eisen und alle Arten von körperlicher Folter einsetzten. Sie waren auch intellektuell und psychologisch in einem nahezu unbegreiflichen Ausmaß sadistisch. Wurmbrand erzählte die Geschichte eines jungen christlichen Häftlings in Piteşti, der tagelang mit Riemen an ein Kreuz gebunden war. Zweimal täglich wurde das Kreuz mit dem Mann flach auf den Boden gelegt und 100 Mithäftlinge wurden von den Wärtern gezwungen, auf ihn zu urinieren und den Darm auf ihm zu entleeren.

> »Dann wurde das Kreuz wieder aufgerichtet, und die Kommunisten fluchten und spotteten: ›Schaut nur, euer Christus, schaut auf ihn, wie schön er ist, betet ihn an, kniet vor ihm nieder, wie gut er riecht, euer Christus.‹ Und dann kam der Sonntagmorgen und ein katholischer Priester, ein Bekannter von mir, wurde gebracht und in

einer schmutzigen Zelle mit 100 Gefangenen gab man ihm einen Teller mit Exkrementen und ein Gefäß mit Urin, und er wurde gezwungen, darüber die heilige Messe zu lesen, und er tat es.«[115]

Wurmbrand fragte den Priester, wie er einem solchen Sakrileg zustimmen konnte. Der katholische Priester war »halb wahnsinnig«, erinnerte sich Wurmbrand, und er bat ihn, barmherzig zu sein. Alle anderen Häftlinge wurden geschlagen, bis sie diese gotteslästerliche Kommunion annahmen, während die Gefängniswärter sie verhöhnten.

Wurmbrand erzählte den amerikanischen Gesetzgebern:

> »Ich bin ein sehr unbedeutender, sehr kleiner Mann. Ich gehörte im Gefängnis zu den Schwachen und Kleinen, aber ich spreche für ein leidendes Land und eine leidende Kirche und für die Helden und Heiligen des 20. Jahrhunderts. Wir hatten solche Heilige in unserem Gefängnis, zu denen ich nicht einmal aufzuschauen wagte.«[116]

Nach seiner Freilassung widmete Pastor Wurmbrand, der 2001 starb, den Rest seines Lebens dem Einsatz für verfolgte Christen. »Nicht jeder von uns ist zum Märtyrertod berufen«, schrieb er, »aber jeder von uns ist zum gleichen Geist der Selbsthingabe und der Liebe bis zum Ende berufen, den diese Märtyrer hatten.«[117]

Möge die Schwäche der anderen dich stärker machen

Verfolgte Menschen in ihrem Leiden zu begleiten, kann zu tiefer Reue und spiritueller Kraft führen. Einer von Pastor Wurmbrands Mithäftlingen im Piteşti-Gefängnis war Gheorghe

Calciu, ein orthodoxer Christ und Medizinstudent, der später zum Priester geweiht wurde. Im Jahr 1985 wurde er ins Exil in die Vereinigten Staaten geschickt, wo er in einer Pfarrei in Nordvirginia bis zu seinem Tod im Jahr 2006 seinen priesterlichen Dienst ausübte.

In einem langen Interview im Jahr 1996 sprach der Priester Gheorghe über seine Begegnung mit einem Mitgefangenen namens Constantin Oprisan. Sie begegneten sich, als Calciu von Piteşti nach Jilava verlegt wurde, einem Gefängnis, das komplett unter der Erde lag. Die Kommunisten belegten jede Zelle mit vier Häftlingen. In Gheorghes Zelle befand sich Constantin Oprisan, der todkrank war und an Tuberkulose litt. Vom ersten Tag ihrer Gefangenschaft an hustete Oprisan Flüssigkeit aus seiner Lunge ab.

> »Der Mann war am Ersticken. Etwa ein Liter Schleim und Blut kam heraus, mir drehte sich der Magen um. Ich war kurz vor dem Erbrechen. Constantin Oprisan bemerkte das und sagte zu mir: ›Verzeih mir.‹ Ich habe mich so sehr geschämt! Weil ich Medizinstudent war, beschloss ich dann, mich um ihn zu kümmern … und ich sagte zu den anderen, dass ich mich um Constantin Oprisan kümmern würde. Er konnte sich nicht mehr bewegen, und ich tat alles für ihn. Ich setzte ihn zum Wasserlassen auf den Eimer. Ich wusch seinen Körper. Ich gab ihm zu essen. Für die Nahrung hatten wir eine Schüssel. Ich nahm sie und hielt sie vor seinen Mund.«[118]

Constantin Oprisan »war wie ein Heiliger«, sagte der Priester Gheorghe, und er war so schwach, dass er kaum sprechen konnte. Aber jedes Wort, das er zu seinen Mitbewohnern in der Zelle sprach, betraf Christus. Zu hören, wie er seine täglichen Gebete sprach, hatte eine tiefe Wirkung auf die drei anderen Männer, ebenso der Anblick der »Flut der Liebe auf seinem Gesicht«.

Physisch war Constantin Oprisan ein Wrack, weil er in Piteşti drei Jahre lang so furchtbar gefoltert worden war, berichtet der Priester Gheorghe. Trotzdem verfluchte er seine Peiniger nicht und verbrachte seine Tage im Gebet.

> »Während der ganzen Zeit wurde uns nicht bewusst, wie wichtig Constantin Oprisan für uns war. Er war die Rechtfertigung für unser Leben in dieser Zelle. Im Lauf des Jahres wurde er immer schwächer. Wir hatten das Gefühl, dass seine Zeit hier zu Ende ging und dass er sterben würde.«[119]
>
> »Nach seinem Tod spürte jeder von uns, dass etwas in uns abgestorben war. Wir begriffen – obwohl er so krank war und so abhängig von unserer Pflege wie ein Kind –, dass er eine Stütze für unser Leben in der Zelle gewesen war.«[120]

Nachdem die Zellenbewohner Constantin Oprisan gewaschen und für die Beerdigung vorbereitet hatten, informierten sie die Wärter von seinem Tod. Die Wärter führten die Männer zum ersten Mal seit einem Jahr aus der fensterlosen Zelle hinaus. Dann befahl ein Wärter Calciu und einem weiteren Mann, den Leichnam nach draußen zu bringen und zu beerdigen. Constantin Oprisan war nur noch Haut und Knochen. Seine Muskeln waren eingeschrumpft. Aus irgendeinem Grund hatte sich die Haut über seinem ausgezehrten Körper gelb verfärbt.

> »Mein Freund nahm eine Blume und legte sie ihm auf die Brust – eine blaue Blume. Der Wärter begann uns anzuschreien und zwang uns, in die Zelle zurückzukehren. Be-

> vor wir hineingingen, drehten wir uns um und schauten auf Constantin Oprisan – seinen gelben Körper und die blaue Blume. Dieses Bild habe ich in meinem Gedächtnis bewahrt – den total ausgemergelten Körper von Constantin Oprisan und die blaue Blume auf seiner Brust.«[121]

Im Rückblick auf dieses Drama nach fast einem halben Jahrhundert sagt Pfarrer Gheorghe, dass die Pflege des hilflosen Constantin Oprisan in dessen letztem Lebensjahr ihm »das Licht Gottes« offenbart habe.

> »Als ich Constantin Oprisan in der Zelle versorgte, war ich sehr glücklich. Ich war sehr glücklich, weil ich spürte, dass seine Spiritualität meine Seele durchdrang. Ich lernte von ihm, gut zu sein, zu vergeben, die Folterer nicht zu verfluchen, nichts Irdisches als einen Schatz für mich zu betrachten. Tatsächlich lebte er auf einer anderen Ebene. Nur sein Körper war bei uns – und seine Liebe. Können Sie sich das vorstellen? Wir waren in einer Zelle ohne Fenster, ohne Belüftung, feucht, dreckig – und trotzdem gab es Augenblicke des Glücks, wie wir sie in Freiheit nie erlebt haben. Ich kann das nicht erklären.«[122]

In der Begrifflichkeit der Sakramententheologie ist ein Geheimnis eine Wahrheit, die nicht erklärt, sondern nur angenommen werden kann. Das lange Sterben von Constantin Oprisan, das denen geistliches Leben schenkte, die ihm halfen, sein Leiden zu tragen, ist ein solches Geheimnis. Der leidgeprüfte Häftling lag im Sterben, aber weil er um Christi willen sich selbst schon gestorben war, konnte er anderen ein Zeichen sein – ein Fenster zur Ewigkeit, durch das das göttliche Licht hereindrang, um für die anderen Männer in jener finsteren, schmutzigen Zelle aufzustrahlen.

Der Glaube der Märtyrer und Bekenner wie jener Menschen, die überlebten, um Zeugnis abzulegen, ist bei Weitem nicht zu vergleichen mit der therapeutischen Religion der Mittelklasse-Vororte, den Predigten der politisierten Gemeinden von links und rechts und der Gesundheits- und Wohlstandsbotschaft der »Wohlstandsevangeliumskirchen«. Diese und andere schwache Formen des Glaubens werden bei der geringsten Verfolgung schnell verschwinden. Pastor Wurmbrand schrieb einmal, dass es zwei Arten von Christen gab, »jene, die aufrichtig an Gott glauben, und jene, die ebenso aufrichtig glauben, dass sie glauben. Man kann sie an ihrem Verhalten in entscheidenden Momenten unterscheiden.«[123]

Welche Art von Christen wir in Zeiten der Prüfung sein werden, hängt davon ab, welche Art von Christen wir heute sind. Und wir können nicht diese Art von Christen werden, die wir in der Vorbereitung auf die Verfolgung sein müssen, wenn wir Geschichten wie diese nicht kennen und sie uns nicht zu Herzen nehmen.

Einige dieser Berichte habe ich an einen tschechischen Freund weitergegeben, der seine kommunistische Heimat verließ und nach Amerika auswanderte, als er Mitte 20 war. Solche Geschichten waren für ihn nicht neu und dennoch schrieb er: »Es ist schwer, sie zu lesen. Aber noch schwerer ist es, sich bewusst zu machen, dass all das schon fast vergessen ist oder, noch schlimmer, nie bekannt wurde.«

Den Wert des Leidens zu verstehen bedeutet, eine zentrale Lehre des historischen Christentums wiederzuentdecken und den Pilgerweg klar zu erkennen, den jede Generation von Christen seit den zwölf Aposteln gegangen ist. Nichts ist wichtiger als dies für den Aufbau des christlichen Widerstands gegen den aufkommenden Totalitarismus. Es bedeutet auch, in der heutigen Kultur selbst zu einer Person zu werden, über die man herfällt – sogar in der Kultur der Kirche. Es erfordert ein unerschrockenes Auftreten gegen einen Großteil des gängigen Christentums, das zu einem seichten Selbsthilfekult geworden ist, dessen Hauptziel nicht darin besteht, die Nachfolge Christi zu fördern, sondern persönliche Ängste zu überwinden. Aber die Weigerung, das Leiden als Mittel zur Heiligung zu betrachten, bedeutet nach Huxleys vernichtender Formulierung, sich einem »Christentum ohne Tränen« hinzugeben.

Wie sollen wir jedoch uns über den richtigen Umgang mit dem Leiden ein Urteil bilden? Leider gibt es da keine klare Formel. Erzpriester Kyrill Kaleda meint, wir sollten nicht danach suchen. Selbst Christus betete in Getsemani, dass der Kelch des Leidens an ihm vorübergehen möge, wenn es Gottes Wille ist. Die Tugend der Besonnenheit ist entscheidend, auch um uns zu helfen, den Unterschied zwischen einem vernünftigen Urteil und dem Finden von Scheinbegründungen zu erkennen. Wir alle ziehen es vor, dass der Kelch an uns vorübergehe, doch wenn der Zeitpunkt kommt, dann müssen wir bereit sein, Stellung zu beziehen, die uns teuer zu stehen kommen kann.

Wir werden nicht wissen, wie wir uns verhalten sollen, wenn diese Zeit auf uns zukommt, falls wir uns nicht vorbereitet haben, um des Reiches Gottes willen Schmerzen und

Verluste zu akzeptieren. Die meisten von uns im Westen mussten noch nie für den Glauben leiden wie die Christen im Kommunismus, doch wir haben ihre Berichte, die uns einen Weg aufzeigen können, ebenso die Berichte der weltweiten christlichen Märtyrer aus den vergangenen Jahrhunderten. Machen wir uns mit ihren Geschichten vertraut und bringen wir sie unseren Kindern nahe. Diese Geschichten sind das Wesentliche der gelebten christlichen Erfahrung und bilden einen wichtigen Teil des kulturellen Gedächtnisses der Christen. Lernen wir daraus, damit wir erkennen, wann und wie wir sie im Leben umsetzen können.

Gott kann das Böse nicht wollen, doch er kann, wie er in seiner Passion gezeigt hat, das Leiden zulassen um eines höheren Gutes willen. Auf zuverlässige Weise zu erkennen, ob er uns beruft, zu einem bestimmten Zeitpunkt an seiner Passion teilzuhaben, setzt den Glauben voraus, dass unser Leiden einen Zweck hat, auch wenn uns dieser Zweck zu diesem Zeitpunkt nicht klar erkennbar ist. Als Gheorghe Calciu als Laie ins Gefängnis kam, führte ihn das Zeugnis einiger mit ihm zusammen inhaftierter Priester zu einer tiefen Bekehrung. Als er später ins Gefängnis zurückkehrte, war Calciu selbst Priester und führte andere Insassen zu Christus, wie es ihm selbst Jahrzehnte zuvor widerfahren war. Ogorodnikows Dienst, so glaubt er zuversichtlich, führte die zum Tode verurteilten Menschen in den Himmel. Krčméry legte das Fundament für die Untergrundkirche. Solschenizyn ging aus dem zermürbenden Elend des Gulag als furchtloser Gottesmann hervor, dessen prophetisches Zeugnis vor der Welt dazu beitrug, ein furchtbares Imperium zu stürzen.

Wenn wir uns entsprechend verhalten – indem wir unser eigenes Leiden annehmen oder das Leiden anderer teilen –, müssen wir uns verwandeln lassen, wie die Bekenner unter dem kommunistischen Joch durch das Leiden verwandelt wurden. Es könnte uns bitter, wütend und rachsüchtig machen oder es könnte uns als Feuer im Schmelzofen dienen wie bei Solschenizyn, Calciu, Krčméry, Ogorodnikow und vielen anderen, indem es unsere Liebe zu Gott und zur gequälten Menschheit läutert.

Kein Christ hat die Fähigkeit, Leiden vollkommen zu vermeiden. Es gehört zum Menschsein dazu. Was wir unter Kontrolle haben, ist unser Verhalten angesichts des Leidens. Laufen wir davor weg und verraten wir unseren Herrn? Oder nehmen wir es als strenge Gnade an? Die Entscheidungen, die wir treffen werden, wenn wir vor die ultimative Herausforderung gestellt sein werden, hängen von den Entscheidungen ab, die wir heute in Friedenszeiten treffen. Das hat Pater Kolaković begriffen, als er in die Tschechoslowakei kam und daranging, die Kirche auf die kommende Verfolgung vorzubereiten. Deshalb wusste Silvester Krčméry, als die Geheimpolizei ihn abholte, wie er als echter Christ dieses Kreuz zu tragen hatte.

SCHLUSSBEMERKUNG

Lebt nicht mit der Lüge!

Pater Kolaković sah voraus, was kommen würde,
und bereitete die Christen darauf vor.
Ziehen Sie es nicht in Zweifel. Er spricht zu uns, sogar jetzt.
Er sagt uns, was wir tun sollen.

Dr. Nicholas Bartulica, 92,
ein kroatischer Emigrant und Freund von Kolaković

Was wäre, wenn die Antworten auf die Fragen des Lebens, nach denen junge Christen auf der ganzen Welt suchen, nicht im Westen zu finden wären sondern im Osten, in den Lebensgeschichten christlicher Dissidenten? Ein junger Slowake hat dies zu seiner großen Überraschung erfahren, als er damit begann, über die verfolgten Christen während der kommunistischen Ära zu berichten.

Obwohl er noch ein kleiner Junge war, als durch die Samtene Revolution der Totalitarismus in seinem Land beendet wurde, weiß Timo Križka über die Leiden der Christen unter dem Kommunismus besser Bescheid als die meisten anderen. Der Großvater des Fotografen und Filmproduzenten aus Bratislava, ein griechisch-katholischer Priester, wurde in den 1950er-Jahren aus seinem Dienst entfernt, weil er sich weigerte, den Befehl der Regierung zu erfüllen und zur orthodoxen Kirche zu konvertieren, die damals unter sowjetischer Kontrolle stand. Dieser Priester Michal Durišin wählte für sich und seine Familie lieber ein Leben des Leidens, als ein schlechtes Gewissen zu haben.

Vor einigen Jahren machte Križka sich daran, das Opfer seiner Vorfahren zu würdigen, indem er die letzten slowakischen Überlebenden der kommunistischen Verfolgung interviewte und fotografierte, darunter auch die ursprünglichen Mitglieder der »Familie«, der Gemeinschaft von Pater Kolaković. Als er das Land durchquerte, wurde Križka weniger von den Leidensgeschichten erschüttert, die er hörte – diese hatte er erwartet –, als vielmehr von dem tiefen inneren Frieden, den diese gläubigen alten Menschen ausstrahlten.

Diese Männer und Frauen waren etwa in Križkas Alter gewesen, als man ihnen alles genommen hatte außer ihren Glauben. Und dennoch, immer wieder erzählten sie ihrem jungen Besucher, dass sie im Gefängnis durch das Leiden eine innere Befreiung erfahren hatten. Ein Christ, der von seiner Frau und seinen fünf Kindern getrennt und in Isolationshaft untergebracht worden war, bezeugt, dass er dort Augenblicke erlebt hatte, die »wie im Himmel« waren.

»Es schien, als ob sie umso stärker wurden, je weniger sie die sie umgebende Welt verändern konnten«, erzählt mir Križka. »Diese Menschen haben meine Auffassung von Freiheit komplett verändert. Mein Projekt veränderte sich, statt Opfer zu suchen, fand ich Helden. Ich hörte auf, der ungerechten Vergangenheit ein Denkmal zu setzen. Ich begann nach einer Botschaft für uns, die freien Menschen, zu suchen.«

Die Botschaft, die er fand, war folgende: Das säkulare liberale Ideal von Freiheit, das im Westen so populär ist, auch für viele, die der nachkommunistischen Generation angehören, ist eine Lüge. Das heißt, die Auffassung, dass die wahre Freiheit durch die Befreiung des Ich von allen bindenden Verpflichtungen (gegenüber Gott, der Ehe, der Familie) und durch die Steigerung der weltlichen Annehmlichkeiten erlangt wird, ist ein Weg, der in die Hölle führt. Križka stellte fest, dass die einzige gesellschaftliche Kraft, die mitten auf dieser breiten Straße stand und »Stopp!« rief, die traditionellen christlichen Kirchen waren.

Und dann wurde es ihm plötzlich klar.

»Mit unseren aufmerksam auf den Westen gerichteten Augen konnten wir erkennen, wie dort der Beginn derselben Dinge festzustellen ist, wie wir sie aus der Zeit des Totalitarismus kannten«, erzählt er mir. »Wieder einmal wird uns gesagt, dass die christlichen Werte einem besseren Leben der Menschen im Weg stehen. Die Geschichte hat uns bereits gezeigt, wie weit so etwas gehen kann. Wir wissen auch, was wir jetzt tun müssen in Bezug auf lebenswichtige Entscheidungen, die wir treffen müssen.«

Aus den Interviews mit ehemaligen christlichen Häftlingen erfuhr Križka auch etwas Wichtiges über sich selbst. Er hatte immer gedacht, dass Leiden etwas sei, das man vermeiden sollte. Doch hatte er nie verstanden, aus welchem Grund sein Glück nicht im gleichen Maße zunahm, wie sein berufliches und privates Leben immer leichter und freier wurde. Seine Generation war seit dem Zweiten Weltkrieg die erste, die die Freiheit kennengelernt hat – warum machte er sich dann so viele Sorgen und war nie zufrieden?

Diese Begegnungen mit den schon älteren Dissidenten brachten für ihn eine belebende Wahrheit zum Vorschein. Es war dieselbe Wahrheit, die Alexander Solschenizyn erfuhr, als er die Hölle des sowjetischen Gulag erleben musste.

»Das Leiden anzunehmen, ist der Beginn unserer Befreiung«, sagt er. »Leiden kann eine große Kraftquelle sein. Es gibt uns Kraft zum Widerstand. Es ist ein Geschenk Gottes, das uns einlädt, uns zu verändern. Eine Revolution gegen die Unterdrückung zu beginnen. Aber für mich war der Unterdrücker nicht länger das totalitäre kommunistische Regime. Nicht einmal der progressive liberale Staat. Die Begegnung mit diesen verborgenen Helden löste eine Revolution gegen den größten aller totalitären Herrscher aus: mich selbst.«

Križka entdeckte eine subtile, aber ungeheuer wichtige Wahrheit: Letztlich sind wir selbst die Beherrscher unseres Gewissens. Der harte Totalitarismus beruht darauf, dass er den Menschen terrorisiert, bis er seine Freiheit, Entscheidungen und Handlungen aufgrund seines Gewissens zu fällen, aufgibt. Auch der sanfte Totalitarismus benutzt die Angst, aber meistens betört er uns mit therapeutischen Versprechen von Unterhaltung, Vergnügen und Komfort – inklusive – mit den Worten von Mustapha Mond, Huxleys großem Diktator – eines »Christentums ohne Tränen«.

Aber die Wahrheit kann von den Tränen nicht getrennt werden. In der Wahrheit zu leben bedeutet, Leiden anzunehmen. In *Schöne neue Welt* ruft Mustapha Mond John Savage, den Wilden, dazu auf, sein wildes Leben in den Wäldern aufzugeben und zum Komfort der Zivilisation zurückzukehren. Der prophetische Wilde widersetzt sich der Versuchung:

> »Aber ich will gar keinen Komfort. Ich will Gott, ich will Poesie, ich will echte Gefahr, ich will Freiheit, ich will Güte. Ich will Sünde.«

»Eigentlich«, sagte Mustapaa Mond, »forderst du das Recht, unglücklich zu sein.«

»Also gut«, antwortete der Wilde trotzig. »Ich fordere das Recht, unglücklich zu sein.«[124]

Das ist der Preis der Freiheit. Es bedeutet, in der Wahrheit zu leben. Es gibt keinen anderen Weg. Dem Kampf kann man nicht entrinnen. Der Preis der Freiheit ist ständige Wachsamkeit – an erster Stelle über unser eigenes Herz.

Gottes Saboteure

»Die moderne Geschichte lehrt uns, dass bei uns immer um die Freiheit gekämpft werden muss«, sagt Marek Benda, der das kommunistische Regime als Teenager an der Seite seiner Mutter und seines Vaters bekämpft hatte. »Immer steht nur eine einzige Generation zwischen uns und der Tyrannei. Viele Menschen können zurückschauen und die Lehre aus der Geschichte wahrnehmen, doch sie sind total blind für die Gefahr, dass dieselben Dinge jetzt geschehen.«

Ich hoffe, dass es Ihnen durch die Zeugnisse der Männer und Frauen in diesem Buch wie Schuppen von den Augen gefallen ist. Doch wie Pater Kolaković seine Schüler lehrte, als sich die langen Schatten des sowjetischen Totalitarismus über sein Land legten, ist das Erkennen nur der erste Schritt. Denken Sie über das nach, was Sie wahrnehmen. Kommen Sie mit anderen zusammen und sprechen Sie darüber, was Sie alle erkennen. Analysieren Sie die Fakten und legen Sie fest, wie Ihr Glaube und Ihre moralischen Überzeugungen konkret auf diese Situation angewandt werden sollten.

Und dann handeln Sie – solange noch Zeit ist. Nach der Formulierung von C. S. Lewis ist die Welt für Christen ein

»vom Feind besetztes Territorium«. »Das Christentum ist die Geschichte, wie der rechtmäßige König, der an Land gegangen ist, man könnte sagen in Verkleidung an Land gegangen ist, uns alle aufruft, an einem großen Sabotagefeldzug teilzunehmen.« Der Kulturkampf ist längst vorbei – und wir haben verloren. Der große Marsch ist vorläufig eine Siegesparade. Aber das war bei den Maidemonstrationen und -umzügen in allen Städten des späten Sowjetimperiums nicht anders.

Das marxistische Mordor[125] war real, aber der Glaube derer, die Widerstand leisteten, überdauerte ihn, denn der harte Totalitarismus traf auf etwas Härteres: die Wahrheit. In unserer Zeit ist der aufkommende Totalitarismus sanfter, geschickter, raffinierter – aber deshalb nicht weniger totalitär. Lubomir Gleimann, der im Jahr 1943 die Vorträge von Pater Kolaković gehört hatte, schrieb 2006 in seinen Erinnerungen, dass Kolaković der Meinung war, der Kommunismus sei »erbarmungsloser als der sanfte säkulare Totalitarismus des Westens« gewesen und deshalb die größere Bedrohung für das damalige Christentum.[126] Doch wie Timo Križka, ein Sohn der ersten Generation, die in der Freiheit der nachkommunistischen Zeit aufgewachsen ist, feststellte, existiert der Totalitarismus, den Pater Kolaković als »sanft« identifizierte, tatsächlich. Wie sein brutalerer älterer Bruder basiert er auf der ältesten aller Lügen, jener, die die Schlange (der Teufel) im Garten Eden flüsterte: »Ihr werdet sein wie Gott.«

Unsere Sache scheint verloren zu sein … aber wir sind noch da! Unsere Aufgabe ist es jetzt, im Untergrund den Widerstand gegen die Besatzung aufzubauen, um die Erinnerung daran wachzuhalten, wer wir waren und wer wir sind, und das Feuer der Sehnsucht nach dem wahren Gott zu schüren. Wo es Erinnerungen und Sehnsucht gibt, da gibt es Hoffnung. Mögen alle Saboteure für das Gottesreich die aufrüttelnde Schlussfolgerung aus Alexander Solschenizyns Essay aus dem Jahr 1974 beherzigen: *Lebt nicht mit der Lüge!*, die diesem Buch den Titel gab. Es war Solschenizyns Abschiedsrede an das russische Volk.

> »Nun also: Wir brauchen nicht die Ersten zu sein, die diesen Weg beschreiten, wir müssen uns nur anschließen! Je mehr von uns sich zusammen auf den Weg machen, je dichter unsere Reihen sind, desto leichter und kürzer wird dieser Weg für uns alle sein! Wenn wir zu Tausenden kommen, werden sie uns nicht gewachsen sein – sie werden nicht in der Lage sein, uns anzutasten. Und wenn wir zu Zehntausenden kommen, werden wir unser Land nicht wiedererkennen!
> Wenn wir aber zurückschrecken, dann sollten wir aufhören, uns zu beschweren, dass man uns nicht atmen lässt – dann tun wir es uns selbst an! Lasst uns dann niederkauern und uns ducken, während unsere Genossen Biologen den Tag näher heranbringen, an dem unsere Gedanken gelesen und unsere Gene verändert werden können.
> Und wenn wir auch davor zurückschrecken, dann sind wir wertlos, hoffnungslos, und dann bezicht sich die spöttische Frage Puschkins auf uns:
> Warum sollte das Vieh die Gaben der Freiheit haben?
> Ihr Erbe von Generation zu Generation ist
> das aufgelegte Joch und die Peitsche.«[127]

DANKSAGUNG

Ich bin nicht berechtigt, allen zu danken, die mir bei den Recherchen zu diesem Buch geholfen haben, weil einige dadurch dem Risiko einer Vergeltungsmaßnahme am Arbeitsplatz ausgesetzt wären. Keiner dieser anonymen Helfer lebt im ehemaligen Sowjetblock, alle sind Amerikaner. Das sagt uns etwas Wichtiges. Aber ihr wisst, dass ihr gemeint seid, und ich danke euch.

Entstanden ist dieses Buch wegen Dr. John Schirger und seiner Mutter Milada Kloubkova Schirger. Sie, die katholisch und ehemals ein politischer Häftling in ihrem Heimatland Tschechoslowakei war, sagte zu ihrem in den Vereinigten Staaten geborenen Sohn, dass sie in Amerika Dinge geschehen sehe, die sie an ihre Heimat in der Zeit des Kommunismus erinnerten. Dr. Schirger teilte mir im Jahr 2015 die Bemerkung seiner Mutter mit, doch damals zog er es vor, ihre Identität für sich zu behalten. Die Geschichte seiner Mutter war die Entstehungsgeschichte des Buches *Lebt nicht mit der Lüge!* 2019 ist Milada Schirger im Alter von 92 Jahren verstorben. Aus Dankbarkeit für das Lebenszeugnis seiner Mutter gab ihr Sohn mir die Erlaubnis, seine und seiner Mutter Identität offenzulegen. Ich hoffe, dass dieses Buch ihres Vermächtnisses würdig ist.

Meine Freunde Béla und Gabriella Bollobás, die in den 1960er-Jahren aus Ungarn nach England in die Freiheit flüchteten, bestärkten mich als Erste, Milada Schirger ernst zu nehmen. Dieses Buch ist auch ihr Buch. Ich bin dankbar für alles, was ich im Lauf der Jahre von ihnen erfahren habe.

Ich möchte den Übersetzern und Reisebegleitern danken, die mir in Übersee geholfen haben. Pater Štěpán Smolen war mein Vergil in der Tschechoslowakei, unterstützt von Milan Žonca und Andrej Kutarna. In Warschau war Łukasz Kożuchowski meine rechte Hand. Bei dem dortigen Interview mit Zofia Romaszewska assistierten mir auch Aneta Wisniewska und Wojciech Kolarski. Matthew Casserly stand mir in Moskau zur Seite. In Budapest war Anna Salyi meine Organisatorin und Übersetzerin. Mein tüchtiger Assistent in Bratislava hieß Viliam Ostatník.

Ich erhielt weitere unschätzbare Hilfe bei der Organisation der Treffen mit beeindruckenden Männern und Frauen. In Russland hätte ich meine Arbeit ohne die Hilfe von Dmitri Uzlaner nicht tun können. Ich kann ihm nicht genug danken. In der Slowakei führten mich Juraj Šúst und Timo Križka in die Welt des slowakischen katholischen Untergrunds ein. Ryszard Legutko und Dariusz Karłowicz waren die wichtigsten Menschen für meine Arbeit in Polen. Tatsächlich ist das großartige Buch von Ryszard *The Demon in Democracy* eine unschätzbare Hinführung zum Verständnis des aktuellen sanften Totalitarismus.

Erneut nutze ich die Gelegenheit, meinem Literaturagenten Gary Morris von der David Black Agency zu danken, der mir in den fast zwei Jahrzehnten, in denen er mich in meinem Leben begleitet hat, alles erfüllt hat, was sich ein Schriftsteller nur erhoffen kann. Dies ist das zweite Buch, das ich zusammen mit Bria Sandford vom Verlag Sentinel veröffentlicht habe. Ich bin ihr für ihr Vertrauen, das sie in mich und meine Ideen gesetzt hat, sehr dankbar. Auch meinem Freund Dewey Scandurro schulde ich Dank für sein Gebet und seinen Rat zu den Entwürfen dieses Buches, wie er es während des Schreibens beinahe aller meiner Bücher angeboten hat.

Ich danke auch meiner Frau Julie und meinen Kindern Matthew, Lucas und Nora für ihre Geduld während der langen Zeiten meiner Abwesenheit, als ich für dieses Buch recherchiert habe. Kinder, diese Geschichten sind mehr für euch und eure Generation als für meine Generation und die eurer Mutter gedacht.

Schließlich möchte ich Frederica Mathewes-Green, einer meiner ältesten und liebsten Freundinnen, danken. Ihr geistlicher Vater war der orthodoxe Priester Gheorghe Calciu. Durch sie erfuhr ich zuerst von ihm und dem Folterlager im rumänischen Piteşti. Seit 20 Jahren hat mich Frederica mit ihrer Freundschaft und ihrem weisen Rat unterstützt und durch ihre Bereitschaft, mir zuzuhören und in meinem Ringen für mich zu beten, besonders bei diesem Projekt.

ANMERKUNGEN

[1] Aleksandr Solzhenitsyn, *The Gulag Archipelago 1918–1956,* Perennial, NY, 1983. *(Der Archipel Gulag,* Fischer Taschenbuch, Frankfurt 2008). Das Zitat wurde der Einleitung des Autors zur Kurzfassung des Buches entnommen (ohne Seitenzahl).

[2] »In New Biography, Pope Benedict XVI Laments Modern ›Anti-Christian Creed‹«, *National Catholic Register,* 4. Mai 2020, ncregister.com/daily-news/in-new-biography-pope-benedict-xvi-laments-modern-anti-christian-creed.

[3] Aleksandr Solzhenitsyn, »Live Not by Lies!«, in: *The Solzhenitsyn Reader: New and Selected Writings, 1947–2005,* Edward E. Ericson Jr. and Daniel J. Mahoney (Hrsg.), ISI Books 2009, Wilmington, DE, 558.

I. Teil: Was versteht man unter sanftem Totalitarismus?

Erstes Kapitel: Kolaković, der Prophet

[4] Václav Vaško, »Professor Kolaković: Myths and Reality«, in: *Impulz* Nr. 3, 2006, impulzrevue.sk/article.php?135.

[5] Hannah Arendt, *Über den Totalitarismus,* Herausgegeben vom Hannah-Arendt-Institut für Totalitarismusforschung e. V., Dresden 1998, 13.

[6] Big Brother ist eine fiktive Figur in George Orwells dystopischen Roman *1984.*

[7] Wokeness« – das sogenannte gesteigerte politische Bewusstsein gegenüber sozialer Ungerechtigkeit, Antisemitismus, Rassismus, Sexismus, Umweltzerstörung usw. (Anm. d. Ü.).

[8] Czesław Miłosz, *The Captive Mind,* Vintage, NY, 1990, 6 *(Verführtes Denken,* Kiepenheuer & Witsch, Köln 1980).

[9] René Girard, *I Saw Satan Fall Like Lightning*, Orbis, NY, 2001, 179 (*Ich sah den Satan vom Himmel fallen wie einen Blitz*, Verlag der Weltreligionen, Berlin 2008).

[10] Ein Smart Speaker ist ein mit dem Internet verbundener Lautsprecher, der Musik oder Sprache überträgt und per Sprachsteuerung und Spracherkennung die Funktionen eines intelligenten persönlichen Assistenten erfüllt (Anm. d. Ü.).

[11] Die »Murti-Bing-Pille« ist ein Bild für die Wirkung totalitärer Ideologien auf das Innere des Menschen (Anm. d. Ü.).

[12] George Orwell, *1984*, Nikol Verlagsgesellschaft, Hamburg 2021, 103.

[13] Ebd., 102.

[14] Czesław Miłosz, *The Captive Mind*, Vintage, NY, 1990, 5 (*Verführtes Denken*, Kiepenheuer & Witsch, Köln 1980).

[15] Ebd., 73.

[16] Aleksandr Solzhenitsyn, »Live Not by Lies!«, in: *The Solzhenitsyn Reader: New and Selected Writings, 1947–2005*, Edward E. Ericson Jr. and Daniel J. Mahoney (Hrsg.), ISI Books 2009, Wilmington, DE, 556.

[17] Ebd., 559.

Zweites Kapitel: Unsere prätotalitäre Kultur

[18] Nadine Gordimer, *Telling Times: Writing and Living*, 1950–2008, Bloomsbury, London 2010, 474.

[19] Aleksandr Solzhenitsyn, *The Gulag Archipelago 1918–1956*, Perennial, NY, 1983, 39. (*Der Archipel Gulag*, Fischer Taschenbuch, Frankfurt 2008).

[20] Yuri Slezkine, *The House of Government: A Saga of the Russian Revolution*, Princeton University Press, NJ, 2019, 36–37. (*Das Haus der Regierung: Eine Saga der Russischen Revolution*, Hanser Verlag, München 2018).

[21] Ebd., 40.

[22] Anne Applebaum, *Iron Curtain: The Crushing of Eastern Europe 1944–1956*, Anchor, NY, 2013, 392. (*Der Eiserne Vorhang: Die Unterdrückung Osteuropas, 1944–1956*, Siedler Verlag, Berlin 2013).

[23] Hannah Arendt, *The Origins of Totalitarianism* , Harcourt, NY, 1973, 478. (*Elemente und Ursprünge totaler Herrschaft*, Piper Verlag, München 1991).

[24] Ebd., 317.
[25] Yascha Mounk (@Yascha_Mounk), »It's telling that, in the year of 2019, the notion that one purpose of civics education might be to ...«, Twitter, September 13, 2019, 10:59 a.m., twitter.com/Yascha_Mounk/status/1172540349622800384.
[26] Hannah Arendt, *The Origins of Totalitarianism*, 330.
[27] Ebd., 332.
[28] James H. Billington, *The Icon and the Axe: An Interpretive History of Russian Culture*, Vintage, NY, 1970, 492.
[29] Ebd., 502.
[30] Heda Margolius Kovály, *Under a Cruel Star: A Life in Prague 1941–1968*, Plunkett Lake Press, Lexington, MA 2010, loc. 11 of 201, Kindle.
[31] Hannah Arendt, *The Origins of Totalitarianism*, 333.
[32] Jake Silverstein, »Why We Published the 1619 Project«, in: *New York Times*, Dezember 20, 2019, nytimes.com/interactive/2019/12/20/magazine/1619-intro.html.
[33] Jeff Barrus, »Nikole Hannah-Jones Wins Pulitzer Prize for 1619 Project«, Pulitzer Center, May 4, 2019, pulitzercenter.org/blog/nikole-hannah-jones-wins-pulitzer-prize-1619-project.
[34] Hannah Arendt, *The Origins of Totalitarianism*, 353.
[35] Zack Goldberg (@zachg932), »I spent some time on LexisNexis over the weekend. Depending on your political orientation, what follows will either disturb or encourage you ...«, Twitter, May 28, 2019, 1:32 p.m., twitter.com/zachg932/status/1133440945201061888.
[36] Hannah Arendt, *The Origins of Totalitarianism*, 35.
[37] N. V. Krylenko, »The Party Crushed«, in: *The Great Terror: A Reassessment*, Robert Conquest (Hrsg.), Oxford University Press, NY, 1990, 249.
[38] Hannah Arendt, *The Origins of Totalitarianism*, 339.
[39] Michael Kruse, »I Need Loyalty«, in: *Politico*, März 3, 2018, politico.com/magazine/story/2018/03/06/donald-trump-loyalty-staff-217227.
[40] Zum University of California-System gehören einige bundesstaatliche Universitäten in Kalifornien (Anm. d. Ü.).
[41] Menschen, die meinen, dass ihre Identität nicht mit ihren körperlichen Merkmalen übereinstimm (Anm. d. Ü.).

[42] James Davison Hunter, *To Change the World: The Irony, Tragedy, and Possibility of Christianity in the Late Modern World,* Oxford University Press, NY, 2010, 38.
[43] Ebd., 41.
[44] Czesław Miłosz, *The Captive Mind,* Vintage, NY, 1990, 3.
[45] Oberbegriff für verschiedene autonome Strömungen der linken bis linksextremen Szene (Anm. d. Ü.).
[46] Silvester Krčméry, MD, *This Saved Us: How to Survive Brainwashing,* self-pub., 1996, 222.
[47] Hannah Arendt, *The Origins of Totalitarianism,* 440.

Drittes Kapitel: Progressivismus als Religion

[48] Milan Kundera, *The Book of Laughter and Forgetting,* Viking, NY, 1987, 179. (*Das Buch vom Lachen und Vergessen,* Suhrkamp Verlag, Frankfurt 1994, 9.
[49] James H. Billington, *The Icon and the Axe: An Interpretive History of Russian Culture,* Vintage, NY, 1970, 504.
[50] Milan Kundera, *The Unbearable Lightness of Being,* Harper Row, NY, 1984, 257. (*Die unerträgliche Leichtigkeit des Seins,* Fischer Verlage, Frankfurt 1994).
[51] Yuri Slezkine, *The House of Government: A Saga of the Russian Revolution,* Princeton University Press, NJ, 2019, 107. (*Das Haus der Regierung: Eine Saga der Russischen Revolution,* Hanser Verlag, München 2018).
[52] Präsident George W. Bush, »Bush: No Justice without Freedom«, *CNN,* January 20, 2005, cnn.com/2005/ALLPOLITICS/01/20/bush.transcript/index.html.
[53] John Gray, *Gray's Anatomy: Selected Writings,* Allen Lane, London, 2009, 273.
[54] Yuri Slezkine, *The House of Government,* 54.
[55] Aversion gegen Bisexualität und bisexuelle Menschen (Anm. d. Ü.).
[56] Diskriminierung von behinderten Menschen (Anm. d. Ü.).
[57] Martin Latsis, zitiert in Anna Geifman, *Death Orders: The Vanguard of Modern Terrorism in Revolutionary Russia,* Praeger, Santa Barbara, CA, 2010, 126.
[58] James A. Lindsay und Mike Nayna, »Postmodern Religion and the

Faith of Social Justice«, in: *Areo*, Dezember 18, 2018, areomagazine.com/2018/12/18/postmodern-religion-and-the-faith-of-social-justice/.

[59] Zusammenwirken mehrerer Unterdrückungsmechanismen (Anm. d. Ü.).

[60] Michael Hanby, »The Brave New World of Same-Sex Marriage«, in: *The Federalist*, Februar 19, 2014, thefederalist.com/2014/02/19/the-brave-new-world-of-same-sex-marriage/.

[61] Papst Johannes Paul II., *Dominum et Vivificantem*, Mai 18, 1986, § 38.

Viertes Kapitel: Kapitalismus, »woke« und wachsam

[62] Parag Khanna, »These 25 Companies Are More Powerful Than Many Countries«, *Foreign Policy*, März 3, 2016, foreignpolicy.com/2016/03/15/these-25-companies-are-more-powerful-than-many-countries-multinational-corporate-wealth-power/.

[63] Heather Mac Donald, *The Diversity Delusion: How Race and Gender Pandering Corrupt the University and Undermine Our Culture*, St. Martin's Press, NY, 2018, 30.

[64] Larry Fink, »A Sense of Purpose«, BlackRock, 2018, black rock.com/corporate/investor-relations/2018-larry-fink-ceo-letter.

[65] Sarah Perez, »Over a Quarter of US Adults Now Own a Smart Speaker, Typically an Amazon Echo«, in: *Tech Crunch*, März 8, 2019, tech crunch.com/2019/03/08/over-a-quarter-of-u-s-adults-now-own-a-smart-speaker-typically-an-amazon-echo/.

[66] Shoshana Zuboff, »›The Goal Is to Automate Us‹: Welcome to the Age of Surveillance Capitalism«, in: *The Guardian*, Januar 20, 2019, the guardian.com/technology/2019/jan/20/shoshana-zuboff-age-of-surveillance-capitalism-google-facebook.

[67] Siri ist eine Software, die der Erkennung und Verarbeitung von natürlich gesprochener Sprache dient und so Funktionen eines sogenannten intelligenten persönlichen Assistenten erfüllen soll (Anm. d. Ü.).

[68] Caitlyn Jenner gewann bei den Olympischen Spielen 1976 – damals noch als Mann – die Goldmedaille im Zehnkampf. Im Jahr 2015 gab Jenner bekannt, *trans* zu sein. Seit 2015 verwendet sie den weiblichen Vornamen Caitlyn. Sie ist seitdem Hauptdarstellerin in einer Reality-TV-Serie (Anm. d. Ü.).

[69] Das Southern Poverty Law Center ist eine amerikanische gemein-

nützige Organisation, die sich auf Rechtsstreitigkeiten im öffentlichen Interesse spezialisiert hat (Anm. d. Ü.)

[70] ADF ist die weltweit größte juristische Organisation, die sich dem Schutz der Religionsfreiheit und der freien Meinungsäußerung verschrieben hat (Anm. d. Ü.).

[71] Caleb Parke, »Conservatives Call for PayPal Boycott After CEO Says Southern Poverty Law Center Helps Ban Users«, in: *Fox News*, Februar 28, 2019, foxnews.com/tech/conservatives-call-for-paypal-boycott-after-ceo-admits-splc-helps-ban-users.

[72] Michelle Malkin, »Is This Bank Chasing Away Conservatives?«, in: *National Review*, April 15, 2019, nationalreview.com/2019/04/chase-bank-conservative-customers/.

[73] Katanga Johnson, »U.S. Gun Lobby Takes Aim at ›GunHating‹ Banks Citi, BofA«, in: *Reuters*, Mai 18, 2018, reuters.com/article/us-usa-guns-banks/u-s-gun-lobby-takes-aim-at-gun-hating-banks-citi-bofa-idUSKCN1IJ260.

[74] Shoshana Zuboff, *The Age of Surveillance Capitalism: The Fight for a Human Future at the New Frontier of Power*, Public Affairs, NY, 2019, loc. 5421, Kindle.

[75] Douglas Murray, *The Madness of Crowds: Gender, Race and Identity*, Bloomsbury Continuum, NY 2019, loc. 2155, Kindle. (*Wahnsinn der Massen. Wie Meinungsmache und Hysterie unsere Gesellschaft vergiften*, FinanzBuch Verlag, München 2022).

[76] Edward Snowden, *Permanent Record*, Metropolitan Books, NY, 2019, 178. (*Permanent Record. Meine Geschichte*, Fischer Verlage, Frankfurt 2019).

[77] Matt Sledge, »CIA's Gus Hunt on Big Data: We Try to Collect Everything and Hang On to It Forever«, *Huffington Post*, März 20, 2013, huffingtonpost.com.au/entry/cia-gus-hunt-big-data_n_2917842.

[78] Leitartikel, »How China Corralled 1 Million Uighurs into Concentration Camps«, *Washington Post*, Februar 29, 2020, washingtonpost.com/opinions/global-opinions/a-spreadsheet-of-those-in-hell-how-china-corralled-uighurs-into-concentration-camps/2020/02/28/4daeca4a-58c8-11ea-ab68 101ecfec2532_story.html.

[79] John Lanchester, »Document Number Nine«, in: *London Review of Books*, Oktober 10, 2019, lrb.co.uk/the-paper/v41/n19/john-lanchester/document-number-nine.

[80] Kai Strittmatter, *We Have Been Harmonized: Life in China's Surveillance State*, Old Street Publishing, London, 2019, loc. 1213, Kindle. (*Die Neuerfindung der Diktatur: Wie China den digitalen Überwachungsstaat aufbaut und uns damit herausfordert*, Piper Verlag, München 2018).
[81] Ebd., loc. 1224, Kindle.
[82] Milan Kundera, *The Unbearable Lightness of Being*, Harper & Row, NY, 1984, 112–13. (*Die unerträgliche Leichtigkeit des Seins*, Fischer Verlage, Frankfurt 1984).
[83] Jean Twenge, »Have Smartphones Destroyed a Generation?«, in: *The Atlantic*, September 2017, theatlantic.com/magazine/archive/2017/09/has-the- martphone-destroyed-a-generation/534198/.

II. Teil: Wie man in der Wahrheit lebt

Fünftes Kapitel: Nichts ist wertvoller als die Wahrheit

[84] Wörtlich »Selbstverlag«: Verbreitung von zumeist verbotener und nicht systemkonformer Literatur über nicht offizielle Kanäle (Anm. d. Ü.).
[85] Václav Havel, *The Power of the Powerless: Citizens Against the State in Central-Eastern Europe*, M. E. Sharpe, Armonk, NY, 1992, 39. (*Die Macht der Mächtigen oder Die Macht der Machtlosen:* Tschech.-Dtsch., Wieser Verlag, Klagenfurt, 2006).
[86] Ebd., 39–40.
[87] Ebd., 45.

Sechstes Kapitel: Das kulturelle Gedächtnis pflegen

[88] Victims of Communism Memorial Foundation, in: *Annual Report on US Attitudes toward Socialism, Communism, and Collectivism*, Washington, DC, 2019, victimsofcommunism.org/2019 -annual-poll.
[89] Laura M. Nicolae, »100 Years. 100 Million Lives. Think Twice«, in: *Harvard Crimson*, November 20, 2017, thecrimson.com/article/2017/11/20/nicolae-one-hundred-million/.
[90] Milan Kundera, *The Book of Laughter and Forgetting*, Viking, NY, 1987, 187. (*Das Buch vom Lachen und Vergessen*, Suhrkamp Verlag, Berlin 1994).
[91] Paul Connerton, *How Societies Remember*, Cambridge University Press, Cambridge, 1989, 3.

[92] Leszek Kołakowski, *Is God Happy? Selected Essays*, Penguin Classics, NY, 2012, 60.
[93] Kardinal Joseph Ratzinger, »Homily Pro Eligendo Romano Pontifice«, April 18, 2005, vatican.va/gpII/documents/homily-pro-eligendo-pontifice_20050418_en.html.
[94] Paul Connerton, *How Societies Remember*, 73.
[95] Oliver Bullough, *The Last Man in Russia: The Struggle to Save a Dying Nation*, Basic Books, NY, 2013, 42, or loc. 788 of 5895, Kindle.
[96] Die *Polis* war im antiken Griechenland eine Siedlung, in der eine Gemeinschaft von Bürgern verschiedener Berufsstände wohnte, die sich selbst verwaltete (Anm. d. Ü.).
[97] Václav Benda, *The Long Night of the Watchman: Essays by Václav Benda*, 1977–1989, ed. F. Flagg Taylor IV, St. Augustine's Press, South Bend, IN, 2017, 218.
[98] Roger Scruton, *Notes from Underground*, Beaufort Books, NY, 2015, 54–55 or loc. 760 of 3188, Kindle.

Siebtes Kapitel: Familien sind Zellen des Widerstands

[99] Václav Benda, *The Long Night of the Watchman: Essays by Václav Benda*, 1977–1989, ed. F. Flagg Taylor IV, in: St. Augustine's Press, South Bend 2017, 222–232.
[100] Ebd., 225.
[101] Ebd., 225–226.
[102] Ebd., 226.
[103] Ebd., 228.

Achtes Kapitel: Religion als Fundament des Widerstands

[104] Silvester Krčméry, MD, *This Saved Us: How to Survive Brainwashing*, self-pub., 1996, 81.
[105] Ebd., 100.
[106] Oliver Bullough, *The Last Man in Russia: The Struggle to Save a Dying Nation*, Basic Books, NY, 2013, loc. 1594 of 5895, Kindle.
[107] George Calciu, *Interviews, Homilies, and Talks*, St. Herman of Alaska Brotherhood, Platina, CA, 2010, 187.

Neuntes Kapitel: Solidarisch zusammenstehen

[108] Aleksandr Solzhenitsyn, *The Archipelago Gulag 1918–1956,* Perennial, NY, 1983. *(Der Archipel Gulag,* Fischer Taschenbuch, Frankfurt 2008).

Zehntes Kapitel: Das Geschenk des Leidens

[109] Carrie Dann, »›A Deep and Boiling Anger‹: NBC/WSJ Poll Finds a Pessimistic America Despite Current Economic Satisfaction«, *NBC News,* August 25, 2019, nbcnews.com/politics/meet-the-press/deep-boiling-anger-nbc-wsj-poll-finds-pessimistic-america-despite-n1045916.

[110] Søren Kierkegaard, *Provocations: Spiritual Writings of Kierkegaard,* Plough Publishing, Farmington, PA, 1999, 85.

[111] Ebd., 88.

[112] Silvester Krčméry, MD, *This Saved Us: How to Survive Brainwashing,* self-pub., 1996, 56.

[113] Ebd., 163.

[114] Aleksandr Solzhenitsyn, *The Archipelago Gulag 1918–1956,* Perennial, NY, 1983, 313. *(Der Archipel Gulag,* Fischer Taschenbuch, Frankfurt 2008).

[115] »Testimony of Rev. Richard Wurmbrand before the US Senate (1966): Communist Exploitation of Religion«, Mai 6, 1966, *Joseph Smith Foundation,* josephsmithfoundation.org/testimony-of-rev-richard-wurmbrand-before-the-u-s-senate-1966-communist-exploitation-of-religion/.

[116] Wurmbrand, US Senate.

[117] Richard Wurmbrand, *The Midnight Bride,* Living Sacrifice, Bartlesville, OK, 2009, loc. 713 of 3025, Kindle.

[118] George Calciu, *Interviews, Homilies, and Talks,* St. Herman of Alaska Brotherhood, Platina, CA, 2010, 109.

[119] Ebd., 110.

[120] Ebd., 111.

[121] Ebd., 112.

[122] Ebd., 131.

[123] Richard Wurmbrand, *In God's Underground,* Living Sacrifice, Bartlesville, OK, 2004, loc. 661, Kindle.

[124] Aldous Huxley, *Brave New World*, Huxley, abgerufen Mai 18, 2020, huxley.net/bnw/seventeen.html. (*Schöne neue Welt*, Fischer Taschenbuch 2014).

[125] Mordor war der Name von Saurons Land in »Herr der Ringe« von J. R. R. Tolkien, das den Menschen Furcht und Schrecken einflößte (Anm. d. Ü.).

[126] Lubomir Gleiman, *From the Maelstrom: A Pilgrim's Story of Dissent and Survival in the Twentieth Century*, Author House, Bloomington, IN, 2011, 103.

[127] Aleksandr Solzhenitsyn, »Live Not by Lies!«, in *Orthodoxy Today*, abgerufen June 2, 2020, orthodoxytoday.org/articles/SolzhenitsynLies.php.